红十字交叉学科
基础研究丛书

中国特色
红十字事业概论

红十字国际学院 编

苏州大学出版社
Soochow University Press

图书在版编目（CIP）数据
中国特色红十字事业概论 / 红十字国际学院编.
苏州：苏州大学出版社，2025. 9(2025.11重印). --（红十字交叉学科基础研究丛书 / 王汝鹏主编）. -- ISBN 978-7-5672-5304-9
Ⅰ. D632. 1
中国国家版本馆 CIP 数据核字第 2025WM8307 号

书　　名：中国特色红十字事业概论

编　　者：红十字国际学院
责任编辑：孙佳颖　祝文秀
装帧设计：吴　钰

出版发行：苏州大学出版社（Soochow University Press）
社　　址：苏州市十梓街 1 号　**邮编**：215006
印　　刷：苏州市古得堡数码印刷有限公司
邮购热线：0512-67480030
销售热线：0512-67481020

开　　本：718 mm×1 000 mm　1/16　**印张**：19　**字数**：302 千
版　　次：2025 年 9 月第 1 版
印　　次：2025 年 11 月第 2 次印刷
书　　号：ISBN 978-7-5672-5304-9
定　　价：58. 00 元

图书若有印装错误，本社负责调换
苏州大学出版社营销部　电话：0512-67481020
苏州大学出版社网址　http://www. sudapress. com
苏州大学出版社邮箱　sdcbs@ suda. edu. cn

General preface 总序

推动交叉学科建设
促进红十字事业高质量发展

中国红十字会原会长、红十字国际学院名誉院长

1862 年，国际红十字运动创始人亨利·杜南先生根据亲身经历撰写的《索尔费里诺回忆录》在日内瓦出版。亨利·杜南先生当年在书中提出的两项重要建议，开启了国际红十字运动波澜壮阔的辉煌历程。在该书出版 160 周年之际，红十字国际学院组织编写（译）的“红十字交叉学科基础研究丛书”由苏州大学出版社正式出版，非常有意义。相信这套丛书的出版，将进一步提升红十字交叉学科建设的规范化、专业化水平，有力推动红十字国际学院的建设和中国特色红十字事业的高质量发展。

红十字运动自 1863 年在欧洲诞生，从致力于救护战争和武装冲突中的伤兵，扩展到保护战俘、战争中的平民，进一步延伸到维护人类的生命、健康、尊严以及世界的和平与发展，成为历史最悠久、规模最大的世界性人道运动。多年来，国际红十字组织和先后成立的亨利·杜南

学院、索尔费里诺学院对红十字运动做过很多研究和探索，不断深化拓展红十字运动的理论与实践，推动国际人道法成为较为完整的国际法分支，形成独到的法理体系和丰硕的成果，在卫生健康、防疫、救灾、社区发展、志愿服务等方面也有丰富的实践经验和众多培训课程，编印出版了很多书籍。但是，截至目前，还没有创建一个涵括红十字运动所有业务领域的专业学科，也没有成体系的红十字交叉学科建设方面的丛书出版。

随着中国特色社会主义进入新时代，中国日益走近世界舞台的中央。在我国积极履行国际责任和开展国际人道援助的时代背景下，建设强大的国家红会，在国际红十字运动中进一步发挥引领作用，成为中国红十字会和当代中国红十字人的使命和职责。2019 年 8 月，中国红十字会总会、中国红十字基金会和苏州大学联合创办了首个红十字国际学院，旨在打造红十字人才培养基地、红十字运动研究高地、红十字文化传播阵地和国际人道交流合作平台。学院成立以来，为推动红十字相关专业的交叉学科建设，决定编写出版一套“红十字交叉学科基础研究丛书”，既作为红十字运动研究者、人道教育工作者和红十字组织实务工作者开展相关研究的基础资料，也作为红十字国际学院的教学参考书。这是红十字国际学院建设的一件大好事。

建立交叉学科逐渐成为当代科学发展的重要趋势。交叉学科的优势在于融合不同学科的范式，通过资源整合和思想交融，以整体化思维综合性解决重大理论与实践问题，促进多学科复合型人才的培养。红十字事业是一项崇高的事业，更是一项颇具挑战性的专业工作，需要实践探索，也需要理论研究和指导。一个合格的红十字工作者，不仅要承担保护战争冲突中的伤者、病者、战俘和平民的职责，更需要在自然灾害、重大疫情等突发事件的人道救助中展示专业救援能力。这就要求红十字工作者应具备医学、管理学、社会学、语言学、心理学、传播学等多方面的学科知识和经验，仅靠任何单一门学科知识都不足以保障工作开展，需要交叉学科的思维和知识经验的交汇来引路。

面对日益复杂多元的人道需求和频发的人道主义危机，红十字交叉学科应当建立在法学、社会学、伦理学、公共管理学、传播学、史学、经济学、营销学、公共卫生学、语言学和应急管理学科等多元学科基础上，丰富拓展现有红十字运动的理论和实践，以综合性、系统性的交叉知识体系，以多元视角和多路径解决问题的思路方法，更高效应对人类社会面临的复杂挑战。

编写出版“红十字交叉学科基础研究丛书”，是一项宏大的系统工程，同时也是一项填补空白的新事业。希望红十字国际学院和苏州大学出版社精心策划，认真做好丛书出版工作。也希望人道公益领域的专家学者和具有实践经验的实务工作者积极支持和参与，本着科学、求实、严谨、创新的精神，精心编写，认真研讨，吸纳最新的红十字实践经验和理论创新成果，从弘扬人道主义精神、培养人道公益人才、创新红十字理论、指导人道实践的实际需求出发，构建未来红十字工作者应当具有的完备知识体系。

习近平总书记指出，红十字是一种精神，更是一面旗帜，跨越国界、种族、信仰，引领着世界范围内的人道主义运动。进入新时代，迈上新征程，红十字事业迎来新的发展机遇。希望红十字国际学院广大师生、各相关学科的专家学者、红十字同仁和国内外红十字组织，积极支持红十字交叉学科的创建和基础研究丛书的编写出版，认真总结汲取红十字运动的宝贵经验，融汇建立新的红十字科学知识体系，推动国际红十字运动更快更好发展，续写人道事业的灿烂华章。

Contents 目录

第一章
红十字运动概述

红十字运动是遍及世界的人道主义运动。国际红十字运动已经有160多年的历史，习近平总书记指出，红十字组织是全世界影响范围最广、认同程度最高的国际组织。红十字是一种精神，更是一面旗帜，跨越国界、种族、信仰，引领着世界范围内的人道主义运动。

第一节　国际红十字运动的发端

红十字运动起源于战场救护，创始人为瑞士人亨利·杜南。①

1859年6月，奥地利陆军与法国-撒丁联军激战于意大利北部伦巴第地区的索尔费里诺，士兵伤亡惨重，因缺乏医疗救护，约有4万名伤兵被遗弃在战场。6月24日，亨利·杜南路过此地，为惨象所震动，当即组织开展战场救护。这次经历深深触动了亨利·杜南，他回到日内瓦后撰写了《索尔费里诺回忆录》一书，叙述了在索尔费里诺见到的情景并在书中提出两项建议：

一是在各国设立全国性的志愿伤兵救护组织，平时开展救护技能练习，战时增援军队医疗工作；

二是签署一份国际公约，给予军事医务人员和医疗机构及各国志愿的伤兵救护组织以中立的地位。

亨利·杜南的建议得到了响应。1863年2月9日，根据他的第一项

① 亨利·杜南（Jean Henri Dunant，1828—1910），男，瑞士日内瓦人，曾为银行家、商人，因倡导成立红十字国际委员会、制定《日内瓦公约》，被公认为国际红十字运动创始人。

建议，在其本人的倡导推动下，“伤兵救护国际委员会”在瑞士日内瓦宣告成立，后更名为“红十字国际委员会”，这是世界上第一个红十字组织，亨利·杜南也因此被称为“红十字会之父”。1864 年 8 月，根据他提出的签署一份国际公约的建议，经过其本人及伤兵救护国际委员会的积极推动，瑞士、法国、意大利、西班牙等 12 个国家签署了《改善战地武装部队伤者病者境遇之日内瓦公约》（简称《日内瓦公约》，又称《万国红十字公约》）。红十字组织的成立以及《日内瓦公约》的制定和签署，标志着国际红十字运动的正式诞生。《日内瓦公约》规定所有国家都使用白底红十字作为保护性标志。后来，红十字运动推广至伊斯兰国家，这些国家申请使用白底红新月标志并获得批准，国际红十字运动发展为国际红十字与红新月运动。①

亨利·杜南作为红十字运动创始人受到世界人民的尊重和敬仰，他获得了首届诺贝尔和平奖，他的生日 5 月 8 日被确定为“世界红十字日”②。2017 年 1 月 18 日，中国国家主席习近平在联合国日内瓦总部发表了题为《共同构建人类命运共同体》的主旨演讲，对亨利·杜南以及他创立的红十字运动给予了高度评价。习近平指出，1862 年，亨利·杜南先生在《沙斐利洛的回忆》（又译《索尔费里诺回忆录》）中追问：能否成立人道主义组织？能否制定人道主义公约？“杜南之问”很快有

---

① 1876 至 1878 年俄土战争期间，奥斯曼土耳其帝国当局通知红十字国际委员会它将采用红新月标志（代替红十字标志）来标明自己的救护车辆，但它仍然尊重保护敌方救护车辆的红十字标志。考虑到救护伤兵的紧迫性，红十字国际委员会提出暂时接受红新月标志，战争结束即终止使用。1929 年，土耳其、波斯和埃及代表团在国际外交会议上要求承认红新月以及红狮与太阳标志，会议同意在红十字标志之外承认这两个特殊标志，但仅限于在那些已经采用的国家使用。1980 年，伊朗伊斯兰共和国宣布其放弃使用红狮与太阳标志，改用红新月标志。2007 年 1 月 14 日，《第三议定书》生效，红新月标志成为新增保护性标志，同时被采用的还有红水晶标志（以色列使用）。目前世界上有 150 多个国家红会使用红十字标志，30 多个国家红会使用红新月标志，1 个国家红会使用红水晶标志。下面行文中也将国际红十字与红新月运动简称为国际红十字运动。

② 又称“世界红十字与红新月日”（World Red Cross and Red Crescent Day），是由红十字会与红新月会国际联合会、红十字国际委员会及 190 多个国家红十字会和红新月会共同举办的纪念日。1948 年，经国际联合会执行委员会同意，红十字运动创始人亨利·杜南的生日 5 月 8 日被定为“世界红十字日”。在这一天，红十字国际委员会、红十字会与红新月会国际联合会及各国红十字会和红新月会都会开展各种形式的纪念活动，以表示红十字运动的国际性以及红十字人道工作不分种族、宗教及政治见解的特性。

了答案，次年，红十字国际委员会应运而生。经过160多年发展，红十字成为一种精神、一面旗帜。面对频发的人道主义危机，我们应该弘扬“人道、博爱、奉献”的精神，为身陷困境的无辜百姓送去关爱，送去希望；应该秉承中立、公正、独立的基本原则，避免人道主义问题政治化，坚持人道主义援助非军事化。

第二节 《日内瓦公约》及国际红十字运动基本原则

1864年8月，由亨利·杜南倡议、红十字国际委员会推动制定的《改善战地武装部队伤者病者境遇之日内瓦公约》，是关于给予因战争造成的伤病人员以人道主义保护的第一部国际公约，被称为现代国际人道法①的起源。经过1906年、1929年、1949年先后的修订和补充，发展为“日内瓦四公约”，即《一九四九年八月十二日改善战地武装部队伤者病者境遇之日内瓦公约》（《日内瓦第一公约》）、《一九四九年八月十二日关于改善海上武装部队伤者病者及遇船难者境遇之日内瓦公约》（《日内瓦第二公约》）、《一九四九年八月十二日关于战俘待遇之日内瓦公约》（《日内瓦第三公约》）、《一九四九年八月十二日关于战时保护平民之日内瓦公约》（《日内瓦第四公约》）。该四公约于1949年8月12日由中国、苏联、美国、英国、法国等61个国家在日内瓦召开的外交大会上通过，并于1950年10月21日生效。

经过上述修订和补充，《日内瓦公约》的适用范围从陆地战争延伸到海上战争，人道主义保护对象从战地伤病人员扩大到战俘和平民，标志着日内瓦公约体系的成熟。

1977年6月、2005年12月，国际外交会议先后通过了《一九四九年八月十二日日内瓦四公约关于保护国际性武装冲突受难者的附加议定

① 国际人道法是减轻武装冲突所造成的人道后果的国际法规则的总称，其主要内容是保护没有或不再直接参加敌对行动的人员，并限制冲突方的作战手段与方法。

书》（第一议定书）、《一九四九年八月十二日日内瓦四公约关于保护非国际性武装冲突受难者的附加议定书》（第二议定书）、《一九四九年八月十二日日内瓦四公约关于采纳一个新增特殊标志的附加议定书》（第三议定书），日内瓦公约体系进一步完善，构成了国际人道法的核心内容。至今，“日内瓦四公约”缔约国有 196 个，成为签约国最多的国际公约。

《日内瓦公约》的主要内容包括以下几个方面。

一是明确人道主义保护对象。公约规定：“受伤或患病之下条所列武装部队人员或其他人员，在一切情况下，应受尊重与保护。冲突之一方，对于在其权力下之此等人员应予以人道之待遇与照顾，不得基于性别、种族、国籍、宗教、政治意见或其他类似标准而有所歧视。”公约还规定“交战国的伤者、病者之落于敌人手中者，应为战俘，国际法有关战俘之规定并应适用于彼等”。

二是明确对保护对象禁止情形。公约规定，对上述人道主义保护对象，“其生命之任何危害或对其人身之暴行均应严格禁止；尤其不得加以谋杀或消灭、施以酷刑或供生物学的实验；不得故意不给予医疗救助及照顾，亦不得造成使其冒传染病危险之情况”。

三是明确赋予军队医疗机构、红十字组织以及志愿从事人道主义救护行为的组织和个人以中立地位并受到尊重和保护。公约规定，“医务部门之固定医疗所，及流动医疗队，在任何情况下不得被攻击，而应随时受冲突各方之尊重及保护”，“凡经本国政府正式认可并核准之各国红十字会及其他志愿救济团体之人员，如担任第二十四条所述人员（专门从事寻觅、收集、运送、医治伤者、病者及预防疾病之医务人员，专门从事管理医疗队及医疗所之职员以及随军牧师）同样之任务，则应与该条所述人员处于同样地位”。公约还单独辟出一章，规定各签约国统一使用白底红十字（含白底红新月、红水晶）的特殊标志，作为国际红十字运动保护性标识，供军队医疗机构及红十字组织使用，该标识受本公约保护。

四是明确公约适用范围。“本公约适用于两个或两个以上缔约国间所发生之一切经过宣战的战争或任何其他武装冲突，即使其中一国不承认有战争状态。”“凡在一缔约国的领土一部或全部被占领之场合，即使此项占领未遇武装抵抗，亦适用本公约。”

《日内瓦公约》的制定和推行是人类文明史上里程碑式的事件。它以国际公约的形式，约定交战各方有义务保护没有参与或不再直接参与敌对行动的人，并对作战的手段和方法加以限制。同时，给予实施救护的医务人员和志愿救护组织以中立地位，确保战地救护行为不受交战各方及任何外部因素的干涉和干扰。这一制度设计，指向最具生命和文明破坏力的行为——战争，即用人道主义原则约束战争行为，避免战争给人类带来毁灭性的打击。可以说，它设定了战争的底线，找到了人类文明的最大公约数。

第一，人类应该最大限度地争取和平、减少战争的发生，一旦战争不可避免，交战各方应将战争手段和攻击对象限定在一定范围内，最大可能限制战争对无辜生命的伤害。可以说，《日内瓦公约》的制定和推行，成为维护人类生命权和生存权的最后屏障，必然得到国际社会的普遍认同。

第二，《日内瓦公约》保护的对象是放下武器的伤病员、战俘以及没有介入战争的平民，而这三类保护对象在交战各方都客观存在，保护对手就等于保护自身，直接体现了公平对等原则，也必然得到国际社会的认同。

第三，为了保障《日内瓦公约》的贯彻和实施，交战各方乃至国际社会必须赋予军事医务人员和医疗机构及各国志愿的伤兵救护组织以中立地位，允许其独立、公正地开展工作，使人道主义救护行动有组织、有保障地实施，避免战地救护、战俘和平民保护只停留在一纸空文上。这可以视作满足人道主义公约实施的基本条件，也是所有承认和签署公约的国家都应建立的制度体系。

第四，为保障《日内瓦公约》在战争中真正得到落实，在和平时期，也必须开展最广泛的理念传播和行动准备。各国都应将人道法作为国民教育内容，大力宣传普及《日内瓦公约》，使战地救护、战俘和平民保护原则深入人心，因为每个人都可能是潜在的受难者；都应积极开展应急救护训练，发展志愿服务，因为每个人都可能是潜在的人道主义行动者。为保障人道主义公约的推行，各国还必须成立国家红十字会或红新月会，作为政府或当局在人道领域的助手，开展常态化的人道主义传播和社会动员工作，这些都赋予《日内瓦公约》以广泛的公众认知和社会参与性质，赋予保障公约落实的组织化、制度化工作机制。

总之，《日内瓦公约》的制定和推行是人类文明的巨大进步，国际红十字运动就是制定和保障这部人道主义公约得以贯彻实施的世界性运动。可以说，红十字运动的发轫，是人类自我保护意识的觉醒和行动选择，它使保护人的生命、维护人的尊严这一全球普遍认同的人道主义原则从理想变为行动，从观念上升为制度，代表了人类文明的最大公约数，最直接体现了人类命运共同体精神。红十字运动最初的意义是减轻战争给人类带来的消极影响，经过160多年的发展，其内涵已扩展到保护生命健康、维护人的尊严、促进和平进步等领域，发展成为超越国界、种族、信仰的最为普遍和持久的世界性人道主义运动，红十字因此成为一种精神、一面旗帜，红十字组织也由此成为全世界影响范围最广、认同程度最高的国际组织。

为规范和完善国际红十字运动的组织体系和工作机制，保障《日内瓦公约》及其倡导的人道主义行动在全世界的贯彻实施，1965年10月，第20届红十字与红新月国际大会确立了红十字运动的七项基本原则，即人道、公正、中立、独立、志愿服务、统一和普遍。1986年，第25届红十字与红新月国际大会把这七项基本原则写入《国际红十字与红新月运动章程》，作为红十字运动成员共同遵守的特定原则。

七项基本原则具体表述如下：

人道。国际红十字与红新月运动的本意是要不加歧视地救护战地伤员。在国际和国内两方面，努力防止并减轻人们的疾苦，不论这种疾苦发生在什么地方。本运动的宗旨是保护人的生命和健康；保障人类尊严；促进人与人之间的相互了解、友谊和合作，促进持久和平。

公正。本运动不因国籍、种族、宗教信仰、阶级和政治见解不同而有所歧视，仅根据需要，努力减轻人们的疾苦，优先救济困难最紧迫的人。

中立。为了继续得到所有人的信任，本运动在冲突各方之间不采取立场，任何时候也不参与带有政治、种族、宗教或意识形态的争论。

独立。本运动是独立的。虽然各国红会是本国政府的人道工作助手并受本国法律的制约，但必须始终保持独立，以便任何时候都能按本运动的原则行事。

志愿服务。本运动是个志愿救济运动，绝不期望以任何方式得到利益。

统一。任何一个国家只能有一个红十字会或红新月会。它必须向所有的人开放，必须在全国范围内开展人道主义工作。

普遍。国际红十字和红新月运动是世界性的。在运动中，所有红会享有同等地位，负有同样责任和义务，相互支援。

上述基本原则高度概括了国际红十字运动的宗旨使命和行为规范，体现了对《日内瓦公约》精神的捍卫和遵循。其中，人道原则是统领其他六项原则的基础。人道原则直接体现了《日内瓦公约》的立约精神，包括两层含义：一是规定红十字运动的宗旨是不加歧视地保护人的生命和健康，保障人类尊严，促进人与人之间相互了解、友谊和合作，促进持久和平，这是国际红十字运动所倡导的人道主义的价值核心；二是强调人道主义行动的广泛性，国际红十字运动致力于《日内瓦公约》所倡导的人道主义行动在世界各地推行，努力使所有需要的人都能一视同仁地得到人道主义保护和救助。

公正、中立、独立原则是红十字运动的行为准则。公正原则强调红十字运动超越国界、种族、信仰，不加歧视地救助每一个需要帮助的人，要避免人道主义问题政治化，坚持人道主义援助非军事化。中立原则是专指武装冲突中的人道主义行为准则，红十字会在武装冲突中恪守中立性，不偏袒任何一方，不介入冲突各方带有政治、种族、宗教或意识形态的争论。独立原则规范了政府与红十字会的关系。一方面，明确各国红会是本国政府或当局人道工作的助手，受本国宪法和法律的制约；另一方面，强调国家红会根据本国现实人道需要独立自主地开展工作。实质上是对《日内瓦公约》缔约国政府及国家红会共同义务的规范：缔约国通过立法等保障和支持本国红会开展工作；国家红会在遵守本国宪法和法律前提下作为政府或当局人道工作的助手，致力于人道主义事业的发展。

志愿服务原则规定了人道主义行动要依靠动员公众志愿参与，不以获取利益和回报为目的。

统一、普遍原则是红十字会的组织原则。统一原则强调一个国家只能建立一个覆盖全国的、统一的红十字会或红新月会并向所有人开放；普遍原则主张运动的世界性，倡导国际协作并规定了所有运动成员享有平等地位。

国际红十字运动七项基本原则是100多年来人道实践的总结，是人类共同的精神财富。它明确了国家红会的地位，规范了红十字会与政府及运动成员之间的关系，强调红十字运动的社会参与和志愿服务性质，体现了红十字会有别于其他非政府组织的独特性质和作用，成为国际红十字运动成员共同遵循的行为准则。

1993年颁布、2017年修订的《中华人民共和国红十字会法》规定："中国红十字会应当遵守宪法和法律，遵循国际红十字和红新月运动确立的基本原则，依照中国批准或者加入的日内瓦公约及其附加议定书和中国红十字会章程，独立自主地开展工作。"

第三节　国际红十字运动的组成部分

经过160多年的发展，国际红十字运动建立了遍及全球的人道主义工作网络，形成了由红十字国际委员会（ICRC）、红十字会与红新月会国际联合会（IFRC）以及各国红十字会或红新月会组成的组织体系。三者之间各有分工又相互协作，构成了一个有机整体，共同推动国际红十字运动的发展。

一、红十字国际委员会

红十字国际委员会创立于1863年，其前身是"伤兵救护国际委员会"，是红十字运动的创始组织，共有18至25名委员，总部设在瑞士日内瓦。国际人道法赋予该组织在武装冲突中的中立地位。其具体职责是保护武装冲突和其他暴力局势受难者的生命和尊严，并提供援助；在武装冲突期间，负责指导和协调国际救援行动；维护并宣传人道法及红十字运动七项基本原则；承认新成立或改组的国家红会；与各国红会及政府当局合作，促进人道法的执行和开展国际人道合作。

二、红十字会与红新月会国际联合会

红十字会与红新月会国际联合会创立于1919年，前身为“红十字会协会”（也译为红十字会联盟），是各国红会的联合组织，秘书处设于瑞士日内瓦，是负责协调联络各国红会的常设机构。截至2024年，有超过190个国家红会加入了该组织。红十字会与红新月会国际联合会的具体职责是鼓励和促进所有国家建立统一的国家红会；向国家红会提供帮助；组织、协调和指导各国红会开展自然灾害救济、卫生健康、社会福利等人道事业和国际人道协作；鼓励和协调各国红会与本国政府机构合作；鼓励和协调各国红会对儿童和青年进行人道主义教育，发展各国青少年之间的友好关系；宣传国际人道法和国际红十字运动基本原则。

三、各国红十字会或红新月会

各国红十字会或红新月会是国际红十字运动的主体，依据各国批准或加入的《日内瓦公约》及其附加议定书，作为人道领域的助手，协助本国政府或当局履行人道领域的国际承诺；依据运动的基本原则、本国立法及章程，在本国境内开展人道工作和国际人道交流协作，致力于保护人的生命和健康，维护人的尊严，发扬人道主义精神，促进和平进步事业。

按照国际红十字运动章程，每4年召开一次红十字与红新月国际大会，每2年召开一次国际红十字与红新月运动代表会议，运动成员平等参与讨论并决定有关事务。各《日内瓦公约》签约国需同时派出政府代表团和国家红会代表团参加红十字与红新月国际大会，政府代表团代表本国政府参与国际人道事务讨论并对支持红十字运动、支持国家红会做出承诺，各国红会对实现本届代表大会确定的工作目标做出承诺。

为促进运动各组成部分密切协同合作，1986年，第25届红十字与红新月国际大会通过《国际红十字与红新月运动章程》。1997 年，国际红十字与红新月运动代表会议通过《国际红十字与红新月运动各组成部分国际活动组织协议》（又称《塞维利亚协议》），进一步完善了红十字运动各组成部分的分工和协作机制，即在武装冲突情况下，红十字国际委员会发挥主导作用；在和平时期发生自然灾害、技术性灾害或其他紧急情况下，需开展国际人道救援协作的，红十字会与红新月会国际联合会发挥主导作用；在一国境内开展人道主义行动，国家红会发挥主导作用；在既有武装冲突又有自然灾害等情况下，由红十字国际委员会主导协调。

第四节　中国红十字运动的发展历程

一、中国红十字运动的起源

中国红十字运动萌芽于 19 世纪末的中日甲午战争，正式发轫于 1904 年的日俄战争，与中华民族屈辱苦难的近代历史息息相关。

1894 年 8 月，甲午战争的战火烧至中国东北。出于战乱中救治伤兵的需要，经当地政府批准，由当时在辽宁营口的英国传教士医生司督阁等一些热心人道事业的中外人士发起，于当年 12 月在营口租用一家客栈开办了简易的红十字医院，至 1895 年 3 月战争结束，共收治伤兵 1 000多人。这是中国历史上最早的红十字救护活动，营口临时伤兵医院成为中国境内的第一所红十字医院。

1896 年，领导广州起义失败的孙中山前往欧洲，翻译出版了英国红十字会医生柯士宾所著的《红十字会救伤第一法》，并通过此译著序言系统地向国人介绍红十字运动，起到了启蒙作用。

1904 年 2 月，日俄战争在中国东北爆发。为救护深陷战火的中国难民，3 月 3 日，上海记名海关道①沈敦和②等人发起成立“东三省红十字普济善会”。这是中国最早冠以“红十字”名称的组织，被称为中国红十字会的“先声”。

1904 年 3 月 10 日，在沈敦和及清政府商约大臣吕海寰③、工部左侍郎盛宣怀④等推动下，中、英、美、法、德等五国代表协商成立了“万国红十字会上海支会”（3 月 17 日正式定名为“上海万国红十字会”），标志着中国红十字会的诞生，因此，3 月 10 日被定为中国红十字会成立纪念日。沈敦和、吕海寰、盛宣怀等被公认为中国红十字运动的先驱。

1904 年 6 月，清政府签署《日内瓦公约》。1907 年，五国合办上海万国红十字会使命完成，中国红十字会走上独立自主的发展道路。1910 年 2 月 27 日，清政府发布上谕，任命盛宣怀为首任会长。

1912 年，中华民国成立，中国红十字会得到红十字国际委员会的承认。1919 年 7 月，加入红十字会协会。1933 年，更名为中华民国红十字会，先后隶属内政部、军委会和行政院领导。

中国红十字运动的产生，是近代中国社会现实的需要，根本原因是近代中国受到外来入侵造成的巨大人道危机。腐朽的晚清政府无以抵御侵略、保护人民，中国传统的慈善救济活动难以应对侵略战争造成的人

---

① 记名海关道，清制官名。海关道既是官名也是机构名。咸丰八年（1858），清代海关被迫建立由外国人管理的税务司制度，清政府遂命一些道员监督海关，并办理所在地方对外交涉事务，遂称此类道台为海关道。记名为清朝官吏奖叙制度，凡文武官员著有勋绩，须交吏部或军机处存记其名，遇缺奏请任用。

② 沈敦和（1866—1920），字仲礼，浙江宁波人，中国近代著名社会活动家，中国红十字会主要创始人。早年留学英国剑桥大学，专攻政法，回国后曾任金陵同文馆教习、江南水师学堂提调、吴淞自强军营机处总办、上海四明公所董事等职，署记名海关道。光绪三十年（1904），发起成立中、英、美、德、法五国合办的上海万国红十字会，被推举为中方办事总董。历任大清红十字会、中国红十字会副会长，先后创办中国红十字会时疫医院、红十字会总医院及医学堂、天津路分医院、中国公立医院等，兼任上述各院院长。

③ 吕海寰（1842—1927），字镜宇，山东掖县（今山东莱州）人。清末著名外交家、中国红十字会创始人，历任驻德国、荷兰两国公使，工部尚书、钦差商约大臣、兵部尚书、外务部尚书、督办津浦铁路大臣及中国红十字会会长、名誉会长等职。

④ 盛宣怀（1844—1916），字杏荪，江苏省常州府武进县（今江苏常州）人，洋务派代表人物，著名的社会活动家、实业家和慈善家，中国红十字会创始人，中国红十字会首任会长。

道劫难。在当时的历史条件下，必须寻求以国际人道公约保护的红十字运动在中国的落地，用以救护、救助人民。中国红十字会的创设，体现了其民间推动、政府主导成立的特征，具有“国办”和“官办”性质，这符合由国家签署《日内瓦公约》，缔约国成立一个统一的红十字会保障公约在本国推行，反映了红十字会有别于其他慈善公益组织的特殊性质。

二、近代中国的红十字运动

中国红十字会成立后，秉持“恤兵救民”宗旨，积极开展战地救护、救灾救济、社会福利等人道工作，为保护生命健康、减轻民众疾苦做出了历史性贡献。

一是投入战地救护。中国红十字会成立后，先后组织参与了日俄战争、辛亥革命、北伐战争等战场救护活动。1937 年全面抗战爆发，中国红十字会全力以赴投入抗战救护事业。参加救护者除本国红十字救护人员外，还包括白求恩、马海德、柯棣华、高田宜等国际援华人士和海外华侨等志愿者。1938 年春，中国红十字会救护总队在汉口宣告成立（1939 年春迁至贵阳图云关），系中国红十字会“专负军事救护之机构”。救护总队从成立至 1946 年撤销复员，共发展分队 150 余支，拥有救护队员近 4 000 人。对军民实施外科手术、骨折复位、敷伤、住院、门诊等救护，救治伤病人员 1 600 多万人，有 114 名中外红十字救护队员以身殉职，为抗战胜利做出了杰出贡献。

二是举办公共医疗卫生事业。1910 年，中国红十字会主要创始人沈敦和创办了中国红十字会总医院暨医学堂（现复旦大学附属华山医院），这是中国红十字会创办的第一所医院和医学院，不仅开展医疗救护，而且为中国培养了一批现代医学人才。以此为开端，中国红十字会积极兴办医疗卫生机构，开展医疗救治及鼠疫、天花等瘟疫防治，成为中国公共卫生事业的前驱。

三是开展社会救助和福利事业。除保护生命健康外，中国红十字会秉持“拯灾赈饥”“服务社会，博爱人群”的人道主义精神，积极开展救灾赈济活动，著名的有 1910 年皖北苏北水灾、1912 年顺直水灾、1920 年黄河流域旱灾、1930 年西北和华北大旱等大饥荒赈济行动。中国红十字会还兴办失养及残废儿童救济院、难童留养院、儿童营养站、妇女职业训练班、乡村服务站等福利设施，推动社会福利事业发展。

四是参与国际援助和人道协作。1923 年 9 月，日本发生关东大地震，中国红十字会组织医护队赴日开展人道救援。这是中国红十字会成立以来首次大规模赴境外开展国际人道救援。1945 年，中国红十字会会长蒋梦麟当选为红十字会协会副主席，这是中国红十字会领导人首次担任这一职务。

历史证明，在人道灾难深重的近代中国，中国红十字会的诞生，为保护生命健康、减轻民众疾苦发挥了不可替代的作用。红十字运动在中华大地的兴起，深刻反映了国际红十字运动的世界意义和本土价值，是近代中国历史和现实的必然结果。

三、中国红十字会的改组和社会主义建设时期的红十字事业

1949 年 10 月 1 日，中华人民共和国成立。鉴于红十字会的特殊性质，中央人民政府决定以协商改组的方式，将原中国红十字会直接改组为新中国红十字会①，总会从上海搬迁至北京。周恩来总理审阅了改组报告，并修改了《中国红十字会会章》（简称《会章》）。1950 年 8 月 2 日，中国红十字会协商改组会议，即中华人民共和国第一次红十字会全国会员代表大会在北京召开，通过了中国红十字会改组事宜，标志着中国红十字会的新生。中央人民政府卫生部部长李德全当选为中华人民共和国成立以后首任红十字会会长。

中华人民共和国成立以来，党和政府高度重视红十字事业，围绕社会主义建设需要，赋予红十字会开展卫生救护、社会福利、民间外交等契合宗旨的职能，使红十字运动在新的历史条件下继续蓬勃发展。

一是大力开展爱国卫生运动。根据中国红十字会协商改组会议精神和《会章》规定，中国红十字会为“中央人民政府领导下的人民卫生救护团体”，贯彻“预防为主”的卫生工作总方针及“动员和组织人民实行自救助人”的救济福利方针，以协助各级人民政府，面向人

① 根据国际红十字运动规则，红十字国际委员会承认“新成立或改组的国家红会，并通告其他国家红会承认”。中华人民共和国成立后，中央人民政府采用改组而非重新成立的方式保持了中国红十字会的延续性，充分体现了对红十字运动的历史传承。

民大众，宣传并推广防疫、卫生、医药及救济福利事业。[①] 按照这一宗旨，中国红十字会在全社会大力宣传普及卫生知识，动员群众参加除“四害”、防治血吸虫病等爱国卫生运动，在学校、工厂和城乡社区开展应急救护知识和技能培训，成效显著。中国红十字会还组织农村巡回医防服务队，活跃在广大农村特别是革命老区和边疆地区，开展防疫注射与环境卫生整治等保护生命健康行动，开创了农村公共卫生事业的先河。

二是奔赴抗美援朝战场。1950 年 10 月至 1953 年 7 月，中国人民志愿军抗美援朝出国作战，中国红十字会先后组织了 7 支“国际医防服务大队”奔赴抗美援朝战场组织开展战地救护，建立了卓越功勋。中国红十字会还参与一些战争的战俘人道服务和交换等工作，发挥了独特而重要的作用。

三是恢复合法席位。经过积极争取，1950 年 8 月，红十字会协会来中国考察并宣布承认新中国红十字会。1952 年，中国红十字会受邀参加第 18 届红十字国际大会并被正式承认为中国唯一合法的全国红十字会。中国红十字会成为中华人民共和国在国际组织中第一个恢复合法席位的团体，中国红十字会作为中华人民共和国统一的红十字组织和国际红十字运动成员的地位进一步确立。

四是积极开展民间外交。中华人民共和国成立初期，面对国际反华势力的封锁、孤立，中国红十字会发挥独特的优势和作用，积极开展民间外交，架起与各国人民友好交流交往的桥梁。最具代表性的是推动中日民间外交。1952 年，中国成立了由中国红十字会等组成的中央日侨事务委员会，成功协助数万名日侨归国，赢得日本社会的广泛赞誉，奠定了两国民间交往的基础。1954 年 10 月 30 日，以中国红十字会会长李德全为团长、顾问廖承志为副团长的中国红十字会代表团出访日本并获巨大成功。这是中华人民共和国成立后第一次派大型代表团访日，揭开了中日关系史上新的一页。从此，中日民间关系从经济交往扩大到各界交

① 《中国红十字会会章》第二条，1950 年 8 月 2 日改组中国红十字会协商会议通过，1950 年 9 月 6 日中央人民政府政务院批准公布。

流交往，日本各党派和各界友好人士陆续访华，为实现中日关系正常化发挥了作用。

从 1950 年改组到 1966 年的 10 多年间，中国红十字会按照自身的性质和宗旨开展工作，在社会主义建设中发挥了独特而重要的作用。这个时期，中国红十字会先后隶属于内务部、卫生部，协助政府开展卫生救护和社会福利事业，做了大量好事、善事，赢得了党和政府以及人民群众的广泛认同。作为民间外交的重要力量，卓有成效地开展人道交流合作，被红十字国际组织承认为中国唯一合法的全国性红十字会。这些都生动地体现了中国红十字运动在社会主义建设时期的传承和发展，为中国特色红十字事业的发展奠定了良好的基础。

第二章
开创中国特色红十字事业发展道路

中国特色红十字事业是在总结红十字运动基本经验基础上，随着中国特色社会主义的开创逐步形成和发展起来的。40 多年来的实践充分证明，中国特色红十字事业发展道路是我国红十字运动持续健康发展的必由之路、成功之路。

第一节　发展道路的形成

"文化大革命"使社会主义建设遭受严重挫折，中国红十字会国内工作也被迫停顿。"文化大革命"结束后，党内外强烈要求纠正"文化大革命"的错误，使党和国家从危难中重新奋起。

以党的十一届三中全会为标志，以邓小平同志为主要代表的中国共产党人，深刻总结我国社会主义建设正反两方面经验，做出把党和国家工作中心转移到经济建设上来、实行改革开放的历史性决策，确立了社会主义初级阶段基本路线，成功开创了中国特色社会主义，形成了建设有中国特色的社会主义理论，引导着我国社会主义现代化事业不断前进，红十字事业迎来了发展壮大的新时期。

一、新时期红十字工作的全面恢复

"文化大革命"结束后，在中共中央解放思想、实事求是的思想引领下，各条战线拨乱反正工作逐步深入。1978 年 1 月，中国红十字会向卫生部报送《关于国内工作和体制问题的意见》，建议在对外开放的一些重点城市恢复红十字会工作，并提出红十字会在当地党委统一领导下协助卫生部门开展爱国卫生运动、群防群治、输血和战备救护训练等工作。

1978年，国务院以63号文件批准中国红十字会恢复国内工作，中国红十字会各级组织相继恢复。

根据党的十一届三中全会做出的把全党工作重点转移到社会主义现代化建设上来的战略决策，中国红十字会恢复国内工作后，及时调整工作方针，努力为社会主义现代化建设服务。

1978年12月，党的十一届三中全会闭幕不久，中国红十字会在上海召开工作会议，强调中国红十字会的“国内工作和国际活动都要围绕四个现代化这个中心”①。

1979年，中国红十字会第三次全国会员代表大会修改章程，强调“中国红十字会今后的主要任务是为社会主义建设服务”②。这次大会还批准恢复中国红十字会总会的名称，明确总会对地方红十字会的指导关系，并提出地方红十字会应在当地党政机关直接领导下工作。

在党和国家的高度重视和领导下，1993年，《中华人民共和国红十字会法》颁布实施，这在中国红十字运动发展史上具有里程碑意义。国家对红十字会进行专门立法，体现了党和政府对红十字事业的高度重视，体现了中国履行《日内瓦公约》的责任。这部法律规定了中国红十字会的性质、组织、职责、标志与名称、财产与监管、法律责任，明确“中国红十字会是中华人民共和国统一的红十字组织，是从事人道主义工作的社会救助团体”，“中国红十字会遵守宪法和法律，遵循国际红十字和红新月运动确立的基本原则，依照中国参加的日内瓦公约及其附加议定书和中国红十字会章程，独立自主地开展工作”。这从法律上确立了红十字会的性质地位，为红十字事业提供了基本的法律遵循，标志着中国红十字会进入依法治会的新阶段。

在党和国家的高度重视下，从1985年5月中国红十字会第四次全国

---

① 中国红十字年鉴编辑部. 中国红十字会通志：1904—2015［M］. 北京：中华工商联合出版社，2015：92.

② 中国红十字年鉴编辑部. 中国红十字会通志：1904—2015［M］. 北京：中华工商联合出版社，2015：94.

会员代表大会开始，中国红十字会开始聘请朱学范、赵朴初等担任名誉会长或名誉副会长。从 1994 年中国红十字会第六次全国会员代表大会开始，中国红十字会相继聘请江泽民、胡锦涛、李源潮、王岐山担任名誉会长，钱正英、彭珮云、华建敏、陈竺当选为会长，形成了由党和国家领导人出任名誉会长、会长的惯例，红十字工作的组织领导得到切实加强。

1999 年 12 月 29 日，经中央编委批准，将中国红十字会总会由“卫生部代管”改由“国务院领导联系”，理顺了总会的管理体制，同时启动地方红十字会理顺管理体制工作，我国红十字事业在新时期得到全面恢复和发展。

实践表明，改革开放是中华民族发展史上一次伟大革命，是决定当代中国命运的关键一步，包括红十字事业在内的党和国家各项事业步入蓬勃发展新时期，揭开了中国特色红十字事业发展新篇章。

二、中国特色红十字事业的提出与探索

进入改革开放和社会主义现代化建设的新时期，根据邓小平“把马克思主义的普遍真理同我国的具体实际结合起来，走自己的道路，建设有中国特色的社会主义”的指导思想，我国成功开创了中国特色社会主义。中国红十字会在实践中深刻地认识到，必须按照新时期党的思想路线，把国际红十字运动的基本原则同当代中国的实际结合起来，不断总结新时期的实践经验，研究新时期红十字事业的重大理论问题和实际问题，使红十字事业能够适应新形势、新任务的需要，在国家经济社会发展中更好地发挥作用，由此提出了发展中国特色红十字事业的目标，并进行了卓有成效的理论和实践探索。

1985 年，中国红十字会第四次全国会员代表大会提出“逐步探索具有中国特色社会主义红十字工作道路”①。这是中国红十字会第一次采用“中国特色”的表述，首次明确提出要走中国特色社会主义红十字工作道路。1990 年，中国红十字会第五次全国会员代表大会确定

① 中国红十字年鉴编辑部. 中国红十字会通志：1904—2015 [M]. 北京：中华工商联合出版社，2015：95.

"继续探索建设具有中国特色的红十字会""把建设具有中国特色的红十字事业继续推向前进"① 的指导思想。这是中国红十字会完整地提出"建设有中国特色的红十字事业"的概念。

随着改革开放和社会主义现代化建设的深入进行，中国红十字会对中国特色红十字事业的认识和探索逐步深化。

1994 年 4 月，中国红十字会第六次全国会员代表大会将"努力建设有中国特色的红十字会"作为今后的方针和主要任务，大会工作报告从"性质宗旨""发展道路""和政府的关系""主要任务""组织模式""国际性"等六个方面，初步归纳了"建设有中国特色红十字事业的理论雏形"，并提出"要在实践中不断发展和完善，以便逐步形成中国特色红十字事业的理论体系"。②

1995 年 4 月，中国红十字会第六届理事会第二次会议就关于建设中国特色红十字事业与建设有中国特色社会主义的关系、发展步骤和当前的主要任务等问题进行了系统阐释。③

1998 年 3 月，中国红十字会第六届理事会第五次会议通过了《学习贯彻十五大精神，积极推进两个转变，建构有中国特色红十字事业的基本框架》的报告，比较完整地提出了中国特色红十字事业的发展框架。

1999 年 10 月 11 日，中国红十字会第七次全国会员代表大会在北京开幕，中共中央总书记、国家主席、中央军委主席江泽民会见了全体与会代表并发表重要讲话。他强调红十字事业是崇高而伟大的事业，它所倡导的人道主义精神和为社会奉献的精神，符合社会主义精神文明的要求。随着中国改革开放和现代化建设的发展，中国红十字事业的前景将会越来越广阔。这次大会总结了《中华人民共和国红十字会法》颁布 5 年来我国红十字事业取得的成就，明确指出"建设有中国特色红十字事业是建设有中国特色社会主义伟大事业的组成部分"，提出要"高举邓

① 中国红十字年鉴编辑部. 中国红十字会通志：1904—2015［M］. 北京：中华工商联合出版社，2015：451-457.

② 中国红十字年鉴编辑部. 中国红十字会通志：1904—2015［M］. 北京：中华工商联合出版社，2015：481.

③ 中国红十字年鉴编辑部. 中国红十字会通志：1904—2015［M］. 北京：中华工商联合出版社，2015：96.

小平理论伟大旗帜，认清形势，振奋精神，抓住历史机遇，加大改革力度，深入贯彻《中华人民共和国红十字会法》，坚持依法建会，依法治会，依法兴会，把有中国特色的红十字事业全面推向21世纪”。①

2001年2月，中国红十字会第七届理事会第二次会议分析了“建设有中国特色红十字事业的有利条件”，提出了面向新世纪中国特色红十字事业的发展目标。

2004年5月8日，中国红十字会隆重举行建会100周年纪念大会，大会指出“中国红十字会的一百年，是从无到有、从小到大、自强不息、不断前进的一百年；中国红十字会的一百年，是为国分忧、为民解难、艰苦奋斗、无私奉献的一百年”。号召全国红十字系统“以昂扬的斗志、饱满的热情，将中国特色红十字事业继续向前推进，在人道主义救助领域为全面建设小康社会、为中华民族的伟大复兴做出更大的贡献”。②

2004年10月27日，中国红十字会第八次全国会员代表大会在北京开幕，中共中央总书记、国家主席、中央军委主席胡锦涛会见与会代表并发表重要讲话。他希望中国红十字会大力弘扬“人道、博爱、奉献”精神，在协助政府开展人道主义援助和促进经济社会发展等方面继续发挥积极作用；希望广大红十字工作者进一步增强光荣感和责任感，关爱社会、关爱生命，爱岗敬业、乐于奉献，为全面建设小康社会、推进人类和平与进步事业做出自己的贡献。这次大会在总结过去5年的基本经验时，强调必须牢牢把握建设中国特色红十字事业的正确方向，“努力开创中国特色红十字事业新局面”。③

2009年1月召开的中国红十字会第八届理事会第五次会议全面总结了改革开放30年来我国红十字事业的成就和经验，对如何建设中国特色红十字事业提出了新的更高要求。

---

① 中国红十字年鉴编辑部. 中国红十字会通志：1904—2015［M］. 北京：中华工商联合出版社，2015：485-491.

② 中国红十字年鉴编辑部. 中国红十字会通志：1904—2015［M］. 北京：中华工商联合出版社，2015：498-500.

③ 中国红十字年鉴编辑部. 中国红十字会通志：1904—2015［M］. 北京：中华工商联合出版社，2015：501.

2009 年 10 月，中国红十字会第九次全国会员代表大会将努力实现中国特色红十字事业新跨越，为实现全面建设小康社会，构建社会主义和谐社会做出更大贡献确立为红十字事业发展目标，标志着中国特色红十字事业理论和实践的探索进一步深入。

三、中国特色红十字事业进入新时代

以党的十八大为标志，中国特色社会主义进入新时代。中国红十字会坚持以习近平新时代中国特色社会主义思想为指导，深入贯彻落实习近平总书记关于党的群团工作和红十字事业的重要指示精神，坚持改革创新，切实抓好自身建设，沿着中国特色红十字事业发展道路阔步前进。

2015 年 2 月，中共中央印发《关于加强和改进党的群团工作的意见》，深刻阐述了新形势下加强和改进党的群团工作的重要性和紧迫性，科学概括了中国特色社会主义群团发展道路，对加强和改进党对群团组织的政治领导、思想领导、组织领导，发挥群团组织作用、推动群团组织改革创新提出了明确要求和一系列政策举措，成为指导和推动党的群团工作的纲领性文件。7 月 6 日，中共中央召开党的历史上第一次群团工作会议。习近平总书记出席会议并发表重要讲话。他强调，中国特色社会主义事业是亿万人民的事业，党的群团工作肩负着庄严使命。工会、共青团、妇联等群团组织一定要坚持解放思想、改革创新、锐意进取、扎实苦干，切实保持和增强党的群团工作和群团组织的政治性、先进性、群众性，组织动员广大人民群众更加紧密地团结在党的周围，把广大人民群众对美好生活的追求汇聚成强大动力，共同谱写实现“两个一百年”奋斗目标、实现中华民族伟大复兴中国梦的新篇章。党关于全面加强和改进群团工作的重大部署，进一步加深了红十字会对群团组织性质和作用的认识，明确了全面加强党对红十字事业的领导，保持红十字组织政治性、先进性、群众性，坚持红十字事业正确发展方向的目标要求和政策举措，这对于坚持和完善中国特色红十字事业发展道路具有重要意义。

党的十八大以来，以习近平同志为核心的党中央高度重视红十字事业，习近平总书记就红十字工作多次做出重要指示和批示。2015 年 5 月

5日，中国红十字会第十次全国会员代表大会在北京开幕。中共中央总书记、国家主席、中央军委主席习近平会见全体代表，并发表重要讲话。他强调，我国红十字事业是中国特色社会主义事业的重要组成部分，中国红十字会是党和政府在人道领域联系群众的桥梁和纽带。党和国家高度重视这支力量。希望中国红十字会适应新形势新任务，紧紧围绕党和国家中心任务，增强责任意识，推进改革创新，加强自身建设，开展人道救助，真心关爱群众，努力为国奉献、为民造福。习近平总书记的重要讲话，从党和国家事业发展全局和战略高度，深刻阐述了中国红十字会的性质和作用，阐明了红十字事业在中国特色社会主义事业中的重要地位，明确了红十字事业的职责使命、目标任务和基本要求，为中国特色红十字事业的改革发展提供了根本遵循。

2017年2月24日，国家主席习近平签署主席令，"《中华人民共和国红十字会法》已由中华人民共和国第十二届全国人民代表大会常务委员会第二十六次会议于2017年2月24日修订通过，现将修订后的《中华人民共和国红十字会法》公布，自2017年5月8日起施行"。[①] 修订的《中华人民共和国红十字会法》（简称《红十字会法》），适应红十字事业发展需要，规范了现实做法，对红十字会的主要职责进行了梳理和完善，对红十字会的监督机制和内部治理结构做了进一步补充和完善。同时，注重强化红十字会的组织、基础和能力建设，加大对违反《红十字会法》行为的打击力度。在保持中国特色的同时，使一些内容和表述上与《日内瓦公约》及附加议定书的基本原则相一致。《红十字会法》的修订，从法治上进一步保障和促进了中国特色红十字事业的发展。

2018年11月，国务院办公厅印发《中国红十字会总会改革方案》（简称《方案》）。《方案》强调，中国红十字会是从事人道主义工作的社会救助团体，是党和政府在人道领域的助手和联系群众的桥梁纽带。必须抓住全面深化改革重大历史机遇，以强烈的责任担当和自我革新勇

---

① 中华人民共和国主席令（第六十三号）[EB/OL].(2017-02-24)[2022-07-02]. http://www.gov.cn/xinwen/2017-02/24/content_5170776.htm.

气，全面推进总会改革，引领带动各级红十字会改革，努力提高做好红十字工作的能力和水平，开创红十字工作新局面。中国红十字会总会改革全面推开后，各地红十字会改革相继实施。这次改革紧紧围绕健全党领导红十字工作的制度，保持和增强红十字会政治性、先进性、群众性，坚定不移走中国特色社会主义群团发展道路这条主线，强化问题导向，制定了 7 个方面 18 项改革措施，力求以更大力度、更实举措推进改革，把红十字组织建设得更加充满活力、更加坚强有力。这从体制机制上进一步强化了党对红十字事业的领导，优化了红十字会的治理体系，推动中国特色红十字事业不断自我完善和发展、永葆生机活力。

2019 年 9 月 2 日，中国红十字会第十一次全国会员代表大会在北京开幕。中共中央总书记、国家主席、中央军委主席习近平在人民大会堂亲切会见全体代表，向他们表示诚挚问候和热烈祝贺，勉励他们弘扬“人道、博爱、奉献”精神，改革创新、奋发有为，为红十字事业发展做出新的更大贡献。这次大会全面总结了进入新时代的中国特色红十字事业，强调用习近平新时代中国特色社会主义思想统领红十字事业发展，坚定不移地走中国特色红十字事业发展道路。

中国红十字运动是致力于保护人的生命和健康，维护人的尊严，发扬人道主义精神，促进和平进步事业的实践过程。经过中国红十字运动 120 多年、中华人民共和国成立 70 多年特别是改革开放 40 多年的探索和总结，最终提出并确立了中国特色红十字事业发展道路，这是我国红十字运动发展的必然结果。

第二节　发展成就

中国特色红十字事业的发展历史，是在中国特色社会主义理论体系和习近平新时代中国特色社会主义思想指引下，不断发展壮大并取得巨大成就的历史。40 多年来，中国特色红十字事业取得的主要成就包括以下几个方面。

一是应急救援救护工作有序开展，在国家应急管理体系中发挥了重要作用。中国红十字会参与了 1991 年华东特大水灾救援、1996 年丽江抗震救灾、1998 年抗洪抢险、2003 年抗击“非典”、2008 年汶川特大地震救援、2010 年玉树地震救援、2013 年芦山地震救援等历次重大自然灾害救援及恢复重建工作，为保护人民群众生命健康做出了应有贡献。特别是参与 2008 年汶川特大地震救援和 2020 年新冠疫情防控，凸显了中国红十字会在国家应急救援体系中的重要作用。大力加强应急救援专业化建设，以红十字志愿者为骨干，组建了搜救、赈济、医疗、供水、大众卫生、心理、水上、通信、重症转运等 9 类 1 100 余支红十字救援队伍，建立了分区域的红十字备灾仓储网络，创立了北京 999 院前医疗转运和航空救援体系，基本形成体系完备、机动灵活、快速高效的红十字应急救援工作机制。建立健全应急救护培训长效机制，建设红十字社区服务站、红十字生命安全体验馆、景区红十字救护站、博爱校医室等救护服务阵地，积极推动应急救护培训进社区、进农村、进学校、进企业、进机关。参与了 2008 年北京奥运会、2010 年上海世博会、2022 年北京冬奥会等重大体育赛事和重大活动的应急救护服务，培训持证红十字救护员 1 400 多万人次，自救互救知识和技能得到广泛普及，群众性应急救护培训主体作用得到有效发挥。

二是人道救助和人道服务不断拓展，成为保障和改善民生的得力助手。立足社会救助团体职能定位，完善城乡红十字人道救助体系，在农村和社区大力开展以健康服务、大病医疗救助、扶贫帮困等为主要内容的人道救助活动。成立中国红十字基金会，累计募集款物超过 100 亿元，用于贫困大病患儿救助、乡村基础卫生条件改善、健康扶贫等人道救助活动，直接受益人口超过 8 000 万人。组织发展无偿献血志愿者队伍，积极开展无偿献血宣传动员工作，无偿献血成为我国公民获取血液支持的主渠道。开创造血干细胞、遗体和人体器官捐献事业。建立“中华骨髓库”，造血干细胞捐献者资料库容量已超过 362 万人份，位居亚洲第一，实际捐献突破 2 万例；积极推动遗体和人体器官捐献动员，自愿无偿的公民逝世后器官捐献工作体系基本建成，捐献志愿登记人数超过 700 万人，完成捐献 5. 6 万余例，捐献器官 17 万余个，捐献量居世界第二位。在党和国家的高度重视和领导下，中国红十字会积极参与推动造血干细胞、遗体和人体器官捐献事业，受政府委托，承担捐献动员、志愿者管理服务、捐献见证、缅怀纪念等具体职能任务，并写入《中华人民共和国红十字会法》，成为各级红十字组织的法定职责，这在国际红十字运动中属于首创，进一步拓展了人道救助、人道服务内涵，对于保护生命健康、传播人道主义理念、发展志愿服务具有重要意义。助力脱贫攻坚和乡村振兴，借鉴国际红十字组织“韧性社区”理念和模式，大力实施以“防灾减灾、产业发展、志愿服务、社区治理”为主要内容的“博爱家园”项目，惠及 28 个省（区、市）3 000 多个乡村。持续开展“红十字博爱送万家”活动，把党和政府的关怀及社会爱心送到需要人道关爱的群众身边。兴办医疗、康复、养老等与红十字会宗旨相符的社会公益事业，为保障和改善民生做出了积极贡献。

三是人道资源动员能力显著增强，红十字事业的社会参与度不断提升。红十字会员总数达 1 795. 7 万人，全国红十字基层组织 23. 89 万个，全国红十字注册志愿者 349 万人，开展人道服务，红十字志愿服务成为国家志愿服务体系中的一支重要力量。成立红十字学校工作委员会，大力开展以人道传播、健康促进、志愿服务为主要内容的红十字青少年工作，为红十字事业发展提供了有生力量。加强筹资动员，2008 年，全国红十字系统募集款物 199 亿元支援汶川抗震救灾；2020 年，募集款物 265 亿元支持新冠疫情防控，红十字会成为汇聚社会各界爱心的重要平台。持续组织“红十字天使计划”“博爱一日捐”“慈善万人行”等品牌筹资活动，加强“网上红会”“数字红会”建设，积极拓展互联网人道资源动员，发挥红十字基金会筹资主渠道作用，增强了人道救助人道服务实力。切实强化公开透明，创立公开透明指数管理机制和“博爱中国”全国红十字系统统一信息公开平台，严格执行信息公开标准，及时向社会公布捐赠款物收入和使用情况，主动接受社会监督，红十字系统公开透明和公信力建设进一步加强。

四是人道文化传播深入开展，在培育和践行社会主义核心价值观中发挥了重要作用。中国红十字会深入挖掘、广泛传播红十字文化所蕴含的价值理念、人文精神、道德追求，持续开展“世界红十字日”“世界急救日”“世界献血者日”“世界人道主义日”等主题传播活动，大力弘扬"人道、博爱、奉献"的红十字精神，弘扬"关爱生命、救在身边""高尚利他、志愿捐献"精神，弘扬抗震救灾精神、抗疫精神，在培育和践行社会主义核心价值观中发挥了独特作用。宣传普及红十字法律法规，开展"探索人道法""青春善言行"等红十字青少年文化传播活动，广泛深入传播红十字文化。先后组织21届"南丁格尔奖"评选活动，宣传"南丁格尔精神"，我国共有97位护理界的优秀代表获得"南丁格尔奖章"。大力加强传播阵地建设，创立于1913年的《博爱》杂志于1980年复刊；1986年，《中国红十字报》创刊，成为中国红十字会行业报刊和宣传指导全国红十字工作的重要阵地。支持苏州大学成立全国首个红十字运动研究中心，致力于红十字历史文化研究、理论人才培养。先后创建"上海红十字历史文化陈列馆""辽宁营口中国红十字运动发源地纪念馆""中国红十字会救护总队贵阳图云关抗战纪念园"等5个文化传播教育基地，对于宣传弘扬红十字文化发挥了重要作用。2011年6月，发生了涉及红十字会的"网络舆情事件"①，引发了社会对中国红十字会的组织性质、领导体制、治理模式的质疑和争论。这一事件促使中国红十字会意识到必须进一步加强理论研究和宣传传播，不断提高红十字组织的公信力和社会公众对红十字运动的认识。要及时揭露和批驳污蔑抹黑、造谣生事的言行，毫不动摇地坚持党的领导，坚定不移地走中国特色红十字事业发展道路。这起事件后，中国红十字会提出要加强"两论一动"（理论、舆论和行动），认真抓好理论研究和舆论引导工作。2018年，国务院办公厅印发《中国红十字会总会改革方案》，将"加强理论研究，大力开展宣传工作。依托高等院校和研究机构建立全国性红十字运动研究基地，围绕红十字运动重大理论和现实问题开展研究"列为改革任务。2019年8月，中国红十字总会、中国红十

---

① 2011年6月21日，微博上一个ID为"郭美美baby"的网友发布炫耀其财富和奢靡生活的文字、图片内容，因其认证身份为"中国红十字会商业总经理"，引起众多网民关注。随后网络上出现了许多有关红十字会的不实信息、谣言和对红十字会的性质以及中国特色红十字会体制机制的攻击。根据警方的调查和郭美美本人的供述：她以及她的资金来源都与中国红十字会毫无关系。但这一事件对中国红十字会的公信力和社会声誉造成了重创。这起事件反映出社会公众对中国红十字会认知不足，红十字会公开透明不够、对互联网舆情事件应对处置失当等问题，需要认真汲取教训。

字基金会联合苏州大学创建的红十字国际学院正式成立，它是全球首个红十字运动专门学院，成为红十字理论研究、人才培养、文化传播、国际交流的重要基地。

五是与港澳台红十字交流逐步深入，为维护祖国统一大业发挥了重要作用。改革开放以后，中国红十字会总会与台湾红十字组织联系开展两岸查人转信工作，为1.3万名台胞、台属找到了失散几十年的亲人，开创了两岸红十字组织合作的先河。1990年9月，中国红十字会总会与台湾红十字组织在金门举行商谈，就私渡人员和刑事嫌疑犯等双向遣返问题签订了协议书，即著名的“金门协议”①。这是1949年以来海峡两岸分别授权的民间团体签订的第一个书面协议，在两岸关系史上具有重要意义。30多年来，两岸红十字组织创立了自然灾害救援、青少年交流、海峡两岸博爱论坛等合作交流机制，加强人道项目合作，为增进两岸民众福祉发挥了积极作用。1997年7月1日、1999年12月20日，香港和澳门红十字会相继成为中国红十字会享有高度自治的分会，中国红十字会作为中华人民共和国统一的红十字组织的地位进一步确立。香港、澳门回归后，中国红十字会贯彻“一国两制”方针，支持港澳红十字会依法开展工作，加强在备灾减灾、红十字青少年、应急救护、志愿服务等方面的合作，在增强香港、澳门同胞国际意识和爱国精神，服务改革开放和社会主义现代化建设事业，维护香港、澳门长期稳定繁荣等方面，发挥了红十字组织的独特作用。

六是国际红十字运动成员和民间外交作用有效发挥，为践行人类命运共同体做出了积极贡献。中国红十字会积极参与国际红十字运动事务，与红十字国际组织、全球100多个国家红会建立了合作关系，红十字国际委员会、红十字会与红新月会国际联合会在北京设立了东亚代表处，中国红十字会领导人多次当选红十字国际组织领导人，我国在国际

① 1990年9月，中国红十字会总会与台湾红十字组织在金门举行商谈，就解决私渡人员和刑事嫌疑犯或刑事犯的双向遣返问题进行协商，并签订了协议书。这一协议后来被称为“金门协议”。依照“金门协议”的规定，本着“人道、安全、便利”的原则，祖国大陆红十字会与台湾红十字组织一直保持着联系，实施海峡两岸私渡人员和刑事嫌疑犯或刑事犯的海上双向遣返作业。

红十字运动中的影响力不断增强。中国红十字会发挥负责任大国红会作用，参与印度洋海啸国际救援，派出红十字国际救援队赴菲律宾、斯里兰卡、尼泊尔、缅甸、厄瓜多尔等自然灾害和武装冲突多发地区开展人道救援。向朝鲜、智利、塞内加尔等 80 多个国家提供人道援助。服从服务国家外交大局，实施红十字与“一带一路”同行计划，先后发起中巴急救走廊、“一带一路”人道救助计划、海外博爱家园等项目，与巴基斯坦、阿富汗、蒙古国、孟加拉国、叙利亚、伊拉克等共建“一带一路”62 个国家红会开展务实合作，促进了民心相通。积极参与抗疫国际合作，向伊朗、伊拉克、意大利派遣了抗疫红十字志愿专家团队，这是我国最早派出的三批抗疫专家组，是我抗疫国际合作的创新举措。向巴基斯坦、阿富汗、美国、埃塞俄比亚等 50 多个国家提供抗疫物资援助，以实际行动践行人类命运共同体精神。

七是改革创新意识不断强化，依法治会能力进一步增强。中国特色红十字事业的历史是一部深化改革、与时俱进的历史。20 世纪末启动的理顺红十字会管理体制改革，是发展红十字事业的组织保证和必要条件。截至 2024 年末，全国省级和地市级红十字管理体制全部理顺，县级红十字会理顺率达到 86.4%。实践证明，管理体制的理顺，有利于加强党的集中统一领导；有利于红十字会建立起符合自身特点的组织机构和运行机制，依法、依章程独立自主地开展工作；有利于加强政府监督管理和部门协调协作；有利于开展国际交往与合作。理顺管理体制后，广大红十字工作人员的积极性和组织活力明显提升。党的十八大以来，特别是党中央做出群团工作改革重大部署以来，中国红十字会立足发挥人道领域助手和联系群众桥梁纽带作用，积极争取党和政府支持，按照保持和增强政治性、先进性、群众性的要求，持续推进治理结构、人事制度、运行机制、工作方式等方面改革创新，推动各地红十字会统筹推进改革任务落实，形成了上下联动抓改革、凝心聚力谋发展的良好局面。全国大部分省级红十字会改革方案已经出台，坚持问题导向，着力破解重点难点，大幅提升代表大会代表、理事、常务理事、挂职兼职副会长中来自社会领域和基层一线的比例，红十字会的代表性、广泛性、群众性显著增强；依法设立监事会，探索形成了理事会决策、执委会执行、监事会监督的治理结构，进一步提高了依法治会能力和水平。

八是党的建设全面加强，为中国特色红十字事业发展提供了强有力的政治保证。深入贯彻党中央关于群团工作和红十字事业决策部署，坚持和加强党的全面领导，建立健全党建工作责任制和党风廉政建设责任制，把学习贯彻邓小平理论、“三个代表”重要思想、科学发展观和习近平新时代中国特色社会主义思想作为首要政治任务，自觉用党的创新理论武装头脑、指导实践、推动工作。以高度的政治责任感抓好巡视整改，巩固深化“保持先进性”“科学发展观”“党的群众路线教育实践活动”“‘三严三实’专题教育”“两学一做”学习教育成果，扎实开展“不忘初心、牢记使命”主题教育、党史学习教育、党纪学习教育等，广大党员干部理想信念更加坚定、党性更加坚强。严格政治纪律和政治规矩，严格执行重大事项请示报告制度，认真落实意识形态工作责任制，始终在思想上、政治上、行动上同党中央保持高度一致。持之以恒正风肃纪，严格落实中央八项规定精神，集中整治形式主义、官僚主义，加强系统党建和党风廉政建设，风清气正的政治生态逐步形成。

第三节　基本经验

中国特色红十字事业是随着中国特色社会主义的开创与发展逐步形成的，实践表明，这是一条符合国际红十字运动基本原则，适合中国特点、时代特征的正确道路。40 多年来，中国特色红十字事业在改革开放和社会主义现代化建设中蓬勃发展，在中国特色社会主义新时代建功立业，取得了重大成就，积累了宝贵的历史经验。

一是必须坚持党的领导。中国共产党领导是中国特色社会主义最本质的特征，是中国特色社会主义制度的最大优势。中华人民共和国成立以来特别是改革开放以来，党和国家高度重视红十字事业，各级党组织切实加强对红十字会的领导，各级红十字会坚持自觉接受党的领导、团结服务所联系群众、依法依章程开展工作相统一，把党的理论和路线方针政策贯彻落实到红十字工作各方面、全过程，始终保持了红十字运动的正确方向。在党和国家的高度重视和领导下，《中华人民共和国红十字会法》《中华人民共和国红十字标志使用办法》颁布实施。国务院制定《国务院关于促进红十字事业发展的意见》，各有关部门和地方党委、政府制定了一系列规范性文件。中国红十字会被列为国家应急管理、精神文明建设、社会救助、健康中国、外事工作等议事协调机构的成员单位，成立了中国国际人道法国家委员会，支持和保障红十字会依法依章程开展工作。坚持党管干部、党管人才原则，选优配强各级红十字会领导班子，将红十字会纳入参照公务员管理单位，由各级财政拨款支持人员和工作经费，加大政府投入和购买服务力度，支持红十字会多方募集资金，有力保障和促进了红十字事业发展。在动员社会参与方面，国家鼓励自然人、法人以及其他组织参与红十字事业，鼓励企事业单位及团体申请成为红十字会团体会员，支持在学校开展红十字青少年工作。在全社会大力弘扬“人道、博爱、奉献”的红十字精神，宣传红十字文化在引领社会道德风尚、践行社会主义核心价值观方面的积极作用，为我国红十字事业持续健康发展创造了良好条件。历史和现实都证明，没有共产党就没有新中国，就没有中华民族伟大复兴。同样，没有党的领导就没有新中国红十字事业的发展进步，就没有中国红十字运动的光明前景。只有始终坚持党的领导，充分发挥党的领导的政治优势，团结凝聚各方力量共同推进人道事业发展，中国红十字运动才会向着更加美好的未来不懈前行。

二是必须坚持以人民为中心。红十字运动是一项造福人类的崇高事业，关乎人的生命健康、关乎社会文明进步、关乎人类持久和平，与党的全心全意为人民服务的根本宗旨高度契合。无论是在灾难深重的近代中国，还是在中华民族伟大复兴的历史进程中，中国红十字会始终秉承“人道、博爱、奉献”的红十字精神，致力于保护人的生命和健康，维护人的尊严，改善最易受损害群体境况，努力为国奉献、为民造福，是以人民为中心的发展思想最直接的实践者、推动者。发展中国特色红十字事业就是要把人民放在最高位置，以人民拥护不拥护、赞成不赞成、高兴不高兴、答应不答应作为衡量工作得失的标准，把实现人民对美好生活的向往作为根本目标。要依法履职尽责，坚决扛起职责使命，大力推进应急救援、应急救护、人道救助、无偿献血、造血干细胞捐献、遗体和人体器官捐献事业发展，充分发挥党和政府在人道领域的助手作用。要围绕共同富裕的目标，充分发挥红十字会在第三次分配中的作用，发挥党和政府在人道领域联系群众的桥梁纽带作用，广泛开展人道资源动员，大力发展会员、志愿者、基层组织和人道公益伙伴，将更多的人道力量团结凝聚在党的周围。历史和现实都证明，人民至上、生命至上是人道主义的价值核心，是红十字运动的根基所在、血脉所在、力量所在，唯有不忘初心、牢记使命，始终坚持以人民为中心的发展思想，始终坚持发展为了人民、发展依靠人民、发展成果由人民共享，中国特色红十字事业才能行稳致远。

三是必须坚持依法治会。国际红十字运动因创立人道组织、制定人道公约而发轫，保障人道主义公约在全世界推行是红十字运动不变的初心和使命。公约精神和法治意识体现了红十字运动作为一种世界性运动的先进性，依法治会是国际通行的红十字运动行为规范。在党和国家的高度重视和领导下，为履行《日内瓦公约》签约国的责任，我国相继制定了《中华人民共和国红十字会法》《中华人民共和国红十字标志使用办法》，中国红十字会成为国家专门立法的社会团体，为红十字事业的发展提供了根本的法律保障，也为红十字会开展工作和自身建设制定了基本的法律遵循。依法治会是红十字会遵循国际红十字运动基本原则、贯彻依法治国方略、推进红十字会治理体系和治理能力现代化的基本要求，是红十字会政治性、先进性、群众性的显著标志，也是红十字事业高质量发展的重要保障。发展中国特色红十字事业，必须牢固树立法治理念，自觉运用法治思维、法治方式开展工作，认真履行法定职责；必须严格遵守宪法、《中华人民共和国红十字会法》等法律法规和《中国红十字会章程》，加强法律宣传贯彻，努力营造良好的法治环境；必须健全制度体系，完善约束机制，强化制度执行，加强监督检查，改进工作作风，不断提高红十字工作的法治化、制度化、规范化水平。历史和现实都证明，坚持自觉接受党的领导、团结服务所联系群众、依法依章程开展工作相统一是做好红十字工作的根本原则，我们只有始终强化法治意识，牢固树立宪法法律至上理念，依法依章程开展活动，依法维护群众权益，依法提高治理能力，才能进一步夯实红十字事业的法治基础，推动中国特色红十字事业高质量发展不断取得新进步。

四是必须坚持与时俱进、改革创新。国际红十字运动从无到有，是人类文明和制度创新的产物，改革创新是推动红十字事业发展的内在要求。160 多年来，红十字运动始终适应全球人道需求、紧跟时代步伐创造性开展工作，形成了人类社会普遍认同的思想观念、价值取向、道德规范和行为方式，成为全世界影响范围最广、认同程度最高的国际组织。中国红十字运动起源于民族危亡之际，深刻反映了中国人民救亡图存的艰辛求索，体现了吸收借鉴世界文明成果的创新性实践。中华人民共和国成立以来特别是改革开放以来，中国红十字会始终坚持解放思想、实事求是、与时俱进、求真务实，坚持把国际红十字运动基本原则同中国具体实际相结合、同中华优秀传统文化相结合，坚持实践是检验真理的唯一标准，坚持一切从实际出发，及时回答时代之问、人民之问，不断推进红十字运动中国化、时代化，最终开创了中国特色红十字事业发展道路。历史和现实都证明，改革创新是引领中国特色红十字事业发展的不竭动力，我们一定要把握时代脉搏，适应社会发展变化，尊重基层首创精神，不断推进红十字工作和红十字组织建设理论创新、实践创新、制度创新，坚决破除影响事业发展的思想观念障碍，着力解决制约事业发展的体制机制问题，推动中国特色红十字事业不断焕发勃勃生机。

五是必须坚持培育和践行社会主义核心价值观。红十字运动是人类优秀文化成果，红十字精神与中华优秀传统文化一脉相承，与社会主义核心价值观高度契合。做好红十字工作、发展红十字事业的重要意义，不仅体现在保护人的生命和健康、维护人的尊严，努力为国奉献、为民造福的具体行动上，还在于红十字精神作为人类先进文化的巨大影响力、感召力和凝聚力，是培育和践行社会主义核心价值观的重要力量。发扬人道主义精神，传播红十字文化，不仅是动员社会力量、发展人道事业的基础工程，也是提高公民道德素养、引领文明风尚、增进社会关系和谐的重要载体，是国民教育、青少年素质教育、精神文明创建等新时代文明实践的重要内容，必须作为法定职责、作为核心业务切实抓紧抓好。要进一步强化理论武装，坚持以党的创新理论为指导，深入开展红十字文化精神的理论研究和价值诠释，讲清楚红十字文化的历史渊源、发展脉络、实践意义，讲清楚中国特色红十字文化的独特创造、价值理念、鲜明特色，加强面向红十字工作者、志愿者、红十字青少年和社会公众的人道主义教育，使红十字文化更好地融入社会主义核心价值观的养成性实践。要创新红十字人道文化传播方式，打造红十字宣传传播阵地，充分利用重大节日、重大活动，开展面向大众的主题实践活动，在全社会大力弘扬“人道、博爱、奉献”精神，进一步传播正能量，引领新风尚。历史和现实都证明，红十字是一种精神，更是一面旗帜，跨越国界、种族、信仰，引领着世界范围内的人道主义运动。中国特色红十字事业的发展离不开持久深入的文化传播，离不开社会公众的参与和支持，只要我们把人道文化传播融入红十字工作各方面，转化为广大人民群众的情感认同和行为习惯，积极培育和践行社会主义核心价值观，就一定能凝聚共同推动人道事业发展的强大力量。

六是必须坚持推动构建人类命运共同体。红十字运动作为遍及世界的人道主义运动，凝聚了人类不同文明的价值共识，反映了世界各国人民普遍认同的价值理念的最大公约数，具有鲜明的国际属性，是“和平、发展、公平、正义、民主、自由”的人类共同价值的生动诠释，是人类命运共同体思想渊源之一。做好红十字工作、发展红十字事业是推动构建人类命运共同体的重要力量。中国红十字会作为中华人民共和国统一的红十字组织和国际红十字运动的成员，必须始终胸怀天下，以世界眼光关注人类前途命运，从人类发展大潮流、世界变化大格局、中国发展大历史正确认识外部世界，高度重视发展同红十字国际组织、各个国家红会的关系，积极参与国际红十字运动事务，同世界上一切进步力量携手前进，推动国际红十字运动向着更加公平公正、更加务实深入、更加持久普遍的方向发展。要始终牢记国之大者，服从服务国家外交大局，充分发挥民间外交重要渠道作用，加强同广大发展中国家人道交流合作，力所能及开展国际援助，深入实施红十字与“一带一路”同行计划，彰显负责任大国红十字会的形象。要始终秉持开放协作精神，统筹国内国际两个大局，调动总会与地方两个积极性，广泛动员各方资源，高度重视人才培养和能力建设，为开展红十字国际人道交流合作奠定更加坚实的基础。历史和现实都证明，人类是一个休戚相关的命运共同体，红十字运动是推动构建人类命运共同体的独特力量，只要我们始终胸怀天下，牢记国之大者，切实履行职责使命，就一定会为国际红十字运动贡献更多的中国智慧、中国方案、中国力量，为人类和平进步事业做出新的更大贡献。

这些宝贵经验，是经过长期实践探索的结果，激励着我们不忘初心、牢记使命，推动中国特色红十字事业持续健康发展，在全面建设社会主义现代化国家的新征程中做出更好的成绩，发挥更大的作用。

第三章
中国特色红十字文化

“人道、博爱、奉献”的红十字精神，是中国特色红十字文化的核心。中华优秀传统文化为红十字运动的发展提供了天然滋养。弘扬红十字文化，有利于培育和践行社会主义核心价值观。进入新时代，必须进一步加强红十字文化建设。

第一节　红十字文化的形成及内涵

国际红十字组织历经 160 余年发展，已成为当今世界影响最广、认同程度最高的国际组织之一。红十字运动之所以能遍及全世界，被不同制度的国家、不同信仰的民族、不同肤色的种族认同，在于它所倡导的人道主义与世界多种文化同源，它呼唤保护人的生命和健康，保障人类尊严，呼唤人类生存所不可少的人道行为，是不同文化的相同召唤。

这种文化建立在无等级、无差别的人格和权利平等的基础之上，具有旺盛的生命力。

一、红十字文化产生的历史背景

（一）战争催生了红十字文化

人类历史是一部充满了战争、灾害、疾病的历史。从公元前 1285 年古代埃及与赫梯王国的战争到 1859 年的法奥战争，人类历史上共经历了近百场大规模的战争，使数不清的人死亡、伤残。仅法奥战争索尔费里诺一役交战双方就战死 4 万多人，更为残酷的是，双方受伤或垂死的士兵不是被枪杀就是被刺死。碰巧路过这里的瑞士商人亨利·杜南亲眼见证了这场残酷的战役，目睹了战场上受伤士兵的痛苦，他在自费出版的著作《索尔费里诺回忆录》中发问："我们为什么不利用相对安定平静的时期，在人道和基督教的立场上去调查研究或想办法解决这样一个在世界范围内如此重要的问题呢?"① 他的提议和行动，最终促成了《日内瓦公约》的通过和红十字国际委员会的创立。

红十字文化在中国落地同样源于战争。19 世纪末，红十字逐渐进入国人视野。战火连绵之际，红十字会在登陆中国之初就被赋予了"博爱恤兵"的宗旨。无论是中日甲午战争中积极参与伤病兵救治工作，抑或是日俄战争中救伤赈济的义举，都凸显着红十字"博爱恤兵"的宗旨。

1904—1905 年，日本和俄罗斯为争夺中国辽东半岛和朝鲜半岛的控制权，在中国东北发动了日俄战争，使当地人民蒙受了重大灾难，生命财产遭到空前浩劫。"自旅顺迤北，直至边墙内外，凡属俄日大军经过处，大都因粮于民。菽黍高粱，均被芟割，以作马料。纵横千里，几同赤地"；"烽燧所至，村舍为墟，小民转徙流离哭号于路者，以数十万计"。② 甚至连日本人办的《盛京时报》（1906 年 10 月 18 日）也不得不承认，东北人民"陷于枪烟弹雨之中，死于炮林雷阵之上者数万生灵，血飞肉溅，产破家倾，父子兄弟哭于途，夫妇亲朋呼于路，痛心疾首，惨不忍闻"。③ 战争造成几十万人流离失所。

为救援东北战地难民，以沈敦和为首的上海慈善家筹集钱款，发起成立了上海万国红十字会，他们组建医疗队派往辽沈一带救护伤兵难胞，"救出险者数十万人；继又散放急赈，活者甚众"④。

（二）文艺复兴为红十字文化广泛传播提供了土壤

红十字文化的诞生具有特定的时代背景。它发轫于生产力高度发达的资本主义社会，孕育于西方基督文化的浓郁环境，在人文主义的沃土中应运而生。

---

① 亨利·杜南．索尔费里诺回忆录［M］．杨小宏，译．北京：社会科学文献出版社，2013：17.

② 付江红，白明政．中国近代史纲要辅导教程［M］．武汉：武汉大学出版社，2018：78.

③ 付江红，白明政．中国近代史纲要辅导教程［M］．武汉：武汉大学出版社，2018：79.

④ 上海市地方志编纂委员会．上海市级专志　华山医院志［M］．上海：上海科学技术文献出版社，2021：721.

14—17 世纪，欧洲爆发了史称“文艺复兴”的思想文化运动。

文艺复兴是具有划时代意义的思想文化运动，它首发于意大利，后随着西欧资本主义的蓬勃发展，遍及西欧各国。文艺复兴时期，形成了殊死相争的两大阵营，一方是以天主教会为代表的封建统治者，垄断文化思想，压抑人性，竭力鼓吹来世主义、禁欲主义和蒙昧主义，将人的价值贬低为零；另一方则是以人文主义者为代表的人道主义思潮，从不同角度歌颂人的伟大，鞭笞教会的腐朽。这种以人为中心而不是以神为中心的人文主义精神，肯定人的价值和尊严，主张人生的目的是追求现实生活中的幸福，倡导个性解放，反对愚昧迷信的神学思想，认为人是现实生活的创造者和主人。

文艺复兴的核心思想是人文主义，又称人本主义或人道主义。人文主义者以“人性”反对“神性”，用“人权”反对“神权”，他们歌颂人的智慧和力量，赞美人性的完美与崇高，反对宗教的专横统治和封建等级制度，主张人性解放和平等自由，充分肯定人的价值，将“人”视为“追求真、善、美”的动力。英国文豪莎士比亚（1564—1616）在其名著《哈姆莱特》中，借哈姆莱特之口说：“人……理性是多么高贵，发挥不完的才能和智慧；……行动就像天使，明察秋毫，多像个天神，宇宙的精英，万物之灵。”①

绵延欧洲社会几百年的文艺复兴运动，是新兴资产阶级在意识形态领域里掀起的一场革命风暴，它启迪民众智慧，将人的自由、人的价值、人的尊严、人的解放提到了首要地位，成为人们冲破中世纪层层黑幕的有力号召，对当时的政治、科学、经济、哲学、神学世界观产生了极大影响。

经过长达 3 个多世纪的文艺复兴运动，以“人”为本的人道主义思想广为传播。至 19 世纪初叶，“天赋人权”“自由、平等、博爱”等人道主义思潮已主导了欧洲社会，为红十字运动的诞生奠定了必不可少的思想基础和社会基础，人道主义成为催生红十字文化的精神源泉。

---

① 莎士比亚．哈姆莱特［M］//莎士比亚．莎士比亚全集：第四卷．上海：上海译文出版社，2014：234-235.

（三）红十字文化是不同文化的相同召唤

红十字运动能够遍及全世界，为不同种族、民族，不同意识形态、政治制度、伦理道德，不同时代、地域的国家、民众所接受，是因其本身蕴含的文化渊源，它扎根在犹太教、基督教、佛教等各种不同的文化之中，所以红十字精神一经传播，立即与涵盖在这些文化中的“人道”理念一拍即合。

犹太教是世界三大一神信仰中最古老的宗教（公元前12—前11世纪创立），史学家认为它的创始者是摩西。摩西制定了犹太教摩西律法和“摩西十诫”。摩西律法规定，“要爱邻居，像爱自己一样”。“摩西十诫”中有五诫是关于伦理道德的，如“要孝敬父母”“不可做假见证诬陷害人”“不可贪恋他人的财物”等。摩西律法和“摩西十诫”成为犹太民族的“清规戒律”，成为犹太人遵循的道德规范。

基督教教人忍受苦难，教人竭尽所能施舍。耶稣倡导人道博爱：“要爱你们的仇敌，为那逼迫你们的祷告”。《圣经》里引人向善的句子比比皆是：“你们愿意人怎样待你们，你们也要怎样待人”“追求公义仁慈的，就寻得生命、公义和尊荣”“我们没有一个人为自己活，也没有一个人为自己死”……

发源于南亚次大陆的佛教（公元前6—前5世纪创立），其核心内容是“修心”，而修心的根本要点在于施舍与奉献，在于止恶扬善。佛教创始者释迦牟尼说：“恒守正念，习行众善。”“慈悲”是佛教教义的核心思想，它告诫众生，唯有慈悲，才能成就真正的佛道，成就菩萨心肠，成就人间净土。

“人道、博爱、奉献”的种子随着宗教文化的广泛传播而在世界各地、在广大民众心里扎下了根。

设在日内瓦的国际红十字与红新月博物馆，用6个展板生动揭示了红十字文化来源的多样性，包括基督教文化、儒家文化、佛教文化、伊斯兰教文化，以及现代交战国之间宽待俘虏的协议书。国际红十字与红新月博物馆的展示告诉人们，不同时代、不同信仰的文化殊途同归，人道、博爱、同情和善的道德情操在所有文化中都存在，它是世界不同文化中伦理道德观念的结晶。红十字运动之所以能遍及全世界，被不同种族、不同国家、不同信仰的人们接受，是因为其倡导的人道主义与世界多种文化同源。

“人道”理念的出现，来自人性的内需，代表着试图缓和人世苦难的精神努力，体现为古今世界对人的关注与同情。160多年来，红十字文化之所以在国际社会拥有如此高的权威性和号召力，均来自它所提出的最具人性的理念：“尊重人类生命，为所有受难者提供救援。”正是这种内在的对人世苦难关切、同情的精神力量，自古及今，一直推动着红十字运动向前发展，成为红十字运动遍及全世界的思想基础。

二、红十字文化与中华优秀传统文化的融合

（一）中华优秀传统文化中的人道思想

中华优秀传统文化中有丰富的人道主义思想资源。伦理思想和道德观念在中华优秀传统文化中占有十分突出的位置。换言之，根植于中华民族世代相传的灿烂夺目的文化史，始终贯穿着“人性”“道德”“义利”等观念，蕴含着“人道、博爱、奉献”的红十字文化。

中国传统文化以“人道”为基本价值追求。“人道”这个词，最早出现于被儒家尊为“五经”之首的《周易》。《周易》是中国本源传统文化的精髓，奠定了中华文化的重要价值取向。

《周易》提出了“天道”和“人道”概念。“天道”，就是大自然的变化规律以及对社会的影响；“人道”，主要是指人怎么处理与他人的关系，强调人要善待他人、服务别人。“人道”，即人应该遵循的准则、规范。

《周易》中有许多关于“人道”、劝人为善的警句：“善不积不足以成名，恶不积不足以灭身”“天行健，君子以自强不息……地势坤，君子以厚德载物”“见善则迁，有过则改”……

在中国传统文化中，人道成为一种做人的基本价值的追求，成为一道评判人是否称得起人的底线。

中国传统文化强调“仁爱之心”。孔子主张“泛爱众”“仁者爱人”，并把它作为最高道德原则和治国原则。孔子说，仁者不忧，知者不惑，勇者不惧，这是儒家人格要求的三个基本要素。这三个基本要素的基础是“仁”。“仁者，爱人也”，强调“己欲立而立人，己欲达而达

人”，不要伤害别人，而要努力帮助别人。孔子还说，“己所不欲，勿施于人”，要将心比心，不做别人不愿意的事情。“仁”的最高境界，就是把人道修养推广开来，在每一个人身上加以实现，使每一个人都得到提高和升华，使天下人都能受仁爱的滋润，最终由一己之仁达到天下归仁，形成一个君子国和以人道为根本原则的大同世界。

墨子主张“兼相爱”，提出“天下之人皆相爱”“爱无差等”“不避亲疏”。“兼”即视人若己，不分人我，不辨亲疏，不别贵贱、强弱、智愚，彼此相爱相利。墨子认为：“爱众世与爱寡世相若，兼爱之，有相若。爱尚世与爱后世，一若今之世人也。”意思是说，爱人多地域的人与爱人少地域的人是相同的；爱古代的人和将来的人，如同爱今世的人一样。爱人不受时间、空间和世之人数多寡限制。

西方在文艺复兴时期倡导的“博爱”思想，中国古已有之，唐代韩愈《原道》中即有“博爱之谓仁”之句。

宋代著名唯物主义哲学家张载进一步发挥了孔子的“泛爱众”和墨子的“兼相爱”思想，提出了自己的泛爱论。他把“爱人”推而广之，不仅“爱人”，而且爱物。

中国传统文化中的治国思想，主张“以人为本”。西周时期，产生了“以德配天”的思想。春秋时期，出现了“国将兴，听于民”的思想。孔子提出“为政以德”，把民放在社稷的首位，主张“仁政”。孟子主张以“仁心”来施“仁政”，提出“民为贵，社稷次之，君为轻”。荀子则有君舟民水的比喻。管子明确提出了“以人为本”的治国思想，“夫霸王之所始也，以人为本。本理则国固”。

唐太宗李世民说：“君依于国，国依于民。”宋、元、明、清各个朝代，张载、程颢、程颐、许衡、王夫之、黄宗羲等思想家，都提倡过“民为邦本”。

仁政，既是对国家治理者的道德要求，也是社会兴衰的重要原因。

中国传统文化信奉“利人乎即为，不利人乎即止”的价值取向。

孔子主张“因民之所利而利之”。墨子明确地将“兴利”“除害”作为人的行为的价值取向，并使它直接指向人本身，主张“利人乎即为，不利人乎即止”。荀子认为，“水火有气而无生，草木有生而无知，禽兽有知而无义。人有气，有生，有知，亦且有义，故最为天下贵也”。韩非子则认为“凡治天下，必因人情”“利之所在民归之”。唐代柳宗元提出“圣人之道，不穷异以为神，不引天以为高，利于人，备于事，如斯而已矣”。宋代李觏、陈亮、叶適，明代王阳明，以及明清之际的王夫之、戴震等人，都从不同角度阐释了“利人”的思想。

中国传统文化宣传“天下为公”“是谓大同”的平等思想。中国传统文化中，各家各派都有对平等思想的阐述。

儒家强调道德修养上的平等，着眼于人的伦理本位，将自然和社会伦理化，主张“修身齐家治国平天下”。墨家强调人格上的平等，提出“利人”的价值尺度，主张“兼相爱”“交相利”，后又将“利人”导向利他主义。法家强调法律上的平等，主张“赏罚不阿”“法不阿贵”。

中国古代，还有一个非常重要的传统，即强调经济利益上的平等，要求均贫富。《晏子春秋》有语“权有无，均贫富”；孔子要求统治者做到“不患寡而患不均，不患贫而患不安”；墨子把是否有利于“富贫众寡，安危治乱”作为判断是否仁义的标准；王夫之主张“藏富于民”“宽以养民”，认为“平天下者，均天下而已”。

由此可见，中华优秀传统文化中的“仁爱”观、“兼爱”观、“义利”观，“天下为公”“是谓大同”等平等思想，已经形成了具有中国特色的、朴素的人道主义理论体系，是红十字“人道、博爱、奉献”精神的理论基础之一，也是中华民族对国际红十字运动的重要贡献。

（二）先贤志士是红十字文化进入中国的重要推手

红十字运动源自西方，之所以能在中国扎根，实现中国化并盛行于世，首先是中华民族有着广泛的人道、博爱、奉献的文化传统，成为红十字文化落地生根的社会基础，也与孙淦、孙中山、陆树藩、沈敦和等我国红十字运动先贤的努力密不可分，他们的人道思想及经典著作，滋养了一代又一代红十字人。

1863 年，红十字运动在西方诞生。随后开始其“东渐”之旅。1874 年日本出兵台湾岛之际，《字林西报》《申报》就曾刊文介绍红十字会战地救护规则。1888 年，英国医师梅威令召集台湾、福建“聪慧子弟”进行救护培训，组织红十字医疗队，《申报》对此做了相关报道，使红十字会再次走进国人视野。但是，红十字会“初来乍到”，对国人来讲太过新奇，没有舆论准备，激不起国人创办红十字会的热情。这就意味着，红十字运动在中国兴起，需要一定的启蒙宣传。而孙淦，正是启蒙宣传工作的强力推动者。

孙淦，字实甫，清末旅日侨商。他在日本加入了赤十字社，发现甲午战争期间日本赤十字社在战地救护方面作用很大，而中国没有设立红十字会，“不能联络，坐日人得沾此利”①，于是萌生了在中国创建红十字会的想法，“随营施治”，让军人都能“免疾苦而少死亡”②。他所撰《大阪华商孙淦呈请裕钦使转咨总署奏设红十字会禀》及《红十字会说》更被广为传播。

1897 年冬，孙淦在东京向清政府驻日本钦使裕庚递送《大阪华商孙淦呈请裕钦使转咨总署奏设红十字会禀》，署名“上海平民”（另外附加呈递了一份汉译日本赤十字社章程）。呈文中，孙淦表示我国军战频频发生却没有红十字会，导致“行伍疾疫未尝预防，士卒伤夷委之而去”，因此创设红十字会可“以赞军政而联与国”。红十字会的兴办至少有四方面益处，“疾伤有恃，军士气壮，鼓行而前，图功自易，一利也；万邦善政，是则是效，结盟诸国，人不敢轻，二利也；国有病疫，大凶大札，会众疗治，保全必多，三利也；我国医学讲求未精，此会若成，研究益易，四利也”，可谓“上张国体，下恤军民”。③ 孙淦的上书，通过裕庚传递给清政府。这是清政府第一次听到在中国创兴红十字会的呼声。

此外，孙淦还著有《红十字会说》，详细介绍了红十字会的发轫、继起、定帜以及日本赤十字社历史与现状等，阐明红十字会的宗旨和任务，“专在救伤疗疾，减军民之痛苦，埋尸卫生，免生存者疫疠。何地开战，即行驰赴救护之劳役，盖与战事相终始”，事关正教、交际、卫

---

① 中国红十字会总会. 中国红十字会历史资料选编：1904—1949［M］. 南京：南京大学出版社，1993：4.

② 池子华，严晓凤，郝如一.《申报》上的红十字：第 1 卷［M］. 合肥：安徽人民出版社，2011：2.

③ 池子华，严晓凤，郝如一.《申报》上的红十字：第 1 卷［M］. 合肥：安徽人民出版社，2011：2-3.

生、兵事，希望中国政府赶紧筹建红十字会，“使仁爱忠义之士尽列此会，得沾博济之荣名而享公共之利益”。①

孙淦为创建中国红十字会多方“号呼奔走，艰苦备尝”②，是“请准回国倡导红十字会第一人”③。对中国红十字运动的产生发挥了振聋发聩的启蒙作用。更难能可贵的是，孙淦还编辑了《博爱》一书，收录孙淦著作、译作以及报纸上登载的与红十字会相关的文章。后来的中国红十字会人言及此书时，给予高度评价，称“本会成立，已在孙君倡议之后，则是书实本会之先河”④。

中国红十字运动的兴起，离不开革命先行者孙中山的推波助澜。就红十字运动知识在中国的传播而言，孙中山是不可忽视的重要人物。他所翻译的《红十字会救伤第一法》是他一生中唯一的译著，也是最早对红十字会做出较为系统表述的著作。

1897 年，孙中山翻译的《红十字会救伤第一法》分别在英国和日本出版发行。所谓“第一法”，就是初步、基础的方法，所述内容为“通行之知识”。对这本书的翻译，孙中山本着忠于原著的基本要求，从结构、形式到内容，未做改变，以中文的表达习惯全盘托出，旨在希望更多的红十字会员、志愿者“略知救伤之法”，遇到意外时可以立即施救，为挽救伤者生命争取更多的时间。

作为“华文的第一部关于红十字会的书籍”，孙中山的这本译著在中国翻译史上的重要地位是无可置疑的，对中国红十字运动的影响也是显而易见的。孙中山也因为其本人伦敦蒙难之时受救于香港、伦敦红十字会创始人康德黎及翻译《红十字会救伤第一法》等缘故，对红十字“博爱”精神诉求有了深刻体会，对“博爱”的价值追求更为坚定，发自内心地想推动中国红十字运动发展。

---

① 池子华，严晓凤，郝如一.《申报》上的红十字：第 1 卷［M］. 合肥：安徽人民出版社，2011：9-10.

② 中国红十字会总会. 中国红十字会历史资料选编：1904—1949［M］. 南京：南京大学出版社，1993：5.

③ 转引自何克明. 中国的红十字启蒙运动［J］. 中国红十字，1991（11）：3.

④ 中国红十字会总会. 中国红十字会历史资料选编：1904—1949［M］. 南京：南京大学出版社，1993：6.

1912 年，已成为临时大总统的孙中山对中国红十字会的人道工作高度肯定。2 月 29 日，《临时政府公报》第 25 号发布了《大总统令内务部准予中华民国红十字会立案文》，以“该会热诚毅力，殊堪嘉尚，应予立案，以昭奖劝”。孙中山对红十字会的“首肯”，对红十字会会员是莫大的鼓舞，奠定了红十字会的地位，为红十字会人道救护活动的组织、红十字文化的宣传推广等创造了有利条件。1913 年，经过中华民国教育部审定、重新编发的高等小学校教科书《新国文》第四册，专设第十五课为“南丁格尔”、第十六课为“红十字会”，详细介绍了南丁格尔与红十字会。这部教材的编制与孙中山的鼎力支持是分不开的。

孙中山将“博爱”视为终生奋斗的目标。据《孙中山题词遗墨汇编》一书统计，孙中山关于“博爱”的题词多达 64 件，在其所有题词中数量最多，可见“博爱”思想在他思想体系中的分量。1912 年 4 月 20 日，孙中山在福州为福建红十字会创办人林雨时题写“博爱”条幅。北伐战争开始后，孙中山又于 1922 年为番禺分会题写“博爱”二字，以表彰该红十字会在战事中的救护活动。如今中国红十字会总会机关刊物《博爱》，即以此题词作为刊名。

孙中山一生追求民主，崇尚“博爱”，他所倡导的“民生主义”和“博爱”理念，与红十字会遵循的原则、宗旨高度契合，为中国红十字会诞生和初期发展奠定了重要的思想基础。

1900 年，八国联军进攻天津、北京。浙江商人陆树藩（字纯伯，号毅轩），发起创办中国救济善会，并亲自带队高举红十字旗帜北上，赴京津等地救援。他倡导的救援行动处处体现红十字元素与精神，对红十字人道主义精神的践行，使救济善会得到了中外人士广泛认可。救援返回后，他决意“仿照泰西（指西方国家）红十字会章程”，将救济善会相关章程、书信、文章汇编为《救济文牍》，并整理《救济日记》，广为分发，宣传“红十字会之利”。

在《救济文牍》中，陆树藩表露了创设中国红十字会的设想，并结合实际制定实现“红十字之梦”的三个步骤：首先是取得官方支持；其次派员赴瑞士联约入盟，加入国际红十字组织；最后著书立说，声明红十字会之利，在国内进行广泛宣传。

陆树藩还特别拟定了《中国红十字会例条》，对中国红十字会宗旨、性质、任务、会员发展、标志标识使用、表彰奖励等做出明确规定。为使设想落地，他又筹划“救济中西医学院”，培养专业救护人才。

后来，陆树藩因救援行动深陷债务危机，无暇推进此事。1904 年，沈敦和等以中国救济善会为蓝本，创建“东三省红十字普济善会”、“上海万国红十字会”（中国红十字会前身），救护日俄战争伤兵及难民。1907 年中国红十字会自立后，沈敦和经手建医院、办学堂，为红十字事业奠定基础。辛亥革命爆发后，他又发起成立中国红十字会万国董事会，组织强有力的救援。

民国初期，在沈敦和努力下，中国红十字会得到红十字国际委员会正式承认，并被中国政府“立案”确立合法地位。随后，首届会员大会、统一大会相继召开，使中国红十字会走上健康发展的轨道。

在一批批先贤志士的大力推动下，红十字文化才得以在有着人道、博爱、奉献传统的中华大地上传播、生根，中华优秀传统文化与红十字文化才得以走向融合。

三、红十字文化的内涵和特征

红十字文化以人道主义为宗旨，《国际红十字与红新月运动章程》序言中明确指出，红十字运动是“一个世界性的人道主义运动，其任务是防止并减轻无论发生在何处的人类疾苦；保护人的生命和健康；保障人类尊严，尤其是在发生武装冲突和其他紧急情况的时候；为预防疾病、增进健康和社会福利而工作；鼓励志愿服务，鼓励本运动的成员随时做好准备提供帮助，鼓励对那些需要本运动保护和帮助的人持有普遍的同情感”。

“人道、博爱、奉献”的红十字精神，是对中国红十字文化核心内涵的提炼，是对国际红十字运动精神的继承和弘扬，是人类社会文明进步的重要体现。

（一）红十字文化的内涵

红十字文化的精神内核是人道主义。这种具有共同价值认同的精神文化与中华优秀传统文化相融合，形成了独具特色的中国红十字文化，其精神内核为“人道、博爱、奉献”。

“人道”是红十字精神的基石，是七项基本原则的核心，是红十字文化的精髓。在中国的语境里，人道被视为“人类的共同价值”，博爱是“至善的举动”，奉献是“崇高的境界”。

早在20世纪90年代，在中国特色红十字事业的理论探索热潮中，就有不少人聚焦红十字文化。1994年，沈锡伦撰文指出：从经典意义上说，红十字文化是“人道主义思想的自然延伸，它摒弃了一切种族、肤色、国籍、财产、地位的差别，以爱护人生的博大胸怀关怀每一位处于危急和困难之中的人，帮助他们摆脱困境，克服困难。红十字文化所颂扬的、所追求的就是平等、博爱、大同，它把平等、博爱、大同视为至爱的道德境界并为之付出了最大的努力”。在此基础上，他剖析了红十字文化与宗教文化的不同，强调红十字文化的实践性特征，“红十字文化具有行为文化的一切特征，它在理想准则的指导下衍化出人道主义的种种实践性。只要是有战争、灾害、疾病和需要救助保护的地方，红十字行动就会出现在那里”。①

其后，学界、业界对红十字文化的探讨一直在持续着，学界、业界也多把红十字文化等同于红十字精神，下面这种观点颇具代表性。

红十字文化，是红十字会创建以后，在红十字运动和一切红十字会务活动中所形成的精神财富。这种精神财富，不仅超越地域、民族和国界为全人类所共有（这是红十字文化与其他文化的根本区别），而且是红十字精神的升华，其精髓可以大体概括为：人道为本，博爱为怀，奉献为荣。当然，红十字文化并不是一个抽象的概念，而是具有丰富的内涵。它包含红十字的宗旨、精神、七项基本原则和道德、理念、教育，以及红十字组织和个人创作的文学、艺术、作品、著作、书籍，创办的报纸、杂志，在红十字工作中积累的具有历史价值的资料和形成的工作总结、历史经验等。②

随着红十字事业的发展和理论研究的深入，研究者逐渐从物质、精神、制度等层面界定红十字文化。

---

① 沈锡伦．红十字文化［N］．中国红十字报，1994-07-08（4）．

② 江苏省红十字会．红十字运动传承与发展［M］．南京：东南大学出版社，2013：107．

池子华呼吁红十字会系统不断提高文化建设能力，以增强影响力、感召力、凝聚力，提升“软实力”。在他看来，文化建设能力不仅包含红十字精神文化的继承和弘扬，还包含各种规章制度的不断完善、物质文化遗产的保护与开发、“品牌”的打造、理念的创新以及学习能力、研究能力的提高等，这些都属于文化建设能力的范畴。文化是灵魂，是红十字会能力建设的永恒主题。①

潘世建也持类似看法，指出红十字文化具有层次性，包括精神层、制度层和物质层三个层面。精神层：价值观、信念和行为准则。制度层：一系列规范人们行为的法律、法规和规章，主要内容包括国际人道法体系、日内瓦国际公约七项基本原则和《中华人民共和国红十字会法》。物质层：主要表现为红十字的标识、红十字会组织的形象设计等，蕴含精神层和制度层的内容，是红十字文化的“物化”和“符号化”。②

此外，也有研究者进一步拓展了红十字文化的内涵，指出红十字文化包含四个方面。精神理念：人道主义宗旨、博爱与奉献精神、体现人类互爱互助的全球共识，与中华优秀传统文化的仁爱思想共融互通。法律制度：国际人道法、七项基本原则、红十字会法、红十字标志使用办法、红十字会章程，以及公开透明和公平公正的工作规范。标志形象：红十字是全球公认的人道主义标志，其保护性和标明性用途凸显了红十字运动神圣不可侵犯的国际形象。理论研究：对国际、国内、地方红十字运动的历史、实践、经验、创新、制度、人物的研究，形成指导我国人道主义实践的红十字运动理论。③

郭进萍在研究上述观点后，将红十字文化界定为：红十字组织在人道救援实践中所创造的以价值观为核心的观念体系、规范体系和物质符号体系。红十字文化的三个方面“人道、博爱、奉献”的构成，集中体

---

① 池子华．红十字会“能力建设”的理论思考［N］．中国红十字报，2010-04-13（4）．

② 潘世建．略论红十字文化［M］//厦门市红十字会．厦门红十字百年回望．厦门：厦门大学出版社，2012：2．另见杨方方．红十字文化特征探析［N］．中国红十字报，2017-10-31（3）．

③ 郝如一，刘斌．社会主义核心价值观与红十字精神［N］．中国红十字报，2014-03-04（3）．

现于红十字运动的宗旨、七项基本原则、国际人道法、红十字会与红新月会国际联合会章程、红十字标识、红十字服务各类产品、红十字运动其他遗产等。①

在对红十字文化开展探索之余，她进一步尝试界定中国特色的红十字文化，将之定义为：红十字文化在中国传播过程中所积淀的具有中国地域色彩和文化传统的观念体系和行为规范。它是红十字文化民族性的体现，既具有红十字文化的一般特性，又打上了鲜明的中国烙印，蕴含着中华优秀传统文化和现代慈善文化的因子。②

红十字文化不是一个抽象的概念，而是具有丰富的内涵。郭进萍认为，红十字文化包含红十字的宗旨、精神、七项基本原则和道德、理念、教育，以及红十字组织和个人创作的文学、艺术、作品、著作、书籍，创办的报纸、杂志，在红十字工作中积累的具有历史价值的资料和形成的工作总结、历史经验等。

总之，红十字文化是红十字精神的文化表现，是 160 多年来红十字运动积累的精神财富。

（二）红十字文化的特征

具体来说，红十字文化具有以下几种特征。

首先是系统性。“人道、博爱、奉献”有着紧密的逻辑关联。人道是信仰，博爱是情感，奉献是行动；人道是价值观，博爱是指导原则，奉献是行为方式，是不求回报地付出；人道是基础，博爱是桥梁，奉献是结果；人道代表对生命的尊重，博爱代表生命的平等，奉献是对生命的救援；人道是在呼唤爱，博爱是在歌颂爱，奉献是在实践爱。

其次是可扩展性。“人道、博爱、奉献”与生命理念（生命至上、生命平等）、灾害文化（科学避险，积极防范）、现代慈善价值观等一脉相承。

最后是实践性。红十字文化具有行为文化的一切特征，它在理想准

---

① 郭进萍．中国红十字运动通史（1904—2014）：第五卷［M］．合肥：合肥工业大学出版社，2018：242.

② 郭进萍．中国红十字运动通史（1904—2014）：第五卷［M］．合肥：合肥工业大学出版社，2018：242.

则的指导下衍化出人道主义的种种实践性。只要是有战争、灾害、疾病和需要救助保护的地方，红十字行动就会出现在哪里。

红十字文化主要体现在它所奉行的基本原则之中。人道、公正、中立、独立、志愿服务、统一、普遍作为红十字运动的七项基本原则，既是红十字人道主义文化的行动纲领，又规定着红十字人道主义文化的前进方向，它“把人类最低的生存需求和最高的理想准则神奇地维系在一起”。

第二节 红十字文化在中国的发展路径

自1904年上海万国红十字会成立至今，红十字文化在中华大地已扎根120余年。回溯历史，可以清晰地看到红十字文化在中国传播、融合、发展的轨迹。

一、从“博爱恤兵”到服务社会

19世纪末，红十字逐渐进入国人视野。战火连绵之际，红十字会在东渐登陆中国之初就确立了“博爱恤兵”的宗旨。无论中日甲午战争中积极参与伤病兵救治工作，抑或日俄战争中救伤赈济的义举，都彰显着红十字“博爱恤兵”的本色。

1911年，辛亥革命爆发之初，沈敦和草拟的《中国红十字会试行章程》绪言明确揭示当时红十字会的宗旨为“博爱恤兵”。“惟是烽火烛天，干戈满地，兵连祸结，来日方长，自应广征会员，扩充办法，以达本会博爱恤兵之目的”①。1913年3月，中国红十字会最早的机关刊物《人道指南》在上海创刊，中国红十字会副会长的沈敦和在发刊词中开宗明义，指出红十字会是“最纯粹最硕大之慈善法团”，以博爱恤兵为宗旨，“遇战事，疗伤瘗骼，固其天职，而平时济荒赈饥，亦其当尽之义务”。他呼吁“国人共起而力图之”，发扬人道主义精神。②

---

① 周健英．一个八十年前的文件：《中国红十字会试行章程绪言》［J］．中国红十字，1992（4）：56.

② 沈敦和．《人道指南》发刊词［J］人道指南，1913（1）：1.

抗战时期，中国红十字会积极组织救护队，秉承“博爱恤兵，救死扶伤”的宗旨投入伟大的救护事业中，并积极开展卫生防疫工作，为抗战做出了巨大贡献。《中国红十字会会务通讯》宣称红十字会的精神为“博爱、牺牲”，《救护通讯》则称其高举“博爱恤兵，救死扶伤，平时有备，战时有能”的旗帜。大体而言，“博爱恤兵”这个宗旨，一直被红十字会从民国初年沿用到抗战胜利前夕。

抗战胜利，和平伊始，中国社会进入“复员”时期。战后“为世界永久和平而努力是时代赋予红十字会的使命”。基于此种认识，红十字会将工作重心转向“服务社会，博爱人群”。

时任中国红十字会会长蒋梦麟为第三届红十字周撰文，明确提出“红十字的事业，以纯然服务人群为目的”。为推进社会服务工作的开展，1946 年，蒋梦麟更手订“服务信条”8 条：一、具丰富情感；二、抱牺牲志愿；三、本博爱襟怀；四、献科学身手；五、作精密准备；六、求迅确效率；七、策社会安全；八、增人群幸福。

此外，红十字会制定《复员期间中华民国红十字会服务中心实验区计划纲要》，确定工作项目分社会服务、青年服务、妇女服务、儿童服务四大部 12 项活动。在此《纲要》指导下，各级红十字会在社会服务工作方面，多有试办推进，涉及医疗服务和开办儿童营养站、儿童同乐会、失学儿童补习班、会员业余补习班、妇女职业训练班、乡村服务站、沙眼防治所、图书阅览室、母亲会及开展尊师运动等一系列积极性工作，大大拓展了社会服务领域。

总体而言，在战后“复员”时期，红十字会围绕“服务社会，博爱人群”的宗旨所做的探索与尝试，已经走出传统慈善团体的窠臼，而成长为致力积极改良社会、“促进社会安全”的一支重要力量。

二、从革命人道主义到人道主义

人道主义是红十字运动的重要原则，是红十字文化的精髓，受国际形势变化和国内政治环境的影响，国人对人道主义的认识，经历了一个从革命人道主义到人道主义的拨乱反正过程。

中华人民共和国的成立，为红十字工作的发展带来了新的生机和任务。在人民政府领导下，中国红十字会经过协商改组，通过了新的会章，指出了新的方向：根据“预防为主”的卫生方针及“动员和组织人民实行自救助人”的救济福利方针，协助各级人民政府，面向人民大众，宣传并推广防疫、卫生、医药及救济福利事业。红十字会作为“人民卫生救护团体”被长期列为政府卫生部门的一个机构存在。

在20世纪50年代末以政治运动为中心的社会生态下，红十字的中心工作主要是配合全国的爱国卫生运动。

1966年，“文化大革命”爆发，红十字国内事业全面停止。

党的十一届三中全会实现了具有深远意义的伟大转折，开启了改革开放的历史新时期，也开启了思想上拨乱反正的新气象。中国红十字文化乘着改革的春风，获得了新生。

1985年，中国红十字会第四次全国会员代表大会对章程做出重大修改。在组织的宗旨方面，将原来章程总则中“救死扶伤，实行革命的人道主义”修改为“实行人道主义”，明确规定“中国红十字会以实行人道主义为宗旨”，把人道主义提到战略高度，指明了红十字会思想建设的方向和道路。

1990年，中国红十字会第五次全国会员代表大会（简称“五大”）通过的章程中进一步明确：中国红十字会以实行人道主义为宗旨。① 其后，《中国红十字报》发表社论指出：“中国红十字会以实行人道主义为宗旨，因此必须高举人道主义的旗帜来开展工作。偏离了这个宗旨，红会的工作就没有特点，就失去了生命力。”文章旗帜鲜明地指出，红会倡导的人道主义正是人类交往、生存的最基本准则，是文明社会的公德，也是衡量民族素质的标准之一。中国红十字会把人道主义宗旨具体化为“救死扶伤、扶危济困、敬老助残、助人为乐”。所有红会组织及会员都要理直气壮地坚持、实行和宣传，对此不应有丝毫犹疑。②

此后，人道主义作为中国红十字会的宗旨被坚定不移地确立下来。

---

① 中国红十字会总会．中国红十字会历史资料选编：1950—2004［M］．北京：民族出版，2005：216．

② 坚持人道主义宗旨　开创中国特色的红十字事业［N］．中国红十字报，1991-05-05（1）．

“红十字会提倡的人道主义思想是当今人类社会公认的最起码的道德要求”①，成为红十字会系统的共识。

综上所述，红十字文化在中国的演进过程，既是红十字文化主动选择和适应中华优秀传统文化的过程，也是中华优秀传统文化在红十字文化影响下更生的过程，该过程相互影响、温和而渐进。最终，两种异质文化在不断碰撞中走向融会和涵化，实现了文化的新陈代谢和重构。

三、“人道、博爱、奉献”成为红十字文化的精神内核

伴随改革开放的春风，红十字会越来越多地参与社会服务中。学术界也围绕着人道主义先后出现多次讨论热潮。人道主义不再像洪水猛兽那样令人望而生畏，红十字文化逐渐回归本位。

1990 年，李鹏总理向中国红十字会“五大”致贺信：“中国红十字会遵循人道主义宗旨，在救死扶伤、扶危济困、敬老助残、助人为乐等方面发挥了重要的作用。替政府分忧，为群众解难，深受广大群众的欢迎。”②“救死扶伤、扶危济困、敬老助残、助人为乐”十六字箴言也是 20 世纪 80 年代红十字会开展工作的指导思想。

与此同时，“奉献”成为时代主旋律。1989 年，央视春晚上演的《爱的奉献》红遍大江南北，也将“奉献”这个字眼撒播到千千万万中国人的心田。它反映出人们在新的历史时期对重建新型人际关系、呼唤人性复归的愿望。歌中那句“只要人人都献出一点爱，世界将变成美好的人间”，后来成为呼吁爱心的响亮口号。

在这个背景下，红十字会系统顺应时代潮流，将奉献融入自己的思想文化体系，进而将人道主义和奉献连用阐述红十字会的宗旨。

1991 年，中国红十字会常务副会长顾英奇在《开拓中国特色的红十字事业》一文明确指出，红十字的宗旨和原则基本点是人道主义和奉献精神。

---

① 曲折．中国红十字事业［M］．广州：广东经济出版社，1999：24.

② 中国红十字会总会．中国红十字会历史资料选编：1950—2004［M］．北京：民族出版社，2005：202.

1994年，中国红十字会“六大”工作报告首次提出“在建立社会主义市场经济体制的新的历史时期，更需要发挥红十字会的作用。在传播人道、博爱、奉献精神，维护社会稳定，增进人民团结，救灾赈济，参与社会保障事业，促进精神文明建设等方面，红十字会都能够有所作为”①。

1994年5月20日《中国红十字报》刊文，首次提出“弘扬人道、博爱、奉献、敬业精神”。“人道、博爱、奉献”的红十字精神这一提法，在之后的历次领导讲话和各地红十字会活动中被广泛使用，成为红十字会系统的共识。

20世纪90年代以来，“人道、博爱、奉献”的红十字精神日渐深入人心，成为中国红十字会高举的旗帜，成为中国红十字文化的精神内核。

第三节　新时期红十字文化的特点与实践探索

红十字文化具有鲜明的时代特征。新时期的红十字文化是中国特色社会主义文化的重要组成部分。

一、新时期红十字文化的特点

（一）红十字文化与社会主义精神文明建设高度吻合

1986年，《中共中央关于社会主义精神文明建设指导方针的决议》把人道主义正式纳入精神文明建设的范畴和轨道，使人道主义成为精神文明建设的一个重要的有机组成部分。

发展红十字事业是社会主义精神文明建设的需要。1990年2月，中共中央政治局委员李铁映在中国红十字会“五大”上指出：“中国是世界上人口最多，经济底子很薄的国家。党和政府不可能把所有的事情都包揽下来；不少事情需要充分发挥群众团体的作用……红十字的无私奉

① 中国红十字年鉴编辑部. 中国红十字会通志：1904—2015［M］. 北京：中华工商联合出版社，2015：479.

献精神，在社会主义精神文明建设中是大有可为的。”①

红十字志愿服务在人道传播、防灾避险、应急救护、社区服务、募捐救助、无偿献血、捐献造血干细胞和捐献遗体器官等公益活动中倡导形成了“我为人人、人人为我”的社会风气，有力地促进了社会主义精神文明建设。

红十字会崇尚“人道、博爱、奉献”，提倡互助互爱、无私奉献，对净化社会风气，改善人际关系无疑会起到很好的推动作用。实践证明，在社会主义精神文明建设的时代浪潮中，各级红十字会响应号召，积极争取各级政府的支持，将有关人道主义内容作为社会主义精神文明建设的一部分，写进地方各级人民政府国民经济和社会发展的计划中，将人道主义精神有机融入新世纪精神文明建设之中，展现了人道主义的不朽魅力和时代风采，推动了社会主义核心价值观的培育和践行。

（二）红十字文化与社会主义核心价值观高度契合

培育和践行社会主义核心价值观，是推进中国特色社会主义伟大事业、实现中华民族伟大复兴的中国梦的战略任务。

党的十八大报告明确提出：倡导富强、民主、文明、和谐，倡导自由、平等、公正、法治，倡导爱国、敬业、诚信、友善，积极培育和践行社会主义核心价值观。

富强、民主、文明、和谐是国家层面的价值目标，自由、平等、公正、法治是社会层面的价值取向，爱国、敬业、诚信、友善是公民个人层面的价值准则。这 24 个字是社会主义核心价值观的基本内容，为培育和践行社会主义核心价值观提供了基本遵循。

2012 年，国务院出台《国务院关于促进红十字事业发展的意见》（简称《意见》），明确提出：弘扬红十字精神是加强社会主义核心价值体系建设的重要内容。“人道、博爱、奉献”的红十字精神，与中华优秀传统文化一脉相承，与社会主义核心价值体系高度契合，是人类社会

---

① 刘静湖. 论红十字会在我国社会发展中的地位和作用［M］//中国社团研究会. 中国社会团体研究. 北京：中国社会出版社，1992：187.

文明进步的重要体现。弘扬红十字精神，传播红十字文化，是繁荣和发展社会主义先进文化、加强社会主义核心价值体系建设的重要内容，是提高中华民族思想道德素质、推动社会主义精神文明建设的必然要求。《意见》对红十字文化和社会主义核心价值观的关系做了科学界定。

以“人道、博爱、奉献”精神为核心的中国特色红十字文化，与社会主义核心价值观高度契合，是人类社会文明进步的重要体现。弘扬红十字精神，传播红十字文化，是繁荣和发展社会主义先进文化、加强社会主义核心价值体系建设的重要内容。

社会主义核心价值观与红十字文化的契合主要表现在以下方面。

从“人道”角度看，社会主义核心价值观涵盖了红十字人道主义的宗旨和理念。

从“博爱”角度看，社会主义核心价值观与红十字运动基本原则相通相融。社会主义核心价值观关于“平等、公正”的表述，恰好与红十字运动基本原则之“公正、中立”相融合，与国人期盼达到的公平社会之美好愿望相对接。

从“奉献”角度看，社会主义核心价值观是塑造高素质的公民群体，红十字奉献精神与爱国、敬业、诚信、友善的价值观有着天然的趋同性。

基于此，红十字会在培育践行社会主义核心价值观方面具有得天独厚的优势。作为党和政府在人道领域的助手，规模最大、历史悠久的红十字会可以发挥自身优势，在理念传播上承担起培育核心价值观的责任，在社会管理中发挥好“社会稳定器、政府好助手、弱者保护伞”的作用。

红十字文化与社会主义核心价值的融合，还表现在将人道主义理念和精神引入国家治理和社会治理。

在国家层面，倡导和践行人道主义思想和原则，以高度的文化自觉、自信和自强，把人道理念和中华优秀传统文化有机融合，为红十字运动奠定坚实的民族基础；

在社会层面，倡导和践行平等理念，促进社会成员之间的相互理解和尊重。

在个人层面，倡导志愿服务，将红十字精神融入志愿服务体系，积极开展人道宗旨的社会服务。

此外，红十字会系统还可以尝试从教育涵化、舆论引导、体验感悟和传统滋养等方面展开实践探索，推动红十字文化和社会主义核心价值观有效融合。

以人道主义为宗旨的红十字文化在当代具有鲜明的时代价值，对社会主义核心价值体系的构建不无裨益。

（三）红十字文化与构建人类命运共同体的目标一致

2013 年 3 月，习近平在俄罗斯莫斯科国际关系学院发表演讲，首次正式提出“命运共同体”理念。之后他又在多个场合对这种理念进行了详细阐释。习近平指出，面对世界经济的复杂形势和全球性问题，任何国家都不可能独善其身。推行“命运共同体”思想，不仅有助于克服和解决当今日趋严重的全球性问题，也有助于推动世界各国的共同繁荣和进步。

其后，习近平在阐述关于人类命运共同体思想时多次提到红十字精神。

2017 年 1 月 17 日、18 日，在国际红十字运动发源地——瑞士召开的“世界经济论坛 2017 年年会”和“共商共筑人类命运共同体”高级别会议上，习近平发表主旨演讲，两次讲到国际红十字运动创始人亨利·杜南当年提出的问题和红十字精神，以及红十字运动的原则在全球化时代的现实意义。

习近平的讲话高度赞扬了红十字运动的人道主义宗旨和七项基本原则，昭示了红十字会在构建人类命运共同体中的独特地位、作用和价值。可以说，红十字会在构建人类命运共同体中大有可为。

中国红十字会 120 余年历史告诉我们，红十字运动产生于客观需要，红十字文化是倡导人道、人权和尊严的文化，是参与文明理性社会建设的一支重要力量。

二、新时期红十字文化的探索实践

（一）本土化是红十字文化在中国扎根立足的时代命题

所谓红十字文化本土化，就是将红十字文化同中华优秀传统文化及中国红十字事业发展的实际情况相结合，从而形成适合中国国情的红十字文化。它有两层含义：一是将中国红十字运动的实践经验和历史经验提升为理论；二是中国红十字事业的改革和发展需要把红十字文化植根于中华优秀传统文化之中。

红十字文化的诞生具有特定的时代背景。其时，基督教文化已浸润西方社会1 000余年，欧洲大地已经过300多年文艺复兴的洗礼。红十字文化虽与宗教无涉，但人道主义和基督教信仰却是催生红十字文化的精神源泉。

显然，红十字文化诞生的环境与中国的社会环境、文化既有共同点，也存在较大差距。如果生搬硬套地将它应用到中国，一定会犯“水土不服”的毛病，难以“接地气”。

红十字文化自登陆中国后一直没有停止本土化的探索。以募捐理念为例，起初红十字会希望宣扬人道主义，以唤醒国人的爱心、善心，“不过这种理念对当时中国社会来说，可能仍是陈义过高”。其后，红十字会转而诉诸积功德理念，因其与中国传统文化中务实功利的观念不谋而合，收到了良好的效果。红十字文化从最初宣传人道、中立主张，到为更多民众接受的“人道、博爱、奉献”理念，红十字文化内涵的演变折射了红十字文化中国本土化探索的成功。

以史为鉴，可以得出这样一个结论：没有红十字文化的本土化，红十字事业在中国的发展便如无源之水、无本之木，必将举步维艰。

推进红十字文化本土化，既是红十字文化在中国扎根立足的时代命题，也是由红十字文化自身特性决定的。文化具有世界性和民族性，红十字文化也不例外。要想成功地释放红十字文化的价值，必须将其与本国的具体社会环境相结合，与本国的优秀传统文化相融合，使之成为具有本国特色的红十字文化。

推进红十字文化本土化也是中国红十字事业发展的现实需要。一方面，红十字文化具有鲜明的时代性，它不是一成不变的，而是以现实环境的变化为转移。进入21世纪以来，中国红十字会本着开拓创新精神，不断拓展业务范围，红十字事业出现了一些新的特点，比如业务由战争救护、救灾赈济、社会救助拓展到“博爱系列工程”，再到现在的“三救”“三献”（应急救援、应急救护、人道救助，无偿献血、遗体和人体器官捐献、造血干细胞捐献），这些新生业务集中体现了新时期社会发展的需要，亟待红十字文化更新。

另一方面，红十字会是一个面向社会从事人道主义救助的组织，需要社会各方力量的支持和参与，而这些都需要红十字文化能够“接地气”，契合民众的心理诉求。伴随经济与社会发展，民众的诉求进一步趋向多元化，如何满足不同阶层民众日益增长的人道需求，进一步彰显红十字的人道主义宗旨，是时代对红十字事业提出的新挑战。这些挑战和需求推动着红十字文化本土化的进程，推动着红十字文化在实践中的不断丰富和发展。

（二）特色化是红十字文化蓬勃发展的生命力

人类文化具有丰富性和多样性特点，不同历史与国情，不同民族与习俗孕育出不同的文化。正如世界上绝没有相同的两片树叶一样，国与国之间也绝不可能有一模一样的红十字文化。每个国家的红十字文化无不打上自己思想的、文化的烙印。

“红十字特色”，“使红十字会在众多的社团组织中彰显独特的个性特征，有助于团结红十字会员和志愿者为人道事业携手共进，有助于扩大和巩固红十字会组织，转换管理体制和运行机制，最终有助于建设有中国特色的红十字事业”。①

中国红十字会原会长华建敏多次强调，中国特色的红十字事业一定要有中国特色的红十字文化。形成中国特色的红十字文化，必须深入研究、充分挖掘中华优秀传统文化中的慈善理念，并与国际红十字运动宗旨紧密结合起来。要用群众喜闻乐见的方式宣传红十字文化，让老百姓真正理解红十字的内涵，为更好地发展中国特色红十字事业巩固群众基础、营造社会环境。

有研究者认为，建设有中国特色的红十字事业，就是从中国国情出发，遵循国际惯例，对实行人道主义宗旨，从形式和内容上，有科学的创造性的发展。所谓中国特色的红十字文化，就是植根中华优秀传统文

---

① 杨红星．挫折后的振起（1966—2004）［M］．合肥：安徽人民出版社，2009：358.

化，遵循国际人道主义，不但要有科学的创造性的形式，还要有丰富深刻的文化内涵。

"人道、博爱、奉献"是中国特色红十字文化精神，既吸收、继承了世界红十字文化中人道主义的精髓，又对红十字文化的内涵进行了延伸和扩展。

中国残疾人联合会名誉主席邓朴方认为："人道主义在理想方面的延伸，是追求社会公平、公正，人类解放；在法律、政治方面的延伸，是维护和保障人权；在道德方面的延伸，是尊老爱幼、扶弱济困，人人怀有一份爱心。"①

在中国特色的红十字文化里，人道表达对生命的尊重和敬畏，博爱强调一切生命平等，奉献代表专业、及时的生命救援；人道是呼唤对生命的爱，博爱是歌颂对生命的爱，奉献是践行对生命的爱。

"人道""博爱""奉献"三个词语尽管含义不同，但殊途同归，都从不同角度反映了红十字事业既具有精神理念倡导性，又具有很强的实践性。

在中国特色的红十字文化里，"人道、博爱、奉献"代表了红十字组织的"三力"。人道——给力，即给予无力的、危难之中的生命以活下去的力量；奉献——借力，红十字组织给力的前提是借力，需要有能力的人奉献爱心，不能只靠红十字人"自己"奉献，只有广泛调动起社会成员的热情，才有可能通过生命紧急救援和生命救护培训保护尽可能多的生命。博爱——还力，让奉献爱心的参与者"有所获得"，"让有爱的人更有力"，使他们的爱心得到肯定和激励，旨在营造宽容、良性的友爱氛围，营造令"有力者"倍感安心、自由的环境，让他们可以自主地、充满信任地奉献。②

从能力建设上说，给力主要是组织的执行力，借力是组织的资源动员能力，还力则是红十字组织引领社会价值判断的统合能力。即能否发挥精神引领力，体现软实力上的塑造力，能否实现与政府、公众、

① 邓朴方. 人道主义的呼唤选编［M］. 北京：华夏出版社，2016：207.

② 黄毅敏，杨方方."人道"力量的彰显离不开"博爱"和"奉献"：红十字事业总论之精神内核［N］. 中国红十字报，2017-11-21（3）.

捐赠者、受助者、媒体等各类主体的良性互动，能否营造适宜自身可持续发展的良好生态环境，既能让奉献者产生成就感和幸福感，又能让受助者得到尊严，同时还能让红十字人过上体面的生活，提高职业认同感。

以上的理论和实践既是红十字文化的中国特色，也是中国特色文化对世界红十字文化的贡献。

第四章
中国特色红十字组织体系和治理结构

中国红十字会在长期的实践发展中，不断改革完善，逐步形成了独具特色的组织体系和治理结构，保证了各项职责的履行、工作任务的落实和红十字事业的健康发展。

第一节　组织体系

中国红十字会是中华人民共和国统一的红十字组织，由中国红十字会总会和地方各级红十字会、全国性行业红十字会、各类红十字会基层组织和红十字会建立的社会服务机构，以及广大会员、志愿者及其服务队伍组成。

一、总会、分会和基层组织

（一）总会

中国红十字会总会具有社会团体法人资格，对外代表中国红十字会，对内指导全国红十字会的工作，会址设在北京。

根据“统一”原则，中国红十字会总会在国际交往中代表中国红十字会，在国际交往中具有唯一性、合法性地位。

中国红十字会总会指导地方红十字会、行业红十字会的工作。

中国红十字会在 120 多年的发展历程中，曾几易其名：1904 年，先后称为万国红十字会上海支会和上海万国红十字会；1907 年，称为中国红十字会；1910 年又改名为大清红十字会；1911 年，复改名为中国红十字会；1933 年，改名为中华民国红十字会；1950 年改组后，定名为中国红十字会。中国红十字会建立初期，主要实行总会和分会两级体制，中国红十字会总会领导分会，各分会地位平等。

中华人民共和国成立后，中央人民政府对中国红十字会进行改组，中国红十字会总会的管理体制机制也随着时代的发展变化不断地调整和完善。

1950 年 4 月初，中国红十字会改组，由卫生部和中国人民救济总会负责领导改组工作，具体筹备工作由救济总会负责。中央任命中国人民救济总会秘书长伍云甫为中国红十字会党组书记。总会由上海迁至北京。自此，中国红十字会成为党和政府领导下的群团组织。

1950 年 8 月，中国红十字会协商改组会议暨中国红十字会第一次全国会员代表大会召开，选举产生的第一届理事会召开第二次会议，审议通过《中国红十字会组织规则》，明确了总会的组织运行体制和机制。

1950 年 12 月，中央和政务院明确，中国红十字会总会由政法委员会领导，有关卫生业务受中央卫生部指导，有关外交事项受中央外交部指导。

1951 年 9 月，中国红十字会总会登记为社会团体。1952 年 4 月，中华人民共和国中央人民政府政务院总理办公室通知：中国红十字会总会的工作，改归中央卫生部直接指导和联系。

1956 年 3 月，卫生部、中国红十字会总会联合下发关于各级红十字会属地管理的通知，改变了以往总会、分会两级管理体制。1956—1958 年，中国红十字会总会与救济总会合署办公。此后，又与卫生部合署办公。“文化大革命”期间，中国红十字会总会国内工作部门陷入瘫痪乃至撤销。1978 年 4 月，国务院批准恢复中国红十字会国内工作，总会相关工作部门也陆续恢复。

1985 年，中国红十字会第四次全国会员代表大会后，为加强对中国红十字会总会日常工作的领导，决定成立中国红十字会执行委员会。此后，中国红十字会执行委员会的组成和职责等列入《中国红十字会章程》。

1988 年 10 月，中国红十字会总会致函国家体改委办公室，随函报送《关于中国红十字会体制改革设想》，提出理顺红十字会与政府部门的关系、明确红十字会地位、恰当解决总会领导体制问题等建议。

1993 年，中央机构编制委员会办公室批复《中国红十字会总会机构改革方案》。1995 年 3 月，发出《关于印发〈中国红十字会总会机构改革方案〉的通知》，调整总会内设机构，明确总会职能，明确总会由卫生部代管。1996 年 11 月，中共中央组织部、国家人事部联合发出关于印发《中国红十字会总会机关参照〈国家公务员暂行条例〉管理的实施方案》的通知。1999 年 12 月，中央机构编制委员会办公室发文明确：理顺中国红十字会总会管理体制，即由卫生部代管，改由国务院领导联系。

2006 年 8 月，中共中央组织部、国家人事部联合发出《关于印发工会、共青团、妇联等人民团体和群众团体机关参照〈中华人民共和国公务员法〉管理意见的通知》，明确中国红十字会总会机关人员参照公务员管理的政策。

2018 年 11 月，国务院办公厅印发《中国红十字会总会改革方案》，明确了中国红十字会总会改革的指导思想、基本原则、主要目标。

（二）分会

1. 地方红十字会

县级以上地方按行政区域建立地方各级红十字会，根据实际工作需要配备专职工作人员。地方各级红十字会是中国红十字会的分会。地方各级红十字会依法开展与自己职责有关的活动，接受人民政府的支持、资助和监督。上级红十字会指导下级红十字会的工作，下级红十字会向上级红十字会报告重要事项。下级红十字会主要专职负责人的任免提名要听取上一级红十字会的意见。县级以上红十字会机关工作人员参照《中华人民共和国公务员法》管理。截至 2024 年 12 月，中国红十字会有 33 个省级红十字会（包括新疆生产建设兵团红十字会、铁路系统红十字会），2 个特区红十字会，333 个地市级红十字会，2 833 个县级红十字会。

《中华人民共和国红十字会法》规定：上级红十字会指导下级红十字会工作。《国务院关于促进红十字事业发展的意见》要求：加大上级红十字会对下级红十字会的财务监督、业务指导、工作督查力度，下级红十字会主要专职负责人的任免提名要听取上一级红十字会的意见。在有条件的地方红十字会开展社会组织改革试点，探索建立“高效、透明、规范”的管理体制和运行机制。《中共中央关于加强和改进党的群团工作的意见》指出：群团组织实行分级管理、以同级党委领导为主的体制，工会、共青团、妇联受同级党委和各自上级组织双重领导。地方党委负责指导同级群团组织贯彻落实党的理论和路线方针政策，研究决定群团工作重大问题，管理同级群团组织领导班子，协调群团组织同党政部门的关系及群团组织之间的关系。上级群团组织依法依章程领导或指导下级群团组织工作。

从工作实践看，地方红十字会接受总会和上级红十字会指导，下级红十字会向上级红十字会报告工作，符合《中华人民共和国红十字会法》、中央和国务院相关文件精神，也有利于各级分会按照总会的统一部署结合各地实际抓好落实，共同推动中国特色红十字事业取得更大的发展。

2. 港澳台红十字组织

香港、澳门特别行政区红十字会是中国红十字会高度自治的地区分会。特别行政区红十字会依照红十字运动基本原则，结合特别行政区实际独立自主地开展工作。

（1）香港红十字会

1950 年，香港成立红十字会，成立时为英国红十字会的分会，即英国红十字会香港分会。1976 年，香港立法局通过法例，赋予香港红十字会法人地位，确认香港红十字会为一个可自行管理会务及财政的社会服务团体。20 世纪 80 年代，香港红十字会不断完善，各项服务逐渐踏上轨道，重点服务被忽略及缺乏照顾的人群，同时也继续扩大志愿工作人员队伍，深化红十字青少年于人道服务的价值观念，关注儿童的精神及行动治疗，鼓励公众志愿捐血等。1997 年 7 月 1 日起，中华人民共和国政府对香港恢复行使主权，设立香港特别行政区，香港红十字会成为中国红十字会一个享有高度自治的地区分会。在中国红十字会总会的支持和协调下，香港红十字会积极参与国际红十字运动和国际救济事务，赢得国际社会的赞誉。

（2）澳门红十字会

1920年，澳门成立红十字会，隶属于葡萄牙红十字会。1999年12月20日起，中华人民共和国政府对澳门恢复行使主权，设立澳门特别行政区，澳门红十字会成为中国红十字会一个享有高度自治的地区分会。澳门回归后，澳门红十字会在中国红十字会总会的支持和协调下，积极参与国际红十字运动，得到国际社会的好评。

（3）台湾红十字组织

1895年，日本侵占台湾，日本侵略者在台湾及澎湖列岛设有日本赤十字社台湾支部，由台湾总督府总务部负责指导业务。抗日战争胜利后，台湾回归中国政府管辖，开始恢复红十字组织工作。

台湾红十字组织首重医疗救护业务，以成立血库、补助本地各医院X射线设备为主要工作。除了推动一些为民服务的工作，如灾害救援、急难救助、急救训练外，台湾红十字组织大部分业务系协助行政当局的政策推行。

3. 其他分会

（1）新疆生产建设兵团红十字会

新疆生产建设兵团红十字会是中国红十字会在新疆生产建设兵团设立的分会。1991年3月，新疆生产建设兵团红十字会第一次会员代表大会暨兵团红十字会成立大会在乌鲁木齐召开，选举产生第一届理事会。兵团红十字会挂靠兵团卫生局，无专职工作人员。从2003年起，中国红十字会总会陆续派员到兵团红十字会挂职。2004年，兵团编办下发《关于兵团红十字会机关机构编制有关问题的通知》，明确兵团红十字会机关编制和工作职责。2005年1月，召开兵团红十字会第二次会员代表大会，依法完成换届选举，各项工作开始起步。2011年1月，召开第三次会员代表大会。2018年，兵团编办发文明确兵团红十字会内设机构有办公室（与原卫生局办公室合署办公，挂宣传发展部）和救灾赈济部，行政编制5人。

（2）全国性行业分会

改革开放以来，中国红十字会先后建立了铁路、商业等行业红十字会。

20世纪80年代至90年代初，中华人民共和国铁道部所属济南铁路局、兰州铁路局、北京铁路局、上海铁路局、呼和浩特铁路局、乌鲁木齐铁路局、柳州铁路局等7个铁路局先后成立铁路局红十字会组织。其中，兰州铁路局、上海铁路局各分局也相应成立红十字会组织，并开展具有行业特点的红十字工作。1992年，由兰州铁路局、济南铁路局、呼和浩特铁路局、柳州铁路局等路局或分局红十字会酝酿，建议铁道部成立铁路红十字会，把铁道部所属7个局的红十字工作统一起来。1994年，中国铁路红十字会第一次工作会议暨中国铁路红十字会成立大会在兰州铁路局西宁分局召开。中国铁路红十字会除兰州铁路局单设红十字会机构和人员外，其他铁路局红十字会均挂靠在铁路卫生主管部门。

2000年11月，中国商业联合会向中国红十字会总会提出申请成立商业系统红十字会。当年12月，中国红十字会总会根据《中华人民共和国红十字会法》相关规定，批准成立中国商业系统红十字会。2001年、2002年，中国商业系统红十字会通过企业的参与策划、设计，在商场、超市安装“红十字顾客紧急救护系统”，并对商场的工作人员进行初级救护员资格培训，取得了一定的效果。2004年、2005年，中国商业系统红十字会启动“生命第一”爱心救助工程，在全国商业企业开展紧急救护、无偿献血、健康教育、造血干细胞捐献、危困职工救助等活动。2006年、2007年，经中国商业联合会批准，中国商业系统红十字会在全国大中城市商业企业营业场所设置“博爱之窗”，在商业企业内部开展募捐和救助工作。2008年、2009年，中国商业系统红十字会为商业企业培训急救人员。2011年12月，中国红十字会总会经中国商业联合会同意，决定撤销中国商业系统红十字会。

4. 红十字会基层组织

红十字会基层组织是指在城市街道（社区）、农村乡镇（村、组）、企业和事业单位、学校、医疗机构和其他组织中建立的红十字会。红十字会基层组织是红十字会在基层履行法定职责、开展红十字工作的具体组织者和实施者，承担着直接联系和服务群众的重要职能，是中国红十字会组织体系的重要组成部分。红十字会基层组织的基本职责是：发展会员、志愿者，宣传普及红十字知识，开展人道主义的救助活动，举办应急救护培训、群众性健康知识普及及其他符合红十字宗旨的活动。截至 2024 年 12 月，全国有红十字基层组织 238 219 个。

1950 年和 1960 年，中国红十字会总会先后提出结合卫生部门、爱国卫生运动委员会的基层组织，建立红十字会的基层组织，取得了较好的成效。1961 年 10 月召开的中国红十字会“二大”明确提出：可以在城市的区（或办事处）、农村人民公社、工厂、矿山、学校等单位，建立本单位的红十字会；在居民委员会、生产大队、车间、矿井、班级，建立红十字卫生站。1979 年 2 月召开的中国红十字会“三大”明确要求：在恢复红十字会的工作时，要积极支持各类基层组织恢复组织、开展工作、吸收会员。

1985 年 5 月召开的中国红十字会“四大”明确提出：有步骤地建立基层红十字组织，要根据需要，继续在工矿企业、街道、旅游点、运动（游泳）场和其他公共活动场所（商店、影剧院等）建立和发展红十字会基层组织。中、小学红十字青少年组织要进一步巩固并进一步发展。大学的红十字会基层组织，在不断总结经验的基础上适当发展。1990 年 2 月召开的中国红十字会“五大”明确提出：今后红十字会组织建设应采取积极稳步的方针，重点放在基层，既要采取积极态度，又要防止片面追求数量。要支持建一个，发挥一个的作用，建一批，巩固一批，以促进红十字会组织健康地向前发展。城市街道、工厂、企业、公安、铁路、航运、旅游、服务等各行各业都要继续扩大红十字会基层组织的覆盖面。1994 年 4 月召开的中国红十字会“六大”明确提出：要加强对红十字会基层组织和会员的管理，坚持巩固、发展、积极稳妥和确保质量的方针，壮大组织、发展会员并强化会员的组织观念，增强红十字意识。2004 年 10 月召开的中国红十字会“八大”明确提出：基层组织是红十字工作的基础，要巩固和扩大基层组织。要加快发展社区等红十字基层组织，摸清会员队伍的现状，加强与会员的联系，积极发展新的会员和团体会员，扩大红十字组织的覆盖面。2009 年 10 月召开的中国红十字会“九大”明确提出：大力加强基层组织建设，创建一批组织建设规范、活动特色鲜明、服务平台巩固、会员和志愿者作用发挥好的模范红十字会基层组织。2015 年 5 月召开的中国红十字会“十大”明确提出：增强红十字基层组织力量，为红十字事业发展提供组织保障，使红十字工作真正落到基层、落到实处。

2018 年 11 月国务院办公厅印发的《中国红十字会总会改革方案》，对加强红十字基层组织建设提出明确要求：在乡镇、街道、社区、学校、企事业单位积极发展红十字基层组织，扩大覆盖面。加强基层组织能力建设，提升工作水平，做到有热心红十字事业的带头人、有稳定的会员和志愿者队伍、有规范的管理制度、有稳固的服务平台、有红十字特色的活动，更广泛地联系和服务基层群众。

2019 年 9 月召开的中国红十字会“十一大”明确提出：推进基层组织、阵地、工作有效覆盖，按照“五有”标准，在乡镇、街道、学校、社区、企事业单位等积极发展红十字基层组织。

二、会员和志愿者

红十字会会员、志愿者是红十字会基层组织的基本队伍和工作力量。截至 2024 年 12 月，中国红十字会有个人会员 1 795. 7 万名，团体会员 5. 7 万个，红十字志愿服务组织 3. 4 万个，注册志愿者 349 万名。

（一）会员

《中国红十字会章程》规定：中华人民共和国公民，不分民族、种族、性别、职业、宗教信仰、教育程度，遵守《中华人民共和国红十字会法》，承认《中国红十字会章程》，可以自愿参加中国红十字会。

红十字会会员分为个人会员和团体会员。公民以个人身份加入红十字会的为个人会员，在校学生加入红十字会的为红十字青少年会员；机关、企业、事业单位及有关团体加入红十字会的为团体会员。会员按照履行义务和缴纳会费的情况分为普通会员、特别会员、永久会员。

个人入会由本人自愿申请，填写《中国红十字会个人会员入会申请登记表》，经所在地红十字会基层组织批准，报县级以上红十字会备案，发给会员证，成为红十字会会员。对红十字事业做出较大贡献的单位和个人，县级以上红十字会可以直接吸收为会员。对中国红十字事业做出贡献的中外人士，可由县级以上红十字会批准，授予同级红十字会荣誉会员称号。

机关、企业事业单位及有关团体加入红十字会，须提出书面申请，填写《中国红十字会团体会员入会申请登记表》，由县级以上红十字会批准，发给证书和标牌，成为红十字会团体会员。团体会员单位应有专人负责红十字工作。

会员的权利包括：参加红十字会的有关活动、会议及专业培训；有选举权、被选举权和表决权；对红十字工作提出建议和批评；佩戴红十字标志；有退会的自由。团体会员的权利由该单位法定代表人行使。

会员的义务包括：学习贯彻习近平新时代中国特色社会主义思想，学习、宣传和贯彻《中华人民共和国红十字会法》《中华人民共和国红十字标志使用办法》，传播国际人道法和红十字运动的基本知识；遵守《中国红十字会章程》；完成红十字会交办的任务；维护红十字会的合法权益；按规定缴纳会费。

会员可以申请转会或提出退会。会员的转会是指红十字会会员从一个红十字会转入另一个红十字会；会员提出转会申请后，应由转出红十字会出具转会证明，凭该证明在转入红十字会办理转入手续。转会后，缴纳会费记录等信息由转入红十字会负责登记、统计；会员所在红十字会发生合并、分立的，会员应由新成立的红十字会登记。

会员退会，经原批准机关审核，收回会员证及标牌；个人会员退会的，需报原备案机关备案。会员有下列情况之一视为自动退会：连续两年不参加红十字会活动；连续两年不缴纳会费；团体会员法人撤销、合并、解散。

中国红十字会历来重视发展和教育会员。中国红十字会“一大”提出，对旧有会员加以训练教育，建立人民观点，以便开展新的工作。“二大”提出，根据需要和可能，适当发展和吸收个人会员和团体会员，并对会员加强经常性宣传教育；不能为了大造声势、追求数字，让会员徒有虚名，使吸收会员的工作流于形式。“三大”提出，加强会员动员，为社会服务，为人民做好事。“四大”提出，要在会员中经常开展会章教育，提高会员素质。“五大”提出，加强会员的会费收缴工作。“六大”提出，加强会员管理，发展会员并强化会员的组织观念，增强红十字意识。“七大”提出，强化会员意识。“八大”提出，要摸清会员队伍的现状，加强与会员的联系，积极发展新的会员。“九大”提出，不断发展巩固会员队伍。“十一大”提出，发展壮大红十字会员队伍，强化培训、激励、管理、服务等工作，充分发挥他们在红十字工作中的主体作用。

（二）志愿者

《中国红十字会章程》规定：中外人士，不分民族、种族、性别、职业、宗教信仰、教育程度，遵守中国法律、法规，不计报酬，均可参加红十字志愿服务，经过申请，成为红十字志愿者。

个人申请加入红十字志愿者，应填写《中国红十字志愿者登记表》，经县级及以上红十字志愿服务工作委员会批准，并在所在地红十字会备案后，配发红十字志愿者证、中国红十字志愿服务卡和服饰，即成为红十字志愿者。

红十字志愿者的权利：获得红十字志愿服务的相关信息；获得红十字志愿服务必要的条件和保障；获得红十字志愿服务活动所需的教育和培训；对红十字志愿服务工作提出意见和建议；有退出红十字志愿服务组织的自由；相关法律法规及有关规定赋予的其他权利。

红十字志愿者的义务：遵守国家法律法规，志愿提供人道服务；遵循红十字运动宗旨，践行红十字运动基本原则；履行志愿服务承诺，自觉维护红十字会的公信力；尊重志愿服务对象人格尊严，不得侵害志愿服务对象个人隐私；正确使用红十字志愿者标识；不得以红十字志愿者名义从事营利活动或其他违背社会公德、损害社会公共利益和他人合法权益的行为。

红十字志愿者因学习、工作、生活等变化需要迁移、调动时，原驻地和迁入地红十字会要为其办理转出（入）手续。

凡具有以下行为之一的红十字志愿者，将由所在地红十字会志愿服务组织注销其志愿者资格，并报上级红十字会备案：违反国家有关法律法规、章程和中国红十字会有关志愿服务管理办法的；未履行志愿服务义务，利用志愿者的身份从事营利或非法活动的；向所在地红十字会申请自愿退出的。

中国红十字会历来重视发展和动员志愿者。中国红十字会“四大”首次提出，要多吸收红十字会的志愿工作者，为红十字事业做贡献。

“五大”提出，县级以上红十字会可普遍建立志愿工作者组织，受同级红十字会领导。“七大”提出，大力培养和发展志愿工作者。“八大”提出，要充分动员和组织社会上热心人道主义事业的力量，发展和壮大红十字志愿工作者队伍。“九大”提出，动员人道力量，开展“红十字志愿服务行动”，建设红十字志愿服务网络体系和按专业、分领域的志愿服务体系，壮大志愿者队伍。“十大”提出，发展红十字志愿服务组织，拓展服务范围，完善保障和激励机制，建立健全按专业、分领域的红十字志愿服务体系；加强对志愿者骨干力量的培训，发挥其在志愿服务工作中的引领作用。“十一大”提出，发展壮大红十字志愿者队伍，强化培训、激励、管理、服务等工作，充分发挥他们在红十字工作中的主体作用。

（三）会员和志愿者的异同

中国公民可以同时拥有中国红十字会会员和中国红十字志愿者的身份。会员可以参加红十字志愿服务，经县级及以上红十字志愿服务工作委员会批准，并在所在地红十字会备案后，成为红十字志愿者；志愿者可以自愿申请加入中国红十字会，经所在地红十字会基层组织批准，县级以上红十字会备案后，成为会员。

会员和志愿者之间既有共同点，又有区别。

会员和志愿者的共同点：都没有民族、种族、性别、职业、宗教信仰、教育程度等方面的限制，但不足 18 岁的青少年参加红十字志愿服务，应征得监护人同意；都热心红十字事业并愿意为之付出。

会员和志愿者的区别：会员有国界或地域界，必须是中国公民才能成为中国红十字会会员；志愿者没有国界或地域界，任何人只要遵守中国法律、法规，志愿提供人道服务，不计报酬，均可成为红十字志愿工作者。会员必须自觉遵守《中华人民共和国红十字会法》，承认章程并照章办事；志愿者没有承认章程的义务，但在参加红十字会组织的志愿服务时必须遵守相关法律法规和红十字运动的原则并服从管理。会员必须缴纳会费；志愿者没有缴纳任何费用的要求。发展会员，没有特殊的指向性要求；招募红十字志愿者，则一般需要明确招募对象和任务，公布志愿服务项目和志愿者的条件、专长、数量和服务内容等。个人会员必须向所在地红十字会基层组织提出申请，县级（含）以上红十字会只吸收对红十字事业做出较大贡献的单位和个人为会员，县级（含）以上红十字会可发展团体会员；志愿者可以向任何一级红十字会组织提出申请，通过提供志愿服务成为红十字志愿者。

会员是红十字会组织的细胞，主要在基层；志愿者是红十字会组织的合作伙伴，各级红十字会组织都可以发展。发展会员有地域性，一般按户籍管辖在红十字会基层组织发展；招募志愿者没有地域性，各级红十字会组织一般按就近（招之能来）、急需（来之能战）、可用（战之能胜）等原则招募。会员的发展是塔基型的，发展的主体是红十字会基层组织；志愿者的发展是多层面辐射型的，发展的主体可以是各级红十字会组织。

三、专业服务机构（队伍）

在红十字事业发展中，一些符合红十字会宗旨、开展红十字人道服务的专业服务机构（队伍）发挥了重要的作用。

（一）红十字会建立和管理的服务机构

1. 备灾救灾中心

从 1991 年起，中国红十字会开始建立备灾救灾体系，筹建国家级和区域的备灾救灾中心，支持各地建立备灾救灾中心或仓库。2005 年，制定《中国红十字会总会自然灾害等突发公共事件应急预案》。各地红十字会及其应急预案基本上都被列入当地政府应急管理体系。2007 年，中国红十字会制定出台《中国红十字会“十一五”期间应急体系建设规划》。从 2009 年起，中国红十字会开始着力打造标准化、科学化的应急救援体系，建立从援助救灾物资到以防灾、减灾、备灾为基础，以救援、救助、重建为重点的全方位救灾模式。2010 年，修订颁发《中国红十字会总会自然灾害应急预案》。

中国红十字会总会备灾救灾中心于 2010 年 10 月 9 日成立，是中国红十字会第一个国家级备灾救灾中心，总面积 16 491 平方米，主要由 4 个物资库和 1 个管理中心构成，主要功能是建立全国红十字会系统备灾救灾物资储备体系和信息管理系统，完善备灾救灾物资的采购、收储、分发。至 2024 年，全国红十字系统已建有 1 100 个备灾救灾中心（物资库），形成了以总会和区域性备灾救灾中心为重点、省级备灾救灾中心为基础、灾害多发的地市和县级物资库为补充的国家、区域和县域三级红十字应急物资储备网络体系和全国联动的备灾救灾网络，保证了灾害发生后救灾物资能够在第一时间就近运抵灾区并发放到受灾群众手中。

2. 造血干细胞捐献、遗体器官捐献服务中心

2001 年，在政府有关部门的支持下，中国红十字会重新启动建设中国造血干细胞捐献者资料库（简称“中华骨髓库”）的工作。同年 12 月，中央机构编制委员会办公室批准成立中国造血干细胞捐献者资料库管理中心，统一管理和规范开展志愿捐献者的宣传、组织、动员，HLA（白细胞抗原）分型，为患者检索配型相合的捐献者及移植相关服务等。截至 2024 年 12 月底，全国建立了 31 个省级分库、认定了 29 个 HLA 组织配型实验室、7 个高分辨实验室和 1 个质量控制实验室，与国内外百余家医院建立了业务联系，中华骨髓库已初步显现在临床使用上的意义。

中国人体器官捐献管理中心（简称“器官中心”）于 2012 年经中央机构编制委员会办公室《关于设立中国人体器官捐献管理中心的批复》批准成立，2013 年 1 月正式组建开展工作。主要职责为负责参与人体器官捐献的宣传动员、报名登记、捐献见证、公平分配、救助激励、缅怀纪念及信息平台建设等相关工作。随后，全国各地也相继建立中心开展工作。多年来，中国红十字会顺应社会需要、践行自身宗旨、接受政府委托、依据法律授权逐步参与遗体和人体器官捐献，做出了积极的贡献。截至 2024 年年底，累计志愿登记人数 700 万余人，累计实现公民逝世后器官捐献 5.6 万例，捐献器官 17 万余个。

3. 红十字会培训（急救）中心、医院、学校

中国红十字会总会和部分地方红十字会设立并管理本级所属培训（急救）中心、医院和学校等。

中国红十字会总会训练中心成立于 1986 年，是中国红十字会总会直属事业单位和唯一的全国性培训机构，也是全国救护培训的指导中心。拥有中国红十字宾馆实体产业，承担着国内外红十字领域

的行业培训和中国健康、救护、医疗卫生等领域的多种社会培训任务，以及对红十字文化的展览展示和国际交流工作。与政府机关、企事业单位、港澳台地区红十字组织和国外的红十字机构等建立了良好的合作关系。

北京市红十字会999急诊抢救中心是北京市编办正式批准设立的事业单位。自2001年5月18日开通以来，救援各类患者百余万人次，协助政府为北京市市民提供了医疗急救保障。现有急救车152部，急救站点90个，全部由中心垂直管理，统一指挥调度。999指挥中心和系统居同行业世界先进水平，在全国急救行业中率先开通了急救摩托车和空中救援。曾经参与北京市乃至全国重大事件的医疗救援及医疗保障（例如四川地震救援、奥运医疗保障、国庆60周年医疗保障等）达千余次。急诊抢救中心设立了经北京市司法局批准、司法部备案、中国合格评定国家认可委员会认可的司法鉴定中心，面向社会及公、检、法等部门独立开展法医临床学、法医病理学等鉴定业务的综合性司法鉴定。急诊抢救中心还成立了“中国红十字999紧急救援队”，配置了专业的人员及装备，参与应对国内外发生的各类自然灾害和突发事件。

安徽合肥医药卫生学校（原安徽红十字会卫校）是全国红十字会系统唯一的卫生类全日制中等专业学校，成立于1988年，经安徽省教育厅、卫生厅联合批准设立，隶属于安徽省红十字会。

4. 应急救援队

中国红十字会为了能够承担国内外重大自然灾害等突发事件救援任务，以及在平时开展相关志愿服务，按照红十字应急救援专业划分，重点组建了搜救、赈济、医疗、供水、大众卫生、心理、水上救生等7类应急救援队。制定了《中国红十字会七类救援队工作手册》，加强标准化规范化建设。

2008年，中国红十字会在支援抗震救灾中开始按专业建立救援队；从2009年起，每年对救援队进行培训演练。2011年，出台了《关于进一步加强红十字救援队建设的意见》。2013年，经过评审，中国红十字会总会确定了21支中国红十字救援队，包括赈济救援队4支，医疗救援队、供水救援队、大众卫生救援队、心理救援队、水上救援队各 3 支，综合救援队和通信救援队各 1 支，按照区域地理、灾害发生频率等因素分布在 17 个省（区、市），救援范围涵盖全国，做到在灾害发生后的 24—48 小时内启动响应，抵达受灾地区并开展救援工作。

救援队由总会及省级红十字会共同建设和管理。总会负责研究制定国家级救援队建设发展等有关政策、规章和制度，省级红十字会负责本行政区域内国家级救援队的日常管理工作。救援队实行队员注册制度。省级红十字会负责组织实施队员的招募、选拔、考核、注册、发证等工作。并按总会要求建立队员数据库，报总会备案。

救援队队员须符合以下基本条件：热爱红十字事业，认同红十字理念，自愿遵守红十字会相关的法律及规章制度，志愿参加红十字救援工作；遵纪守法、身体健康，具有良好的组织纪律性和奉献精神；熟练掌握所属队伍所需专业知识和技能；完成国家级救援队规定的培训课程，并通过考核；有时间和精力参加红十字应急救援。

省级红十字会按年度进行队员考核，考核内容应与日常救援和培训演练相结合，包括个人现状、救援情况、工作态度、业务水平、参加培训演练情况。对长期不能履行义务的队员，经所在省级红十字会核准后予以退出救援队。省级红十字会应于年度考核后将新的队员名单及考核情况报总会备案。

红十字救援队注重培训和演练，总会及省级红十字会共同承担国家级救援队的培训、演练工作。国家级救援队每年至少组织一次业务培训，每两年至少组织一次演练。总会负责制定统一的国家级救援队培训演练大纲和考核标准，并根据工作实际组织开展国家级救援队的业务培训和多队伍联合演练。省级红十字会按照总会标准，结合本地区应急救援实际，制定本辖区国家级救援队培训演练计划并组织实施，并向总会报备。

队员参加总会、省级红十字会组织的培训、演练，其成绩均纳入国家级救援队队员考核评价机制。总会建立国家级救援队师资培养选拔机制，经总会培训、考核、评定，符合要求的人员列入总会师资库，并根据需要承担国家级救援队培训的授课任务。师资所属的各级红十字会应积极支持并提供便利条件。至 2024 年，全国红十字会系统共组建救援队伍 1 100 余支，开展全国性应急救援演练，基本形成了体系完备、机动灵活、快速高效的应急救援工作机制。

5. 应急救护培训师资及基地

长期以来，红十字会为适应应急救护工作的推广和开展，培养了大批的救护培训师资和救护员。仅 2019—2024 年全国 31 个省（区、市）建设应急救护培训基地 120 家，其中评选出第一批应急救护培训示范基地 23 家。加强应急救护师资管理，完成 2 万余名应急救护师资注册工作，5 年间培训持证红十字救护员 1 526 多万人次。这些急救员在国家重大运动赛事（奥运会、全运会、马拉松等）中发挥了积极的作用，是传播红十字精神、发挥红十字作用的重要力量。

6. 红十字基金会

中国红十字基金会是中国红十字会总会发起并主管、经民政部登记注册的具有独立法人地位的全国性公募基金会，成立于 1994 年。2008 年、2013 年和 2018 年，连续 3 次在全国性社会组织评估中获评“5A 级基金会”。先后荣获 7 次中华慈善奖，共有 8 个公益项目获奖，包括“红十字天使计划”、“中国红行动”、“嫣然天使基金”、“春雨行动”、“小天使基金”、“心拯救，一包药”、“新站·新健康”博爱卫生站、字节跳动医务工作者人道救助基金等项目。成立以来，先后荣获中共中央、国务院、中央军委授予的“全国抗震救灾英雄集体”称号，中央和国家机关授予的“创建模范机关先进单位”“先进基层党组织”“五四红旗团支部”等称号。中国红十字基金会是首家通过 ISO9001 质量管理体系和 SGS 全球社会组织对标审核双重认证的全国性基金会，获“年度透明基金会”“自律透明奖”“年度榜样基金会”等多项荣誉。

全国部分省（区、市）红十字会也相继建立了基金会。截至 2024 年，全国已有广西、北京、陕西、河北、安徽、贵州、江西、湖北、四川、重庆、天津、河南、辽宁、湖南等 22 个省（区、市）成立了红十字基金会。此外，厦门、赣州、南昌等市也成立了红十字基金会。红十字基金会作为红十字系统人道资源动员主渠道的作用和效应正在逐步形成和发挥。

（二）红十字冠名医疗机构和社区红十字卫生（服务）站

冠名医疗卫生机构开展的人道服务工作是红十字事业的重要组成部分。由于历史的原因及变迁，国内一些医院、血站等医疗机构仍冠以红十字会医院或“红十字会血站”名称，但隶属于卫健委管理，是冠名“红十字”机构。冠名医疗机构在红十字会的指导下开展红十字人道服务工作。中国红十字会总会主管全国医疗机构的红十字冠名及相关管理工作，县级以上各级红十字会负责本行政区域内医疗机构的冠名及相关管理工作。为加强对冠名医疗机构管理，中国红十字会 2007 年制定《冠名红十字（会）医疗机构管理办法》，2014 年再次修订公布《冠名红十字医疗机构管理办法》，对各级红十字会冠名红十字医疗机构，基本条件、申请审批程序、权利和义务、名称及标志使用、管理等进行了规约，对不符合条件的冠名机构进行了清理。截至 2024 年，全国有冠名红十字医疗机构 643 个，

这些冠名机构均成立红十字会工作办公室，根据相关法规，参与红十字会组织的活动和工作；接受红十字会转赠的国内外援助；参与国内外红十字会组织的技术合作与学习交流；在开展红十字人道服务工作时，得到红十字会给予的指导和支持。这些机构遵守国家有关法律、法规，承认并遵循《中国红十字会章程》，协助当地红十字会开展应急救护培训，组织志愿服务队伍。有条件地成立应急救援队，在发生自然灾害等突发事件时，根据红十字会的要求，开展人道救援、救护活动；开展医疗救助项目，为弱势群体提供人道救助服务，为贫困患者减免医疗费用；宣传普及无偿献血、造血干细胞捐献、遗体器官捐献知识；承担红十字会委托的其他人道服务工作。

此外，各地红十字会在街道、居委会和企事业单位建立红十字卫生（服务）站。2002 年，为适应社区建设和服务的需要，中国红十字会总会和民政部联合发出《关于开展社区红十字服务工作的通知》。各地红十字会争取有关部门和社区的支持，因地制宜、资源共享，建立社区红十字服务（工作）站，组织会员和红十字志愿者开展募捐救助、扶贫帮困、排忧解难、便民利民、宣传培训等活动。

第二节　治理结构

中国红十字会始终坚持党的领导，遵守宪法和法律，遵循国际红十字和红新月运动确立的人道、公正、中立、独立、志愿服务、统一、普遍的原则，依照中国批准或者加入的《日内瓦公约》及其附加议定书、《中华人民共和国红十字会法》和《中国红十字会章程》开展工作，并逐步建立起决策民主、执行高效、监督有力的运行机制和体制。

一、治理结构和组织机构

根据《中华人民共和国红十字会法》和《中国红十字会章程》相关规定，红十字会以会员代表大会（或会员大会）为各级红十字会的最高权力机关，形成建立理事会决策、执行委员会执行、监事会监督的治理结构。

（一）会员代表大会

会员代表大会（或会员大会）是红十字会的最高权力机关，每五年召开一次。三分之二以上代表出席，会议有效。会员代表大会（或会员大会）由同级理事会召集，如遇特殊情况可提前或延期召开，提前或延期的时间不得超过一年。会员代表大会的代表由各级红十字会推选的会员代表以及同级理事会与有关部门协商产生的代表和特邀代表组成。代表比例由同级常务理事会根据会员人数和红十字事业发展需要决定。会员代表大会（或会员大会）决议由到会代表半数以上表决通过后生效。

会员代表大会（或会员大会）的职权：选举产生理事会、监事会；按组织权限修改《中国红十字会章程》或地方组织规程等重要规章；审议批准理事会、监事会的工作报告；审议批准理事会提交的工作规划；决定红十字会的重大事项。会员代表大会也是最高决策机构，理事会是代表大会的执行机构，但在代表大会闭会期间，一年一度的理事会则又是决策机构。

（二）理事会

理事会由会员代表大会（或会员大会）选举产生，向其负责并报告工作，在会员代表大会（或会员大会）闭会期间执行其决议，并接受监事会的监督。理事会任期五年，下一次会员代表大会（或会员大会）召开时换届。理事会会议每年至少召开一次。三分之二以上理事出席，会议有效。理事会决议由到会理事半数以上表决通过后生效。必要时可以通信方式召开理事会会议。

理事会的职责：聘请名誉会长、名誉副会长；选举常务理事；选举会长、常务副会长、副会长；根据会长提名，决定秘书长；增补、更换或罢免理事、常务理事；审定红十字会工作报告、事业发展规划和年度工作计划、财务收支等报告；审议下一届理事会组成方案；决定其他重大事项。

红十字会会长的职权：召集并主持理事会、常务理事会会议；指导执行委员会工作；出席红十字工作的重要会议、活动，参与重要事务。

（三）常务理事会

常务理事会由理事会选举产生，对理事会负责并接受其监督，同时接受监事会的监督。常务理事会会议每年召开两次。三分之二以上常务理事出席常务理事会会议，会议有效。常务理事会决议由到会常务理事半数以上表决通过后生效。

常务理事会的职责：提出修改章程的议案；向理事会提出更换、增补及罢免理事、常务理事的议案；审议红十字会工作报告、事业发展规划和年度工作计划、财务收支等报告；审议下一届理事会组成方案；按职权批准设立、撤销行业红十字会；聘请名誉理事；决定其他重要事项。

（四）执行委员会

执行委员会是理事会的常设执行机构，由驻会的专职常务理事组成，向理事会负责并报告工作，接受监事会的监督。常务副会长任执行委员会主任并担任红十字会法定代表人。

执行委员会的职责：执行会员代表大会（或会员大会）、理事会和常务理事会的决议，主持红十字会日常工作；负责编制经费预算，审核年度经费财务决算；指导下级红十字会的工作；管理本级红十字会的动产和不动产；承担本级红十字会的民事、法律责任；在总会和上级红十字会指导下开展对外交流与合作；授予荣誉会员；批准成立专门委员会；完成理事会和常务理事会交办的其他事宜。

（五）监事会

监事会由会员代表大会（或会员大会）选举产生，向其负责并报告工作，接受其监督。监事会任期五年，下一次会员代表大会（或会员大会）召开时换届。监事会会议每年至少召开一次。三分之二以上监事出席，会议有效。监事会决议由到会监事半数以上表决通过后生效。

监事会的职责：推选产生监事长和副监事长；监督理事会、常务理事会、执行委员会依照《中华人民共和国红十字会法》、国家有关法律法规和《中国红十字会章程》开展工作情况；监督理事会对会员代表大会（或会员大会）决议的执行情况；监督执行委员会对会员代表大会（或会员大会）、理事会决议的执行情况。

监事会进行监督的主要形式：列席理事会会议、执行委员会会议，有权提出质询和建议；向会员代表大会（或会员大会）报告工作；向理事会、执行委员会通报监督情况；检查财务会计资料，或委托依法设立的独立第三方机构对红十字会财务收支和项目执行情况进行审计；向上级主管机构及其他有关部门反映有关情况。

二、监督体系

2017 年之前，各级红十字会都只设立理事会，红十字会的内部监督主要有代表大会、理事会、上级红十字会、机构内部纪检监察部门、内控制度和职工民主监督等方面的监督。2017 年 2 月修订的《中华人民共和国红十字会法》第八条“理事会、监事会由会员代表大会选举产生，向会员代表大会负责并报告工作，接受其监督”，增设监事会及其法定职责。监事会属于红十字会的内部监督，是自我监督形式的增加和补充，使治理结构更加完善。对红十字会工作的外部监督主要来自法律监督、政府监督、社会监督，上级纪检监察等方面的监督，也曾经探索设立过社会监督委员会和聘请社会监督员。

（一）内部监督体系

1. 上级红十字会监督

上下级红十字会是指导关系，具体体现在上级红十字会对下级红十字会的财务监督、业务指导、工作督查和对下级红十字会主要专职负责人的任免提名提出意见。

2. 内部管理控制制度

中国红十字会根据国际红十字运动的要求、自身工作特点和国家的有关规定，在实践中建立和完善了财产管理制度和操作规范。在1999年《中华人民共和国公益事业捐赠法》实施前，中国红十字会自1983年起，制定并数次修改接受社会捐赠的有关规定，提出了完备财务手续、开具正式收据、尊重捐赠者意愿、向政府报告、主动联系审计机构接受检查监督、通过书面或新闻媒体向捐赠者反馈接收捐赠款物使用情况的信息、每年向理事会报告、国际捐赠款物接受国际红十字组织监督审计等要求，并制定了相应的制度和操作规范。红十字会内各部门，涉及资金的收支活动，均是内部监督的重点。

3. 内部纪检监察机构

中国红十字会总会和省、市级红十字会都设有纪检监察工作机构或有驻会专职纪检监察工作人员，县级红十字会根据党组织隶属关系也有相应的纪检监察机构监督。根据有关规定，纪检监察不仅要关注红十字会党组织和党员遵守党的纪律情况，还要对红十字会机关党员和工作人员遵守廉洁从政规定、执行作风建设规定等方面情况进行监督，对职务犯罪、职务违法情况开展监察，严肃查处违反规定的行为。

4. 内部职工民主监督

这是红十字会机关职工的民主权利，通过会务公开、干部述职、民主评议等途径，参与民主决策、民主管理和民主监督。民主监督的主要内容：对本单位贯彻《中华人民共和国红十字会法》、干部廉洁从政、重大事项决策的科学性等方面情况提出建议或批评，也可以通过合法途径向上级或有关部门举报和反映。

（二）外部监督体系

1. 政府监督

政府对红十字会的监督是国际法和国内法的双重要求。中国红十字会成立以来，就自觉接受政府的监督。政府对红十字会的监督涵盖了多个方面，由政府相关部门履行相应的监督职责。

各国红十字会要得到红十字国际委员会承认，必须符合的十个条件中，其中第一条就是该国政府必须已签署《日内瓦公约》，第三条是本国政府正式承认本国红十字会为志愿救护团体、担任政府或当局的人道工作助手。这说明，一个国家的政府只有签署《日内瓦公约》并履行公约规定的义务，才能支持本国成立红十字组织，承认其法律地位，同时赋予其志愿救护团体和人道工作助手的职责。因此，红十字会接受政府监督是国际红十字运动的必然要求。此外，红十字会作为社会团体，也必须接受政府的管理监督。因为社会管理是政府的一个重要职能，管理和规范社会组织是社会管理的重要内容。

政府对红十字会的监督主要是对红十字会组织的设立、运行、变更、终止等各方面的情况进行监视、督促与管理。主要包括以下内容：检查监督红十字会章程制定和运行状况，履行宗旨和目标的状况，是否存在为个人谋取私利的行为，内部管理是否规范，是否按照法律的规定履行职责，是否存在滥用筹集和使用款项的行为，是否正确使用政府给予的减免税款政策等。政府监督是红十字事业健康发展的有力支持，也是红十字会依法履职和预防腐败的重要保障。

2. 法律监督

对红十字会的法律监督，就是对红十字会活动合法性的监督。国际红十字运动七项基本原则中“独立”原则明确规定各国红十字会受本国法律制约，这就要求中国红十字会必须遵循《中华人民共和国宪法》和其他所有法律法规。为了保障红十字事业的健康发展，国家立法机关和行政机关分别通过立法手段和行政法规创设红十字会运作的基本制度环境。中国红十字会及所属组织要接受《中华人民共和国红十字会法》《中华人民共和国红十字标志使用办法》《中华人民共和国公益事业捐赠法》《中华人民共和国审计法》《中华人民共和国会计法》《基金会管理条例》《中华人民共和国慈善法》等相关法律法规的调整。这些法律法规既是对红十字会公益行为的系统约束，也是衡量红十字会相关履职行为正当与否的标准。

同时，中国红十字会作为国际红十字运动的成员，还必须遵循中国政府签署的日内瓦国际公约及其附加议定书，受其约束和监督。

3. 社会监督

社会监督，是指国家机关以外的社会组织和公民，依据宪法和法律赋予的权利，通过媒体和网络等多种渠道对社会组织一切行为进行监督。这种监督的特点是非国家权力性和法律强制性，但是有很强大的社会影响力。红十字会作为人道救助组织，其救助款物和人力大多来源于社会各界的捐赠和志愿者的参与，因此，社会对红十字会的监督，特别是捐赠者对红十字会的监督尤为重要。

社会对红十字会的关注和监督主要在以下几个方面。

一是社会捐赠款物的接收和使用是否规范、合理和公开透明。包括捐赠款物是否进入捐赠账目、是否根据其意愿及时用于救援或者有关项目、是否尽可能节省开支使捐赠款物发挥最大效益、采购物资是否公开招标货比三家、是否会将捐赠款物不当使用、是否及时公开款物接收和使用的情况等。

二是红十字会工作人员是否廉洁奉公。从事人道救助工作的红十字会工作人员应该践行“人道、博爱、奉献”精神，廉洁奉公是社会对红十字工作人员最基本的要求。人们不仅关注红十字会人员是否有贪污受贿行为，也关注红十字会工作人员是否珍惜爱护捐赠款物和财政经费、是否存在挥霍浪费捐赠款物或中饱私囊的行为，更关注红十字会干部是否按照国家廉洁从政的规定高标准严格要求自己。

三是红十字会人道救助是否公平公正公开。社会公众特别是受助者特别关注红十字会使用分配救助款物是否按轻重缓急合理安排、是否能不徇私情和不受干扰做到“一碗水端平”以及捐赠款物是否不被截留克扣如数到达受助者手中。

社会对红十字会进行监督，可以有多种方式：一是公众监督。社会公众通过批评、建议、举报等方式对红十字会及其工作人员进行监督。二是社会团体监督。各种社会组织通过批评、建议、举报等方式对红十字会及其工作人员的监督，有些具有咨询、测评、调研功能的社会组织通过调研、测评、评比等方式对红十字会进行监督。三是包括网络在内的社会媒体监督。各种传播媒介通过新闻报道、批评、质疑、曝光、评论等方式对红十字会及其工作人员进行监督。

红十字会回应社会监督，也有多种方式：一是公开透明，主动通过媒体和举办新闻发布会、情况通报会、座谈会等形式将红十字会的有关活动特别是接受社会捐赠情况及使用情况公布于众，让社会知晓。二是主动邀请社会各界人士特别是捐赠者代表参与监督。三是组织独立的监督机构如社会监督委员会进行常态化监督，或是邀请有关人士作为社会监督员保持经常性监督。四是聘请依法设立的独立第三方机构对捐赠款物的收入和使用情况进行审计，将审计结果向社会公布接受监督。五是积极搭建“互联网+监督”平台，为社会监督提供更便捷迅速的平台，拓展社会监督的深度和广度。

除上述内部外部的监督，中国红十字会在接收国际红十字组织（红十字国际委员会、红十字会与红新月会国际联合会、外国红十字会或红新月会）的捐赠后，还必须接受国际红十字组织或由其委托的国际审计机构的审计；接受外国政府或组织的捐赠，同样要接受捐赠者委托的审计机构的审计监督。

第五章
中国特色红十字志愿服务与青少年工作

志愿服务既是国际红十字运动七项基本原则之一，也是红十字工作的重要内容。中国红十字志愿服务由来已久，在长期的实践中不断丰富其内容和形式，红十字志愿服务网络逐步健全完善，取得了长足的发展。

第一节　红十字志愿服务工作

一、红十字志愿服务的由来与发展

红十字志愿服务起源于战地救护。红十字志愿服务是践行人道理念的重要途径，“无志愿服务，无红十字运动”。

（一）志愿服务和红十字志愿服务的概念

1. 志愿服务

志愿服务是社会文明不可缺少的重要组成部分，它是指人们自愿贡献个人的时间和精力，在不以寻求物质报酬为目的前提下，为推动人类发展、社会进步和社会福利事业而提供服务的活动。

2. 红十字志愿服务

红十字志愿服务是指在红十字会注册的志愿者、志愿服务组织以自己的时间、知识、技能、体力等自愿、无偿向社会或者他人提供的人道服务。它是不以营利为目的，由各级红十字会组织和红十字志愿者参与，完全自愿为社会和他人提供人道服务的行为。

（二）红十字志愿服务的起源

红十字志愿服务最早是红十字运动创始人亨利·杜南目睹索尔费里诺战场缺乏医疗服务时产生的想法，这个想法就是："建立救济团体，以便由热心忠诚的和完全胜任的志愿者们来照料战争中的士兵。"将志愿医务人员"置于军队指挥部管辖之下"，并享有同军队医务人员一样的待遇。1863 年，日内瓦国际会议决议实现了亨利·杜南的愿望。

红十字会与红新月会国际联合会一贯重视红十字志愿服务工作。1999 年，第 12 届联合会大会通过了"志愿工作政策"。2005 年，第 15 届联合会大会通过的联合会改革相关文件要求践行国际红十字运动七项基本原则，实施人力资源战略，提高工作人员的素质，加强志愿者基础与管理。

现在，许多国家红十字会的志愿服务工作都在广泛深入地开展，不少国家红十字会都拥有一支庞大的志愿者队伍，志愿服务几乎渗透到人道救助工作的各个领域。

（三）中国红十字志愿服务的发展

改革开放以来中国红十字志愿服务大体经历了 3 个发展阶段，取得了长足的进步，并呈现出 4 个鲜明的发展趋势。

1. 中国红十字志愿服务的发展历程

中国红十字会诞生以来，在不同的历史时期，紧密团结并紧紧依靠广大红十字志愿者，开展了大量内容丰富、特色鲜明的志愿服务活动。

中国红十字会发起的缘起，就是一场志愿服务的救济运动。为救援 1904 年日俄战争的伤兵和难民，当时 45 名中外董事发起成立上海万国红十字会，他们均是志愿服务，不领取任何薪酬和车马费。抗日战争期间，中国红十字会动员组织中国红十字会医院、民间医院和来自十几个国家的国际援华医疗队志愿服务医生，组成中国红十字会救护总队，属于典型的亨利·杜南当初规划的战地志愿服务救济团体，他们的志愿救护有力支持了中国抗战，创造了国际红十字运动史上最大规模的战地志愿救护范例。但中华人民共和国成立前的红十字会，还主要通过发展会员来进行人道资源动员。朝鲜战争期间，中国红十字会组成了国际医防服务队，先后派出 7 个大队 670 人的志愿者医务人员参与战地救护。但红十字志愿者名称的出现，还是在改革开放后的20世纪80年代。1985年，中国红十字会第四次全国会员代表大会工作报告首次将发展会员与志愿工作者并提。

自20世纪90年代以来，中国红十字志愿服务工作经历了以下3个阶段的发展。

兴起阶段：开启志愿服务团体和机制建设。20世纪90年代中期以来，随着大部分省级红十字会相继完成理顺管理体制工作，适逢中国志愿服务运动兴起，一些省、市红十字会开始重视志愿服务组织建设。北京、山东、上海、江苏等省、市红十字会先后成立了志愿服务工作机构，组织开展了一些志愿服务活动。总会及时总结和推广了这一做法，1997年9月，总会下发了《关于进一步组织红十字志愿者开展活动的通知》，并成立了“中国红十字志愿者指导委员会”。2005年9月，根据红十字志愿服务工作的发展，将中国红十字志愿者指导委员会改组为中国红十字志愿服务工作委员会，先后吸收了教育、卫生、共青团等相关部委、社会团体成员和专家学者参加，加强了对志愿服务工作的研究和指导。各级红十字志愿服务工作委员会定期研究志愿服务工作，制定发展规划，实施规范管理，为志愿者提供服务，使红十字志愿服务从自发组织、分散管理，逐步转向有组织、有计划推进。

发展阶段：红十字志愿服务活动初步形成品牌影响力。中国红十字会“九大”以来，随着红十字事业的不断发展，红十字志愿服务活动有了长足的发展。广大群众不分年龄、性别、职业、民族、宗教信仰、教育程度，都参加红十字志愿服务活动中来，在救灾、救护、救助等领域采取多种多样的方式，为困难群体提供人道服务。全国和各地红十字会已经初步形成了一些有特色、有影响力的志愿服务品牌项目。志愿者涵盖了不同民族、不同职业、不同文化层次和不同年龄段，成为中国志愿服务工作中一支不可忽视的力量，为实现红十字会的宗旨和完成红十字会的各项任务做出了重大的贡献。中国红十字志愿服务工作在国际红十字运动中屡获殊荣，2015年12月6日，中国红十字会再次荣获红十字会与红新月会国际联合会“志愿服务发展奖”。

深化阶段：有效融入国家志愿服务工作体系。近年来，红十字志愿服务工作积极融入国家志愿服务工作体系。各级红十字会进一步加强了与文明办的沟通协调，推动将红十字志愿服务工作纳入当地志愿服务工作整体规划和精神文明工作考核范畴；积极争取民政部门的相关指导和政策支持，推动红十字志愿服务工作规范有序发展；加强了与有关部门和单位的合作交流，共同推进红十字志愿服务工作深入广泛开展。很多地方将红十字志愿服务工作纳入当地志愿服务工作整体规划和公共文明指数测评体系。一大批红十字志愿服务优秀代表获评全国学雷锋志愿服务“四个100”先进典型，红十字志愿服务成为国家志愿服务体系中的一支重要力量。

2019年11月，中国红十字会总会印发的《中国红十字会总会关于加强红十字志愿服务工作的指导意见》中提出：到2024年，注册红十字志愿者总数达到200万人。同时要求建立覆盖广泛、管理规范、服务完善、充满活力的红十字志愿服务组织体系，志愿服务规范化、制度化、常态化水平全面提升，红十字志愿服务工作在服务党政大局、满足人道需求、保护生命健康、促进全社会向上向善等方面发挥更大作用，红十字志愿者和志愿服务组织成为改善民生福祉、完善社会治理、促进社会和谐的重要力量。2022年11月7日，中国红十字会总会正式发布《中国红十字志愿服务管理办法》修订版，对2007年颁布的志愿服务管理办法进行了进一步修订完善。

2. 中国红十字志愿服务的发展趋势

中国红十字志愿服务工作的发展，呈现出以下4个趋势。

一是向制度化方向发展。红十字志愿服务从20世纪90年代初期的探索发展，到今天逐渐健全制度和规范服务，是一个从初级的自我发展、自我管理到高级的统一规划、形成合力的发展过程。红十字志愿服务的健康发展，需要法律和制度的支持和保障。2008年，中国红十字会总会就出台了《中国红十字志愿服务管理办法》。目前，《中华人民共和国红十字会法》和《中国红十字会章程》以及一些相关文件对中国红十字志愿服务工作有明确界定，有效发挥了法律规章的保障作用。但随着社会公益环境的逐渐改善，公众对保障志愿者的合法权益不受侵害，也提出了越来越高的要求。多数地方红十字会都先后出台了省级管理办法、规章制度等，部分市也出台了相应的办法措施，对自己辖区内的红十字志愿服务工作进行规范化管理。在法律和制度的支持保障下，志愿服务工作获得健康和宽广的发展空间。

二是向社会化方向发展。一方面，当前参与红十字志愿服务的人员日益增多，服务行为扩展到公众生活的各个领域。红十字志愿服务社会化发展趋势表现为更加日常、更加平民、更加普遍。在市场经济条件下，红十字志愿服务逐渐成为社会化的事业，更多的是适应社会需要、公众需要。另一方面，全国各级红十字会经过吸收、整合，发展和建立了许多红十字志愿服务团体。这些团体的成员以前分属于各种行政部门、官方机构和民间团体。各级红十字会充分依托各地“红十字志愿服务工作委员会”的作用，以指导、调节的方式促进这些社会资源向红十字志愿服务团体的过渡，实现了社会化转型和社会资源的整合。

三是向特色和专业化方向发展。随着中国社会经济的快速发展，志愿服务特色化、专业化趋势越来越明显，红十字志愿服务转型的关键，包括志愿者的专业性、志愿服务项目的专业性和志愿服务管理队伍的专业性。在总会问卷调查中，关于“志愿者参与的红十字志愿服务活动”一项中，初步划分了 12 个领域，排在前五位的分别为推动无偿献血、艾滋病预防宣传、初级卫生救护培训、救灾救助、造血干细胞捐献。从以上排名可以看出，社会对红十字志愿服务的认可集中体现在专业领域上，这与各地在开展红十字志愿服务工作过程中，都比较注重红十字特色的凸显，重视在红十字会人道平台上实施特色活动密不可分。

四是向系统化和网络化方向发展。部分地方红十字会运用网络平台组织开展志愿服务工作，极大地提高了工作效能。从总会调研和信息反馈来看，各地红十字志愿服务团体存在的问题是缺乏管理分层，策划、管理和服务的工作完全由红十字会内部同一个部门，甚至由同一群人承担。志愿者之间分工不清楚，经常在同一水平上重复劳动，很难有创新的基础，而且积极性也难以维持。目前，中国红十字志愿服务团体正逐步从初创期的混合一体、层次不明、职责不清，向系统分工、层次分明、职责清晰转化，在此过程中，实现了分类和分层管理，并充分挖掘不同红十字志愿者的能力水平。

二、红十字志愿服务的内容和形式

红十字志愿服务领域广泛，内容丰富，形式多样，并且在实践中不断创新发展。

（一）红十字志愿服务内容

1. 按业务工作领域划分

2019 年 11 月，《中国红十字会总会关于加强红十字志愿服务工作的指导意见》指出："按专业、分领域"在应急救援、应急救护、人道救助、无偿献血、造血干细胞捐献、遗体和人体器官捐献、社区服务、养老服务、红十字精神传播、国际人道援助等领域积极开展红十字志愿服务工作。

应急救援领域。分一般应急救援服务队和专业应急救援队。一般救援队的志愿者利用其所掌握的心肺复苏、创伤救护四大基本技术（止血、包扎、固定、搬运），常见急症处置等技术，开展简单的救援服务。专业应急救援队的志愿者则利用其所掌握的搜救、专业设备使用、野外生存、医疗救护、心理援助等专业性技能进行志愿服务。目前，总会组织的志愿服务队包括赈济、医疗、供水、公共卫生、心理救援、搜救、水上救援 7 大类 21 支国家级红十字应急救援队，形成了有力的应急救援志愿服务力量，在历次国内外重大灾害救援中发挥了积极作用。

应急救护领域。依托志愿者传播红十字运动与应急救护的基本知识，在易发生意外伤害的教育、公共安全等领域以及交通运输、矿山、建筑、电力等行业中开展应急救护培训；推动红十字救护培训进社区、进农村、进学校、进企业、进机关，不断提高应急救护知识在人民群众中的普及率，发挥红十字志愿者在各类赛事活动中的作用。

人道救助领域。人道救助志愿服务的对象是老、弱、病、残、贫等最易受损人群，面临着急、难、险、重、脏、累的服务任务，建立健全由省、市、县专兼职人员组成的红十字志愿服务队伍，在脱贫攻坚和推动实施"红十字博爱送万家""红十字博爱家园""红十字天使计划"等品牌项目和活动中，依托志愿者把党和政府的深切关怀及社会爱心送到困难群众身边，在农村和社区开展以公共卫生、健康服务、大病医疗救助、扶贫帮困等为内容的社会救助活动。同时，红十字会在兴办医疗、康复、养老等与其宗旨相符的社会公益事业中可以依托专业志愿者力量。中西部尤其是西部欠发达地区更要积极发动志愿者参与红十字人道救助工作。

无偿献血领域。组织红十字志愿者每年在5月8日“世界红十字日”和6月14日“世界献血者日”以及寒暑假等用血紧张时段积极开展宣传招募活动，在社区、学校等公共场所宣传《中华人民共和国献血法》，宣传无偿献血的意义，科普献血知识、预防和控制经献血传播疾病等相关知识；日常做好无偿献血志愿者的联系联谊，对本级优秀志愿者加强鼓励与培养，不断挖掘骨干队员，增强组织和事业的凝聚力，进一步做好献血志愿者的服务与支持。

造血干细胞捐献领域。志愿服务贯穿于宣传、入库血样采集服务、资料处理、造血干细胞志愿捐献者再动员、出差采集高分辨血样、体检陪护、捐献陪护、运送干细胞、捐献者回访及其他有关造血干细胞捐献相关工作的各个环节。

遗体和人体器官捐献领域。动员群众参与遗体捐献工作，在遗体接受站为捐献者办理遗体接受、登记手续；前往医院、敬老院及卧病老人家中办理有关遗体捐献手续；到逝世的捐献者家中帮助料理遗体接受事宜等。依据人体器官捐献的相关法规制度，在宣传动员、捐献登记、信息接收、捐献见证、缅怀纪念、人道救助等环节开展志愿服务，确保捐献人及法定受益人的合法权益。

社区服务领域。以社区需要为导向，以群众需求为目标，主动融入社区，参与社区治理，组建社区红十字志愿服务队伍，开办社区健康安全讲堂，为社区居民办实事，开展社区人道援助，推进红十字志愿服务进社区活动，实施好各类红十字服务项目，做到政府认可、社区欢迎、群众满意。

养老服务领域。建立以红十字志愿者为核心的养老志愿服务队伍，组织志愿者深入家庭、社区和养老机构等开展针对老年人的志愿服务活动；依托红十字应急救护培训师资开展养老服务人员知识技能培训；发动志愿者在开展对老年人的公益援助项目中，优先服务面临困难的孤寡、高龄、失能等老年人。

红十字精神传播领域。主要通过组织各类新闻发布会、公益广告发布，筹办各种公益活动和社会活动，制作各类宣传品等形式，开展旨在结合培育和践行社会主义核心价值观、弘扬红十字精神和红十字运动、引领新风尚的志愿行动，向全社会传播红十字运动基本原则和人道精神，进而将这些理念生活化，带动周围更多的人互相尊重、互相理解，共同把人道精神融入日常生活，促进和谐社会建设。

国际人道援助领域。积极参与国际红十字运动事务和国家对外人道援助工作，将红十字会的对外人道援助工作纳入国家对外援助整体部署；发展同国际组织和其他国家红会的伙伴关系，共同致力于解决传统和非传统人道问题；服务“一带一路”人道援助需求，促进民心相通；为推动构建人类命运共同体贡献独特力量。

2. 按社会工作领域划分

国家鼓励在学校、社区、乡村、企事业单位等社会工作领域，依托所在地区红十字会开展红十字志愿服务活动，建立红十字志愿服务队伍；鼓励和支持在其他领域以具有红十字特色的形式组建志愿服务队伍。

红十字青少年领域。与学生的德育教育和素质教育紧密结合，以红十字青少年为主体开展的红十字志愿服务。

社区红十字志愿服务领域。以红十字进社区为载体，以社区红十字服务站、博爱超市为平台，建立社区红十字志愿服务组织，并逐步将红十字志愿服务活动向乡村延伸，积极引导城市志愿者到乡村开展红十字志愿服务，推动乡村红十字志愿服务工作的开展。

新闻领域。发挥新闻工作者作为红十字志愿者在参与红十字宣传时的积极性和主动性，成立红十字新闻志愿服务组织。

救灾救助救护领域。依托冠名红十字医疗机构，组建红十字应急救援组织；以社区（村）红十字志愿服务组织为基础，组建红十字人道救助组织；以医务工作者、初级救护员和红十字应急救护培训师资为基础，组建红十字应急救护组织。

其他领域。组建捐献造血干细胞、自愿捐献遗体、无偿献血、预防艾滋病宣传、项目管理、国际交流等志愿服务组织。

3. 新时代的红十字志愿服务工作

新时代红十字志愿服务工作的总体要求是：坚持以习近平新时代中国特色社会主义思想为指导，深入学习贯彻习近平总书记关于红十字事业和志愿服务工作的系列重要指示精神，贯彻落实《中华人民共和国红十字会法》和《志愿服务条例》，依照《中国红十字会章程》，坚持围绕中心、服务大局，坚持面向基层、服务群众，深化改革创新，完善体制机制，把志愿服务作为各级红十字会开展人道工作的基本方式、重要载体和主要抓手，大力弘扬“人道、博爱、奉献”的红十字精神和“奉献、友爱、互助、进步”的志愿精神，充分发挥红十字会作为党和政府在人道领域的助手和联系群众的桥梁纽带作用，为实现“两个一百年”奋斗目标、实现中华民族伟大复兴中国梦凝聚起更多的人道力量。

新时代红十字志愿服务工作的重点工作内容，主要包括：拓展红十字志愿服务工作领域，形成齐抓共管志愿服务的工作合力，融入国家志愿服务制度和工作体系，加强红十字志愿者队伍建设，大力发展红十字志愿服务组织，推动建立红十字志愿者协会，规范红十字志愿服务管理与服务，鼓励基层创新打造品牌项目，助力新时代文明实践中心建设，强化表彰激励，建立志愿者嘉奖制度，加强宣传引领等。

（二）红十字志愿服务形式

红十字志愿服务，具有多种形式。

1. 大型群体服务和特定对象服务

从志愿服务开展方式和服务对象看，可以分为大型群体服务和特定对象服务两种形式。

大型群体服务，主要指为大型音乐会、演唱会、体育比赛及重大展览、展销，以及各类文化、体育、商业等大型活动提供红十字志愿服务。这些群体性活动社会影响大、涉及面广、工作任务重，红十字志愿团体在其中能发挥出其独特优势。

特定对象服务主要有妇女、未成年人、老年人、农村特困人群、城镇下岗失业人员、社会流动人员、残疾人、优抚人员等。这些服务对象基本上都是社会易受损群体，是需要重点关注和帮扶的对象，也是红十字志愿服务的重点对象。

2. 双向服务和单向服务

从志愿服务双方的相互关系看，可以分为双向服务和单向服务两种形式。

双向服务，即志愿者向服务对象提供志愿服务，同时服务对象根据要求向志愿者反馈相关信息，具有“你中有我、我中有你”的特点，蕴含着志愿者、服务对象双方共同成长的意义，也是志愿者和服务对象双方追求的理想目标，可以帮助志愿者释放助人热情，从而在日常志愿服务中传播志愿理念、动员和发展更多的志愿者参与。

单向服务，仅仅是志愿者向服务对象提供志愿服务，其关注的是服务对象的成长和受益。

单向服务是志愿服务的初级模式。双向服务是志愿服务的高级模式，是单向服务发展的必然趋势。

3. 大众型服务和专业化服务

从志愿服务的类型看，可以分为大众型服务和专业化服务两种形式。

大众型服务，指技术含量较低的一般性服务活动。如大型活动中的后勤保障工作。

专业化服务，指具有某项专业知识技能或获得专业资格的人提供的服务和援助。如专业社工师，心理健康、支教及法律援助人员等。

随着经济社会的发展，社会问题的复杂性、多样性明显增强，解决问题的难度不断加大，对社会福利、社会救助、社区服务等专业化社会工作的需求越来越多，要求越来越高。

大众型服务和专业化服务，两者联动引发的循环效应，可以使志愿服务理念、志愿服务精神深入人心，吸引社会各界的人士投入“服务社会、奉献关爱”的行动中，社会参与的范围与层次得到不断延伸和扩展。

4. 补救型服务和预防性服务

从志愿服务的目标导向看，可以分为补救型服务和预防型服务两种形式。

补救型服务主要是指突发事件发生后所采取的应对性措施等服务。

如遇到心搏骤停等应急情况后所采取的应急救护措施等服务。一般是应急情况下开展的专业性较强的志愿服务。

预防型服务主要是指从预防角度出发，在灾害、事故等应急情况尚未发生时所从事的志愿服务。如防灾减灾演练、健康科普教育；又如红十字应急救护培训志愿服务，就是秉承“人人学急救、急救为人人”理念，以学习掌握应急救护相关知识和技能而开展的服务，主要是防患于未然。

补救型服务和预防型服务两者互为补充，是构成红十字志愿者服务社会的两个方面。

（三）推进红十字志愿服务创新

新时期，红十字志愿服务对创新发展提出了新的要求。

1. 更加注重个性化和多元化

中国红十字志愿服务的传统是注重政治意义和社会动员，注重群体性服务的发动，强调志愿服务要体现社会主义优越性，促进社会主义精神文明建设。随着红十字志愿服务的深入发展，出现了新的变化和要求，即转向更加注重社会意义和个体自愿，更加注重提供具体服务和考量服务的社会效益。同时，在充分发挥组织力量进行发动宣传、激励志愿者参与之余，红十字志愿服务也在强化社会招募机制，强调满足志愿者追求个体兴趣爱好的需要和社会的多元需求。

2. 从注重服务转向注重参与发展

随着经济社会的发展，红十字志愿服务结构发生巨大的变化。志愿者来自各个单位和不同的行业，有着自己独特的生活和行为方式，都具有强烈的独立权益和民主意识，参与志愿服务的意愿越来越强烈，志愿服务作为一项社会公共产品，就是要以志愿者参与管理为主导，以志愿服务阵地为平台，吸引更多人参与，从而履行社会公民义务。组织志愿者和志愿组织参与城乡社区治理和服务，通过服务融入社会，参与社区治理，激发公民意识，培养公民素养。

志愿服务组织和志愿者参与服务，建构起参与式治理的理念，这种参与式服务模式，让不同专业、领域的志愿者直接参与志愿服务全过程，而不像以前那样只投入服务，不了解服务对象的背景及沟通的具体环节等情况，无法真正参与到志愿服务全过程中来。志愿者更加积极地参与志愿服务，有助于形成他们对志愿服务这一公共产品的认知，有助于增强他们的荣誉感和归属感，有助于培养公民志愿服务意识和公益情怀，以及危急时刻将自己的命运与社会命运相结合的认识。

3. 要处理好志愿服务的大众性和专业性之间的关系

《中华人民共和国慈善法》第六十四条明确规定："开展医疗康复、教育培训等慈善服务，需要专门技能的，应当执行国家或者行业制定的标准和规程。"社会上对专业志愿服务的需求很大，但专业志愿服务力量与需求还不相匹配，存在不小差距。

《志愿服务条例》界定志愿者为奉献"时间、知识、技能、体力"，无偿为社会公益提供服务者。在原有"时间、体力"的基础上，强调了"知识、技能"等要素，这将更加有利于专业志愿服务组织的发展壮大，开展研究和培训，大力提高志愿者的知识水平、技能水平，更好地服务城乡群众需求。

从《中华人民共和国慈善法》到《志愿服务条例》，提出了"大慈善""大志愿"的概念，志愿服务涵盖社会生活的方方面面，在推动社会创新治理的国家战略以及在经济建设、政治建设、文化建设、社会建设、生态文明建设五个方面都发挥着积极的作用。

"专业化"是志愿服务的核心竞争力。专业性志愿服务是指用某一领域的知识和经验帮助公益组织开展独立的发展项目，提供咨询、培训和教练服务。同时，志愿服务要求能够为有需求的普通人提供服务，做到"大众化"。只重专业化，公众的普遍性需求难获满足；而过于大众化，缺乏自身特色与技术含量，会最终丧失竞争力。

红十字志愿服务要处理好大众化与专业化之间的关系，一是需要从了解服务对象需求入手，使服务与时代发展相吻合，否则专业化服务难以有效。二是需要精准确立服务对象。明确服务对象需求是展开有效服务的前提，分类专业化服务，才真正满足了各个群体的需要，从整体上实现了大众化服务。三是使用先进的服务手段。明确服务目标之后，必须运用先进的服务手段，才能将有效的服务呈现给服务对象。这是红十字专业化服务的要求，更是实现大众化服务的需要。

重大活动或突发的重大公共事件，社会关注度高，影响力大，所需志愿服务呈现量多面广的特点。红十字组织参与其中，除开展大众化志愿服务之外，更宜采取差异化策略，集中有限资源对最需要的地区和人群开展针对性的服务，通过红十字专业化服务，充分发挥专业职能优势，在专业化精准服务的同时，提高红十字志愿服务的美誉度。

2020年新冠疫情防控及之后的复工复产中，各行各业红十字志愿者在参与社会捐赠、救护转运、消毒灭杀、知识宣传、社区防控、心理援助等专业化服务中，成为逆行出征的另一支队伍，收获无数点赞，较好地弘扬了“人道、博爱、奉献”的红十字精神。

4. 要大力发展预防型的志愿服务

志愿服务是社会治理的重要力量，大力发展预防型志愿服务，助力社会治理体系和治理能力现代化，具有重要意义。红十字会作为应急管理体系成员单位，可以发挥其在应急救护、防灾避险、生命安全、健康科普、公共卫生等方面的优势，组织志愿者积极宣传，传授相关知识和技能，在确保人民群众生命安全健康方面夯实基础，有所作为。开展预防型志愿服务，需要结合当地实际情况，经过深入调查和科学研究，通过和应急管理、卫健、疾控等相关部门机构的共同努力，不断改进体制机制，不断提高公共卫生质量，从而为提高中国居民的生命健康水平贡献力量。

三、红十字志愿服务网络

红十字志愿服务工作领导机构和红十字志愿服务队、红十字志愿服务组织以及红十字志愿服务基地等，共同构成红十字志愿服务网络体系，在红十字志愿服务工作中发挥了重要作用。

（一）红十字志愿服务工作领导机构

县级以上红十字志愿服务工作委员会是当地开展红十字志愿服务工作的领导机构，各级红十字志愿服务工作委员会是在本级红十字会常务理事会领导下的专门工作委员会，由红十字会相关理事、专兼职干部及热心红十字事业的志愿者组成，遵照《中国红十字志愿服务工作委员会职责》开展工作。

各级红十字志愿服务工作委员会办事机构设置在同级红十字会，任期与理事会换届同步。

红十字志愿服务工作委员会的主要职责有6个方面：一是协助本级红十字会开展红十字志愿服务工作；二是与有关部门协调，制定和完善红十字志愿服务政策和规章制度；三是召开红十字志愿服务工作会议，制订红十字志愿服务工作计划，负责重大项目实施、专业队伍建设、志愿服务宣传、志愿者培训等；四是表彰和奖励红十字志愿服务组织和红十字志愿者，鼓励更多的个人和机构参与和支持红十字志愿服务工作；五是开展跨地区的红十字志愿工作交流；六是维护红十字志愿服务组织和红十字志愿者的合法权益。

（二）红十字志愿服务队

红十字志愿服务队是红十字志愿服务团体的基础形态，是由各级红十字会组建和指导，由红十字志愿者组成，从事志愿服务活动的团队。

红十字志愿服务队的组建有一定规范。具备条件的团队，经所属红十字会批准和登记备案，可申请成立红十字志愿服务队：一是有一定数量的志愿者；二是有规范的名称，其名称符合法律、法规的规定，与其服务范围、志愿者分布、活动地域相一致，能准确反映其特征；三是有相应的规章制度；四是有固定的志愿服务活动；五是有开展志愿服务活动的骨干人员。

根据群众需求和当地工作实际，立足提供便民惠民利民的多样化服务，积极组建具备专长的红十字志愿服务队，做到“成熟一支、组建一支”，“建成一批、巩固一批”。

注重遴选培养红十字志愿服务队带头人和骨干，充分发挥其在带队伍、抓建设、组织活动、开展服务等方面的作用，为志愿服务队可持续发展打好基础。

（三）红十字志愿服务组织

红十字志愿服务组织是指依法成立，由各级红十字会组建和指导，由红十字志愿者组成，以开展志愿服务为宗旨的非营利性组织。红十字志愿服务组织，是红十字志愿服务团体的高级形态。比较成熟、具备条件的红十字志愿服务队可依法登记注册成为红十字志愿服务组织。

通过培训提升、扶持孵化、项目资助和政策指导，推动志愿服务队成为依法注册、自主管理、自我发展的红十字志愿服务组织，并充分发挥其在志愿服务中的示范引领作用。

具备条件的红十字志愿服务队，经所属红十字会批准和登记备案，可依法向所在地民政部门申请成立红十字志愿服务组织：一是有数量较多的、稳定的志愿者；二是有规范的名称，其名称符合法律、法规的规定，与其服务范围、志愿者分布、活动地域相一致，能准确反映其特征；三是有规范的组织架构和相应的规章制度；四是有固定的、成规模的志愿服务活动；五是有比较成熟的负责人和与开展志愿服务活动相适应的工作人员。

指导红十字志愿服务组织建立健全管理制度和信息公开制度，提升管理水平和服务群众的能力。

推动具备条件的红十字志愿服务组织设立党的组织，开展党的活动。

有条件的省级和市级红十字会可以建立红十字志愿者协会，发挥协会的联络、协调、服务作用，吸纳有影响力的红十字志愿者骨干和志愿服务组织，提升协会的权威性和代表性；加强协会自身建设，提升协会服务能力，协助志愿服务组织做好登记、年检、评估、信息公开，助力红十字志愿服务组织健康有序发展。

（四）红十字志愿服务基地

红十字志愿服务基地，是组织和开展红十字志愿服务活动的重要基础和必要场所。加强红十字志愿服务基地建设，有利于解决红十字志愿服务供需信息不对称的矛盾，增强红十字志愿服务工作计划性和实效性，提高红十字志愿服务团体和红十字志愿者的积极性。

依托学校、社区和企事业单位，整合新时代文明实践中心（所、站）、文化礼堂等群众性活动场所，建设博爱家园、社区（村）红十字服务站、红十字博爱卫生站、博爱超市、红十字救护站、博爱校医室、博爱健康 E 站、献血屋、“生命礼赞”场所等多种形式的红十字志愿服务基地。

探索建立集组织、协调、实施、评价、激励、展示等功能于一体的红十字志愿服务基地。各级各类红十字服务阵地向所有红十字志愿者和志愿服务团体开放，推动红十字志愿服务工作生动、广泛、有效开展。

明确红十字志愿服务基地的标准：一是能提供红十字志愿服务活动开展所需的活动场所和办公条件；二是有热心红十字事业且相对固定的负责人；三是有相应的红十字志愿活动内容或项目；四是与红十字志愿服务组织有协议，愿意接受红十字志愿服务组织的指导；五是能积极配合开展红十字志愿服务活动，并能创造良好的环境。

注重发展和吸收有专业知识和技能的志愿者参与红十字事业，无论他们在职或已经退休。中国社会老龄化进程很快，但老年人的健康水平和寿命也不断提高。吸引身心健康的退休人员加入红十字志愿者队伍，也是一项重要工作，让他们学习了解红十字文化，将他们的知识和技能贡献给红十字相关的志愿服务，不但可以极大地提高红十字志愿服务的质量，同时也可以提高退休人员的生活质量，促进社会的和谐健康发展。

大力加强对各类红十字志愿者的培训工作，使其逐步学习掌握红十字文化内涵，了解国内外红十字工作发展的历史和现状，不断提高志愿服务的专业知识和技能。红十字志愿者培训也应成为红十字文化传播的重要部分，经过培训使其可以在参与红十字志愿服务的过程中，提高对红十字志愿服务的自觉性和主动性，使各类别红十字志愿者队伍既是志愿服务队，同时是红十字理念和文化的宣传队和播种机，服务和影响更多的人民群众。

第二节　红十字青少年工作

红十字青少年是推动红十字运动发展的重要力量。红十字青少年工作是红十字事业的重要组成部分。中国红十字青少年工作经历了不同发展时期，各有其主要内容与特点。在新时期，推动红十字青少年工作的创新与发展已成为红十字会的一项重要任务，应当大力发挥红十字青少年工作助推思想道德建设的重要作用，大力组织开展好学校红十字工作。

一、红十字青少年工作的发展历程

20 世纪 20 年代末，中国红十字会响应红十字会协会的倡导，在国内开展红十字青少年工作。百年来，中国红十字青少年工作走过了不平凡的发展历程。

早在红十字国际委员会筹备之初，其创始人亨利·杜南就期盼“所有的人都能在各自的领域里，用不同的方式力所能及地做些事情来帮助开展这项慈善工作”，其中也饱含着对青少年的殷切期望。1870 年，普法战争时，荷兰的中小学生利用旧亚麻布自制绷带，以作战伤救护之用。1880 年，英荷布尔战争时，加拿大的学生以枫叶为标志，志愿为红十字会工作。

中国红十字青少年与其他国家红十字青少年一样，是红十字运动的一支重要力量和生力军。为响应红十字会协会的倡导，早在百年前的中华大地，红十字青少年工作便已走进学校，向青少年学生广泛传播红十字知识和理念。但中国红十字会因忙于其他的救济救护任务，没有进行有效的宣传，也没有制定妥善的组织管理方法。入会的青少年人数很少，尚未形成正式的组织。

从 20 世纪 30 年代开始，中国红十字青少年工作进入正式规范发展阶段，近百年来经历了 6 个阶段，各有其侧重点。

（一）20 世纪 30 年代，设立专部，发展会员

1933 年，《中华民国红十字会管理条例》及《中华民国红十字会管理条例施行细则》出台，规定理事会下设青年、妇女两部。

1934 年，中国红十字会在发起第一次征求会员活动时，就明确规定设有“学生会员”。

1934 年，中国红十字会第四次全国会员大会在上海举行，会上提出“减低会员会费，多收青年会员”的建议。

1935 年开始实行的中国红十字会总会理事会及监事会组织规程中，则正式提出设青年部、妇女部，青年部以推广学校卫生，发展儿童博爱精神，训练公众服务并增进国际间友谊为目的，并对组织的方法做了详细的规定。

1937 年，淞沪抗战时期，上海童子军佩戴红十字臂章，配合红十字

救护队员活跃在救护伤病员的第一线。

此后不久，全面抗战爆发，中国红十字会把全部精力用于开展救死扶伤的医护工作，无暇顾及红十字青少年组织训练问题，也没有正式把红十字青少年工作落到实处，直至抗战胜利后的红十字会“复员”时期。

（二）“复员”时期（1945—1948），内外相促，破土成长

“复员”时期，在国际国内两方面因素的相互促进作用下，红十字青少年工作有了较大的发展。

首先，国际红十字运动的推动。1945 年 10 月 15 日至 11 月 2 日，红十字会协会在日内瓦召开了各国红十字会代表咨询会议，其中关于红十字青年会员组织的讨论就有 3 次。与会各代表几乎一致认为推行红十字青年会员运动，确系灌输红十字会的博爱人道思想和根绝战争保障和平最彻底最有效的方法。会议形成决议：已有红十字青年部的各国红十字会，应立即增加其人员、经费，精心组织，使红十字青年运动能吸收全部学校儿童；没有红十字青年部的各国红十字会要立即开始组织。中国红十字青年组织就是在这种国际环境下破土成长的。

其次，国内形势变化的推动。一是红十字会社会服务活动需要红十字青少年参与。抗战胜利后，红十字会工作的重心由医疗救护转向为和平建设服务，社会服务范围逐渐扩大，减免灾难、预防疾病、增加健康成为这一时期工作的重点。许多服务项目是青少年能力所及的，红十字青少年认真学习训练，积极参加社会服务，锻炼身心，养成品格，同时也增加了红十字会服务社会的力量。二是红十字会增强自身实力需要红十字青少年加入。据国际联合会的报告，截至 1945 年 11 月为止，共有 49 个国家有此种组织，会员 3 000 万人。面对如此庞大的数字，中国显然大大落伍了。战争时期，中国红十字会忙于伤病救护，在抗战结束稍事喘息之际，看到国外红会的强大与自己的羸弱。为赶超其他国家，必须发展壮大自己的力量，发展红十字青少年就成为其中重要的一项。

在国际和国内形势的推动下，中国红十字青少年工作得以重新开展。

1946 年，中国红十字会总会制定了《复员期间中华民国红十字会总

会组织规程》，在重新调整的四处二室中，特设第三处，分管青年、妇女两课，加以推进。在当年的征募运动中，红十字会注意了青年会员的征求，同时也开始了青年会员的组训，红十字青年服务团与红十字少年会成为“复员”时期红十字会所办的两大青少年组织。

1948 年 1 月，中国红十字会总会成立红十字少年委员会，制定《红十字少年委员会组织暂行简则》和《学校团体组织红十字少年会办法》等。

但由于时局原因，红十字青少年工作尚未大规模开展就被迫停止。

（三）改组新生时期（1949—1976），翻开新篇，壮大队伍

1950 年，中国红十字会协商改组。红十字青少年工作翻开了新的一页。1950 年总会一届二次理事会审议通过的《中国红十字会总会组织规则》明确设立组织组，负责办理分支会组织，会员吸收与登记，红十字少年教育及干部训练等事项。1951 年总会一届三次理事会审议通过的《中国红十字会会员制度暂行规定》明确规定，会员名称暂分成年会员、少年会员和名誉会员 3 种。1952 年，中国红十字会在学校中开展红十字青少年工作，受到教育部门的支持和学校欢迎。有关资料显示，1956 年，中国有红十字青少年 7 万多名，训练了 15 000 多名红十字卫生员，而到了 1957 年，红十字青少年就猛增到 18 万多名。

1956 年，中国红十字会还参加了匈牙利、黎巴嫩、南非联邦分别举办的国际红十字青少年作品展览会，并且为此征集了一批红十字青少年的作品。

1961 年召开的中国红十字会“二大”指出，发展会员的主要对象包括中等学校和小学的学生。“二大”审议通过的《中国红十字会章程》明确规定：小学年满 9 岁的学生和中等学校学生，可参加中国红十字会为红十字青少年会员。学校可以成立红十字会，负责领导开展本单位的红十字工作；班级可以成立红十字卫生站。红十字卫生站是红十字会的基层组织，是会员的活动中心。

“文化大革命”时期，红十字青少年工作处于停顿状态。

（四）国内工作恢复时期（1977—1992），逐步恢复和发展

“文化大革命”结束后，各级红十字会逐步恢复工作，红十字青少

年工作也逐步恢复和发展。

1979 年，中国红十字会召开的“三大”指出，要继续开展小学和中等学校的红十字青少年工作。要继续开展红十字青少年国际交往。总会为帮助红十字青少年学习，先后出版和编印了《红十字青少年辅导教材》《国际红十字青少年活动资料选编》。至 1984 年年底，全国已有 4 965 所大中小学恢复或建立红十字组织，青少年会员发展到 41 万，占红十字会员总数的 1/4。

1985 年中国红十字会召开的“四大”把“继续做好红十字青少年工作”作为 7 项主要任务之一，明确要求：中、小学红十字青少年组织要进一步巩固并逐步发展。大学的红十字会基层组织，在不断总结经验的基础上适当发展。要不断总结经验，提高中、小学红十字青少年组织的活动能力，使活动规范化、制度化、多样化、知识化、趣味化，适应青少年的特点，成为培养人才、促进精神文明建设的重要阵地。中国红十字会“四大”以来，红十字青少年运动十分活跃，组织和会员蓬勃发展。到 1993 年，全国共有 3 万多所学校建立红十字会，拥有 750 万青少年会员。

1987 年 11 月，中国红十字会总会和国家教委联合在四川成都召开全国红十字青少年工作座谈会，审议了开展红十字青少年活动的 6 条意见，并在红十字青少年组织的地位、作用、工作内容、活动开展、组织发展和今后工作等 6 个主要问题上达成了共识。1988 年下半年，总会成立了红十字青少年部，统一指导全国的红十字青少年工作。1993 年 3 月，改为组织青少年部。

在这一时期，中国红十字会总会和各地红十字组织举办了多种形式的红十字特色活动和夏令营，受到学生和学校的欢迎。广大红十字青少年活跃在校园内外，宣传卫生知识，救护小伤小病，协助校医防治学生常见病。他们还积极开展为孤寡老人、烈军属和残疾人服务，出现了许多“送温暖小组”，红十字青少年成为各地“学雷锋树新风”“五讲四美三热爱”“文明礼貌月”活动的主力军。

1988 年 6 月，中国红十字会总会和国家教委制定下发《学校红十字会工作暂行规程》，对学校红十字的性质、宗旨、任务、领导机构等做出了明确规定。这个规程的贯彻实施，标志着中国红十字工作开始步入规范化的轨道。

1991 年 7 月，中国红十字会总会和国家教委联合在山东青岛召开红十字青少年工作会议，提出红十字青少年要在“五个结合”上下功夫，指明了工作方向。

（五）依法建设时期（1993—2004），覆盖广泛，交流活跃

1993 年 10 月，《中华人民共和国红十字会法》颁布实施，该法明确规定“开展红十字青少年活动”是红十字会的职责。这标志着中国红十字青少年工作进入依法建设时期。

红十字青少年组织和会员迅速增加，截至 1995 年年底，全国有 544 所大专院校、11 273 所中学建立了红十字青少年组织。1996 年，中国红十字会总会和国家教委明确，红十字青少年工作的重点内容就是加强精神文明建设、突出思想道德教育、提高青少年素质。1997 年，各地红十字会相继成立学校工作委员会。1999 年，全国拥有红十字青少年会员 918 万人，学校红十字工作和红十字青少年活动十分活跃，青少年活动作为学校开展道德教育的一种重要辅助形式，其作用得到充分发挥。2001 年，红十字青少年会员占会员总数的 50%。2004 年，全国有 17 个省（区、市）成立了学校红十字工作委员会，建立学校红十字会 27 898 个，红十字青少年会员累计 1 255 万人，占全国红十字会员总数的 54%。

与此同时，红十字青少年工作制度建设、组织建设也进一步得到加强。2001 年，总会与教育部联合对学校红十字会工作进行调研，依照《中华人民共和国红十字会法》对《学校红十字会工作暂行规程》进行修订，并于 2002 年 2 月印发《学校红十字会工作规则》。2004 年，总会和教育部制定出台《关于进一步推进学校红十字会工作的意见》。2005 年，中国红十字会总会、教育部、卫生部、共青团中央联合成立“全国学校红十字工作委员会”，作为指导和组织开展红十字青少年工作的协调议事机构；之后，省、市、县级红十字会也纷纷组建“学校红十字工作委员会”。中国红十字会总会和各省、区、市红十字会还设立专门的红十字青少年工作部门，地区、县（区）红十字会设立专干负责红十字青少年工作。

这一时期，国内外青少年交流更趋活跃。1995 年，中国红十字会总会先后率团赴奥地利参加“国际青少年学习与友好夏令营”，赴韩国参加“汉城第五届红十字青少年国际和平夏令营”。1996 年 7 月，以“青少年志愿者与志愿服务”为主题的国际红十字青少年夏令营在山东省烟台市开营，来自丹麦、德国等 12 个国家和地区的红十字青少年和中国红十字青少年参加；8 月，中国红十字青少年代表团应邀前往泰国，参加第七届亚太地区青少年夏令营。1997 年 8 月，应台湾红十字组织邀请，大陆红十字青少年代表团前往台湾，参加海峡两岸红十字青少年夏令营。1998 年 8 月，以“人道主义与红十字”为主题的国际红十字青少年夏令营在吉林省长春市、吉林市开营。同年，中国红十字会委托天津红十字会组团参加土耳其红新月会举办的“青少年与健康”国际夏令营活动。1999 年，总会和地方红十字会组团参加了韩国、越南红十字会举办的国际红十字青少年夏令营和土耳其红新月会举办的国际青少年和健康夏令营。2000 年，总会派员参加澳大利亚举办的国际青少年会议和泰国举办的第八届亚太地区国际青少年联谊会；分别组团参加了在德国、韩国、马来西亚等国举办的国际夏令营。

（六）快速发展时期（2005 年至今），走向国际

2005 年，中国红十字会总会制定出台《红十字模范校表彰管理办法》，并在 2007 年评选产生了首批 100 所全国红十字模范校。2005 年，总会还联合教育部、卫生部、共青团中央在北京召开全国红十字青少年工作会议，并印发《关于加强学校红十字会工作的指导意见》。2011 年，总会又联合教育部、卫生部、共青团中央在天津召开全国红十字青少年工作会议，审议通过《中国红十字青少年工作 2011—2015 年发展规划》。2015 年召开的中国红十字会“十大”提出，扎实开展红十字青少年工作，以人道传播、健康促进、志愿服务为核心，引导青少年参与人道事业。2017 年修订后的《中华人民共和国红十字会法》明确“国家支持在学校开展红十字青少年工作”，并把“组织开展红十字青少年工作”作为红十字会的职责。2019 年召开的中国红十字会“十一大”强调，推进红十字青少年工作进校园。坚持分类施策，针对不同层级学校，传播红十字运动知识，开展防灾避险、自救互救以及预防艾滋病、

禁毒、不吸烟等生命健康教育。将红十字青少年工作融入未成年人思想道德建设和大学生思想政治教育，为青少年提供道德实践平台，帮助其树立人道理念，弘扬社会文明新风尚。

2020 年 8 月，总会、教育部联合印发《中国红十字会总会　教育部关于进一步加强和改进新时代学校红十字工作的通知》，学习贯彻习近平总书记关于群团工作重要论述和红十字事业重要指示精神，体现以红十字工作助力培养德智体美劳全面发展的社会主义建设者和接班人的目标，把做好红十字青少年工作作为践行社会主义核心价值观的重要抓手，作为实施素质教育、加强和改进新时代学校卫生与健康教育工作的有效途径，作为推进红十字会改革的重要举措，从加强健康教育、开展志愿服务、传播人道理念、增进交流合作、加强阵地建设、加强组织领导等方面对加强和改进新时代学校红十字工作做出部署，提出明确要求。该通知印发后，各地教育部门、红十字会积极行动，抓好落实。

这一时期，红十字青少年工作在学校中蓬勃发展，红十字青少年国际交流更加活跃，红十字运动基本知识传播、形式多样的红十字志愿服务、救护知识普及和救护员培训、宣传动员自愿无偿献血和捐献造血干细胞、预防艾滋病和青年同伴教育等，成为红十字青少年工作的主要内容。截至 2019 年，中国红十字青少年会员 1 179 万人，占会员总数的 70%，红十字组织在青少年群体中开展的应急救护培训、防艾同伴教育、探索人道法课程、青春善言行等人道倡导项目，已经使数以千万计的青少年从中受益。

在国际舞台上，中国红十字青少年也发出了越来越响亮的声音，发挥着越来越重要的作用。从 2005 年开始，红十字会与红新月会国际联合会设立两年颁发一次的“青年行动奖”，中国红十字会已经两获殊荣。中国红十字会还在国际红十字青年网络建设方面发挥积极作用，取得实质性成果，并成功承办第二届亚太和中东地区青年峰会，签署北京青年宣言。红十字志愿者任艺成功当选东亚地区青年网络主席、亚太地区青年网络执委。2017 年年底，红十字会与红新月会国际联合会第 21 届全体大会在土耳其安塔利亚举行，来自 188 个国家红十字会、红新月会代表团 1 500 余名代表参会，3 名中国红十字青年代表受邀在大会青年论坛做专题分享，积极推动“青年政策”和“青年参与战略”的贯彻施行。

二、红十字青少年工作的主要内容与特点

通过长期的探索和实践，当前中国红十字青少年工作主要包括7个方面的内容，并呈现出国际性、时代性、公益性、地域性、教育性等显著特点。

（一）红十字青少年工作的主要内容

1. 红十字运动基本知识传播

青少年是红十字运动基本知识传播的重要对象。针对青少年特点，学校红十字会把传播红十字运动基本知识融入学校各类社会实践活动中，积极开展具有红十字特色的演讲比赛、征文比赛、知识竞赛、夏（冬）令营等活动。通过此类活动，极大地增强了红十字会的影响力，也为在广大青少年群体中传播“人道、博爱、奉献”的红十字精神打下了坚实基础。

2. 红十字志愿服务

红十字青少年志愿者是中国志愿服务的一支重要力量，各级红十字会根据大、中、小学的不同特点，积极组织不同内容和不同形式的志愿服务，产生了良好的社会效应。在青少年群体中开展志愿服务，增强了红十字青少年为社会无私奉献的意识，培养了他们良好的道德品质，也为社会主义精神文明建设做出了积极的贡献。

3. 救护知识普及和救护员培训

学校将救护知识普及和救护员培训列入健康教育工作的内容。学校红十字会主要针对青少年的不同生理、心理特点，与少先队、共青团活动相结合，以青少年喜闻乐见的形式，开展救护知识普及和救护员培训，不断增强学生自我保护意识，提高自救互救能力。

4. 自愿无偿献血和捐献造血干细胞

通过在广大青少年群体中宣传自愿无偿献血和捐献造血干细胞科普知识，树立青少年的科学意识，提高青少年的认知水平，在倡导自愿的基础上，鼓励和引导广大青少年参与捐献活动。在高校学生献血队伍中，有许多是红十字青年会员，他们用自己的实际行动弘扬了人道精

神。目前，在很多高等院校中，“我献血、我光荣”“捐献热血、分享生命”已蔚然成风。

5. 预防艾滋病和青年同伴教育

结合中国国情及有关政策，红十字会一直致力于开展艾滋病预防和青年同伴教育等项目，以举办培训班等多种形式向广大青少年讲授艾滋病、性病、毒品等方面的预防知识，将通俗易懂的艾滋病预防知识传授给青年人，使他们远离毒品，远离不良行为，远离艾滋病，达到了预期的传播效果。

6. 国际和地区间的交流与合作

在中国红十字会总会的指导下，全国各级学校红十字会积极参加国际红十字青少年之间的友好交往活动。各地红十字会结合实际积极举办不同范围、形式多样、内容新颖的红十字青少年夏（冬）令营活动。这些活动既增进了国际和地区间红十字青少年的友谊和了解，也促进了国际红十字青少年运动的发展。

7. 传播人道理念

将中华民族孝慈仁爱传统与国际红十字运动原则相结合、培育社会主义核心价值观与传播红十字精神相结合，在学校积极宣传中国红十字会法和红十字运动基本知识，弘扬“人道、博爱、奉献”的红十字精神。广泛开展青春善言行、探索人道法、人道辩论赛等人道主义教育项目，开展具有红十字特色的交流营、训练营、文化节、主题竞赛、创新传播等活动，发挥校园媒体、网络平台、第二课堂等宣传阵地作用，倡导保护人的生命与尊严的理念，涵养道德品质，引领社会风尚。

（二）红十字青少年工作的主要特点

1. 国际性

中国红十字青少年运动是国际红十字青少年运动的重要组成部分，随着国际经济政治关系日益密切，红十字青少年之间的交流也越来越频繁。

1985 年，中国红十字会总会举办红十字青少年国际联欢活动，邀请朝鲜、日本等 10 个国家和地区的红十字青少年代表参加。1987 年，在昆明市举办首届国际红十字青年夏令营，美国、日本、奥地利、印度等国及中国 13 个省（区、市）红十字青少年参加。1988 年和 1991 年，又分别在秦皇岛、哈尔滨举办中国国际红十字青年夏令营。1997 年，韩国红十字会辅导员访华团一行访问中国红十字会。

不仅如此，中国红十字青少年还走出国门，积极参与国际交流活动。1997 年，北京市红十字会选派 4 名红十字青少年，代表中国红十字会前往德国参加第 17 届红十字青少年急救比赛，在分项比赛中获得了“保护儿童”项目的特别奖。当年 9 月，中国红十字会总会派员参加了在澳大利亚举办的主题为“联系未来”的青少年会议，在日本举办的红十字青少年国际交流活动。各省（区、市）红十字会也以不同形式纷纷参与红十字青少年国际交流活动。如北京市红十字会 2002 年开始与日本和韩国的首都红十字会合作，每年轮流在三国的首都组织“中日韩三国首都红十字青少年交流营”活动；2011 年开始每两年一次组织中日韩三国红十字大学生交流营。

这些活动对于促进国际红十字青少年之间的友谊，相互交流工作经验，起到了很大作用。

2. 时代性

中国红十字青少年工作在不同的历史时期，顺应不同的时代要求，开展了许多内容新颖、形式多样、具有鲜明时代特色的活动。

夏令营是红十字青少年的传统项目，但时代的发展为其打上了新的印记。1993 年，首届闽台红十字青少年夏令营在厦门鼓浪屿开营。此次夏令营，拉开了两岸红十字青少年交流的序幕。截至 2024 年，两岸共举办了 30 多期夏令营活动。中国红十字会通过开展海峡两岸红十字青少年夏（冬）令营等活动，增进了两岸青少年的互信和友谊，为沟通和改善海峡两岸关系做出了贡献。

此外，红十字青少年工作还追踪时代热点，积极参与奥运会、世博会、亚运会、大运会等活动。2008 年，奥运会首次在中国举办，中国红十字会总会及各地红十字会都开展丰富多彩的活动，迎接奥运会的到来。这些活动把握时代脉搏，体现了鲜明的时代特色。

3. 公益性

长期以来，广大红十字青少年积极投身志愿服务，结合专业特长参与社区环保、科普、法律、健康教育等公益活动，助人为乐，奉献社会。

2008 年奥运会期间，中国红十字会组织了约 5 万名红十字志愿者参与志愿服务工作，包括：在场馆内医疗服务站点提供应急服务；在北京 550 个奥运城市志愿服务岗亭承担应急服务工作；在场馆外围、社区、商业街、旅游景点等设立奥运社会志愿服务站，广泛开展医疗、应急、咨询、宣传等服务。这些活动的开展，既弘扬了“人道、博爱、奉献”的红十字精神，又增强了红十字青少年的社会责任感，同时还锻炼了他们的社会活动能力。

4. 地域性

中国幅员辽阔，地区经济社会发展差异较大，各地红十字会结合本地实际，因地制宜地创新红十字青少年工作。

如上海市红十字会探索建立少儿住院医疗互助基金。该基金会自 1996 年实施以来，已为无数患病少年儿童支付医疗费用，保障了全市 200 余万少年儿童的身体健康。云南省红十字会自 2013 年开展“滇苗助学”项目，资助云南省边远地区孤儿、事实孤儿、单亲家庭孩子以及特殊贫困孩子继续学业，并在一对一助学的基础上，拓展了“一对一写信计划”“生日礼物计划”“滇苗助学训练营”“小小心愿”“博爱图书角”等多个子项目。2018 年“滇苗助学”项目获评中央文明办“最佳志愿服务项目”。截至 2024 年年底，共资助学生 9 000 人次。

这些活动的开展，不仅充分发挥了地方优势，还开拓了红十字青少年工作新的领域。

5. 教育性

学校是红十字青少年工作的重要基地。各省市红十字会应在辖区内的所有大中小学中建立红十字组织，让红十字会的工作触角深入到每一所学校，有条件的省（区、市）应将红十字文化及自救互助技能编写成适合各年龄段青少年的教材，加入学校的教学内容中，以促进全国各地学校红十字会积极开展内容丰富、形式多样、符合青少年特点的活动，突出红十字精神内涵，拓宽青少年的视野，丰富青少年社会实践内容。红十字青少年活动已成为推进学校德育教育和素质教育的有效途径和载体。

中国红十字会总会和地方红十字会通过举办红十字专栏、板报、专题广播、演讲比赛、绘画征文、文艺表演等，传播红十字运动基本知识和国际人道法。各地学校红十字会结合学校工作实际，加强救护知识普及和救护员培训，增强红十字青少年自救互助技能，提高学生的健康水平。北京市红十字会在全市大、中、小学中均建立红十字会，并组织了多支红十字青少年救护队；天津市红十字会与教育、民政部门联合开展红十字青少年“敬老服务基地”建设；湖南各级学校发动师生开展创建“爱心病房”“爱心福利院”活动；河北、江西、湖北、青海、新疆等地开展“三定一包”红十字青少年进社区活动。通过这些实践活动，不仅丰富了青少年第二课堂的内容，也有力地配合了学校德育教育和素质教育。

三、红十字青少年工作的创新与发展

青少年红十字工作是一项长期的、系统的、大众的、有益的事业，必须不断推进其创新发展。

（一）更新思想观念

开展红十字青少年工作，应当树立长远发展的理念，把当前效益与长远目标结合起来，推动工作可持续发展。

开展红十字青少年工作，应当走向开放，参与社会生活，面向社会、贴近社会、融入社会，充分调动社会公众的参与意识。

开展红十字青少年工作，应当创新工作模式，想方设法组织更符合学生兴趣特点的活动，充分调动学生的积极性和参与相关活动的热情。

（二）健全工作机制

开展红十字青少年工作，应当建立健全理事会工作制度、会员入会登记制度、红十字青少年活动制度、财务制度、学习与培训制度、评比奖励制度以及档案管理制度，以确保红十字青少年工作有序开展。其中，财务制度应做到公开透明，奖励制度落到实处，档案管理完整有序。创造性地开展红十字青少年工作，首先要实现红十字工作管理规范化、工作制度化、活动开展具体化。一般而言，学校重视，管理完善，有利于促进学校红十字青少年工作越做越好。如果学校领导把红十字工作看成学校整体工作的有机组成部分，纳入学校议事日程和年度工作计划中，在时间上给予保证，物资上给予支持，全校师生参与红十字活动的积极性必将显著提高。在有制度保证的前提下贯彻落实红十字青少年工作不是难题，理事会的工作会议制度，会员的定期学习、活动制度，卫生监察制度等有助于培养青少年科学健康的生活习惯。

（三）改善发展环境

实践证明，广泛宣传是提高社会公益服务意识的重要手段，红十字工作机构应把宣传工作作为一项长期任务来抓，不仅要针对青少年等群体，更要面向社会，面向广大有潜在影响力的组织机构，加强对外宣传与交流，提高公众的认知度与参与度，努力营造良好的社会环境。充分发挥辅导员、学校家长委员会、德育基地的作用，做好宣传工作，把红十字青少年工作作为德育教育的拓展补充的重要举措，开展综合公益实践活动和社区结对服务活动，形成齐抓共管的红十字青少年工作局面。要在讲座、板报、墙报等宣传途径的基础上，充分利用广播、电视、报刊等新闻媒介及微信、微博视频等新媒体向社会广泛宣传红十字青少年工作的作用和意义、参与的方式方法等，使红十字青少年工作深入到基层，进而扩大红十字青少年工作的社会影响，促进相关活动更有成效地开展。

（四）开展特色活动

红十字青少年活动包含讲座、竞赛、海报展等知识普及活动，救护知识和技能培训，同伴教育、防艾宣传等健康教育，募捐义卖等扶危济贫活动，无偿献血、造血干细胞捐献等多种类型的活动，常规性活动在长期开展过程中势必会遇到一些问题，一成不变的活动形式也会使人产生厌烦情绪。充分利用相关节日、纪念日等，抓住时事新闻开展红十字教育，在红十字青少年工作中充分发挥主观能动性，把握好主体活动与新颖类型的临界点，既保证常规性活动定期定量地开展，也适时地根据具体情况调整活动方式和一个时期的主题及重点，打造特色精品活动。红十字青少年工作应充分考虑当时、当地和学校的工作实际，突出地域特色，为本地区红十字青少年工作服务。对于小学生，侧重于健康知识教育，对于青春期的青少年，加强开展心理健康和青春期教育；临近社区的学校，可以开展具有红十字特色的社区助老活动，并成为学校的特色精品活动。

近年来，中国红十字会总会持续开展以健康安全为主题的红十字青少年社会实践项目。项目主要聚焦3个方面的内容。

一是生命健康安全教育。通过在学校、社区、企业等地针对相应的特定人群开展红十字应急救护培训、健康习惯改善、预防艾滋病及同伴教育等生命健康教育等活动，增强各类人群防灾避险、自救互救的意识和能力。

二是社区易受损人群服务。针对特定易受损群体（如残障人员、孤独症患者），策划主题活动，开展以社区为本的志愿服务，并形成常态化机制，增强社区恢复力。

三是人道精神理念传播。通过策划开展红十字精神文化传播等系列红十字特色活动，引导青少年参与人道事业，传播人道价值、弘扬人道精神，促进青少年健康成长。

中国红十字会总会负责活动整体统筹、指导和评估。各省级红十字会根据总会确定的资助方案与总会签订项目协议书，负责当地项目组织、申报、协调、指导和培训等工作。学校红十字会负责本校具体项目的申请和实施。

通过评审的项目，将获得国家彩票公益金资助。项目的实施，为加强高校红十字会工作，培养红十字青少年骨干，弘扬人道精神，促进红十字青少年工作在保护青少年健康成长、改善社会易受损群体生存境况上发挥了较为有效的作用。

（五）用好网络技术

在信息化时代，应全面运用互联网、大数据、云计算等现代化技术，对红十字青少年工作的资料进行加工处理，对传统的宣传途径做以补充，让信息化、数字化和面向社会传输的红十字信息转变。例如，利用网上发帖面向红十字青少年的知识宣传、问卷调查及志愿者招募等；利用计算机技术、多媒体技术等先进技术手段，形成集图、文、声、像于一体的多媒体视听材料和专题红十字报告，形象、生动、直观；网络技术应用于信息传输服务中，利用者可以通过网络来浏览、搜索相关材料和报名参加活动，使红十字青少年工作更高效、更广泛地进入大众视野。

四、红十字青少年工作与思想道德建设

红十字青少年工作具有德育功能，有利于促进思想道德建设。

（一）思想道德建设是红十字青少年工作的应有之义

《国务院关于促进红十字事业发展的意见》指出，要将红十字青少年工作纳入未成年人思想道德建设和大学生思想政治教育的整体规划。在青少年群体中开展红十字青少年工作，大力倡导“人道、博爱、奉献”的红十字精神，特别是体现人类最基本的道德情感、道德良知的人道主义精神，不仅有利于丰富学生的知识，更有助于提高思想品德修养，帮助学生树立正确的世界观、人生观和价值观，在关爱人的生命健康、倡导文明生活方式、提高社会公德意识方面发挥积极作用。

红十字青少年工作是中国特色红十字事业的重要组成部分，红十字青少年工作具有德育功能，将红十字青少年工作融入未成年人思想道德建设和大学生思想政治教育，探索将红十字青少年工作与德育素质教育、创建精神文明相结合，为青少年提供道德实践平台，帮助其树立人道理念，弘扬社会文明新风尚，让青少年在红十字活动中接受教育、健康成长，是加强和改进未成年人思想道德建设的有效途径，是推进学校德育教育和素质教育的重要切入点，是精神文明建设的重要内容，也是构建和谐学校、和谐社会的重要工作平台。坚持红十字运动宗旨和原则，不仅可以在青少年群体中启迪爱心，发扬传统美德，促进青少年之间的和谐相处，还有利于在全社会弘扬人道主义，加强社会主义精神文明建设。

（二）红十字青少年工作助推思想道德建设

一是教育内容上不断创新。学校、家庭和社会教育是未成年人思想道德建设3个重要环节。红十字会可以与教育行政部门密切配合，使红十字青少年活动制度化、规范化。加大对红十字青少年进行应急救护培训，开展心理健康、艾滋病预防、无偿献血、捐献造血干细胞等宣传教育，培养他们良好的道德品质，增强他们的自我保护能力。同时，注重加强对家长的培养，开展“小手拉大手”等生命健康安全教育项目就是一个很好的探索。在红十字青少年中传播红十字运动知识，特别是“人道、博爱、奉献”精神，可以从小培育他们关心他人、互助互爱、乐于

奉献的良好品行，点燃他们心灵中关爱生命、同情弱者、守望相助的火苗，发掘和强化人性向善的光明面，培育他们高尚的公共道德意识，帮助他们树立正确的荣辱观、价值观、道德观。同时，加强对教师的国际人道法培训。当教师通过培训，知晓、理解、接受和尊重国际人道法后，不仅能在学校向青少年传播人道精神，推广人道主义教育活动，而且能教育引导学生形成正确的世界观，并将人道原则融入日常言行之中，潜移默化中提升他们对生命和人格的尊重意识。将国际人道法融入未成年人思想道德建设和大学生思想政治教育之中，设立人道主义教育课程体系，编撰相关教材，必将为青少年提供道德实践平台，帮助其树立人道理念，为公民素质的提升打下基础。运用喜闻乐见的形式，将红十字“人道、博爱、奉献”的精神，寓于思想品德教育、国情教育、爱国主义教育和革命传统教育之中。通过开展不同形式的敬老助残、尊师爱幼、救死扶伤、扶危济困、捐资助学等德育实践活动与爱国主义、集体主义和社会主义等中华民族精神教育，进一步树立他们的民族自尊心和自信心，在学生心灵埋下真善美的种子。

二是协调机制上不断健全。充分发挥红十字会学校工作委员会的组织牵头和协调作用，定期研究和解决学校红十字会工作面临的困难和问题，发挥指导作用；教育部门把学校红十字会工作作为推进德育教育、素质教育的重要载体和抓手，纳入中小学校发展规划、考核指标及学科竞赛内容；共青团在活动组织、阵地建设、技术培训、人才保障等方面给予支持；各中小学校把红十字会工作纳入学校工作日程，提供后勤保障和活动时间，推进学校红十字工作健康发展。建立定期或不定期的联席会议制度，从各自不同角度和层面，切实担负起各部门在加强和改进未成年人思想道德建设和大学生思想政治教育中所应担负的社会责任。

三是文化传播上不断培育。抓好红十字文化传播，着力提升青少年红十字精神的培育能力。把红十字运动知识和文化传播放在学校红十字会工作首位，结合校园环境和校园文化建设，打造红十字文化传播阵地，开展经常性教育活动。学校红十字会应结合“世界红十字日”，开展新会员入会宣誓仪式或者“我是红十字人”主题宣誓，增强对红十字组织的认同感。根据不同年龄段学生的特点，组织开展红十字主题征文、演讲、知识竞赛，普及红十字基本知识。在学校广播、网络、刊物等设立红十字宣传专栏；开辟红十字文化长廊、宣传橱窗、文化墙等，广泛传播红十字文化和精神。同时，鼓励学校开展红十字相关课题研究。加强国际青少年工作交流，激发学生参与学校红十字会工作的积极性和主动性，使青少年在实践活动中感受爱国主义教育，拓宽视野，为青少年实现人生出彩搭建更广阔的舞台。

四是实践形式上不断多元。根据不同年龄段青少年学生特点和成长规律，将红十字青少年活动与少先队、共青团活动等相结合，开展形式多样的志愿服务活动，打造特色化的志愿服务品牌。在自愿原则基础上，有条件的学校可以通过开展校园义卖、亲子捐助、师生互助等形式，筹建学校红十字会人道互助基金，对因突发意外或自然灾害暂时陷入困境的青少年学生及其家庭给予人道救助。在红十字青少年工作中，应当注意调动青少年的积极性，培养他们主动参与、争相参与的意识，培养青少年的奉献精神和博爱情怀，提高青少年的思想道德素质，让他们在服务中收获快乐，在奉献中得到成长。

五、红十字青少年工作与学校工作

红十字青少年工作与学校工作紧密相关，要大力推动红十字青少年工作融入学校工作。

（一）学校红十字会工作的重要意义

青少年是祖国的未来，是民族的前途和希望。做好青少年工作，是新形势下全面贯彻党和国家的教育方针、推进德育教育和素质教育、落实立德树人根本任务的重要举措。

在学校宣传和普及红十字运动知识，推动红十字事业全面发展，动员和组织广大青少年参加具有红十字特色的实践活动，在广大青少年中弘扬“人道、博爱、奉献”的红十字精神，既是对仁爱思想和人道理念的有效传承，也是建设社会主义核心价值体系的生动实践，有益于师生践行社会主义核心价值观，有益于广大青少年学生提高社会责任，培养人格素质，增长知识才干，把握人生方向，有益于使广大青少年树立正确的世界观、人生观和价值观，成为德智体美劳全面发展的社会主义事业合格建设者和可靠接班人。

（二）学校红十字会工作的主要内容

针对各级各类学校和青少年的成长规律，可以分别开展不同内容、不同层次的活动。

在小学，重点开展红十字运动基本知识宣传，培养自救互救能力和自我保护能力，动员青少年就近就地参加红十字志愿服务等活动，树立青少年敬老助残、尊师爱幼、互助互爱的思想道德观念，达到了解红十字会的性质，增强自我保护和关心他人、关爱生命意识的目的。

在中学，重点开展红十字运动基本知识和《中华人民共和国红十字会法》宣传、救护知识普及，动员青少年参与红十字志愿服务，结合预防艾滋病宣传、远离毒品和远离烟草教育等活动，树立青少年关心社会、服务他人、乐于奉献的道德观和价值观。达到理解红十字会的宗旨，培养青少年崇高的品格和良好作风的目的。

在高校，重点开展《中华人民共和国红十字会法》和国际人道法的传播、救护员培训，动员青年广泛参与红十字志愿服务，倡导自愿无偿献血和捐献造血干细胞，结合远离毒品和远离烟草教育、预防艾滋病宣传和青年同伴教育等活动，树立青年正确的人生观和世界观。使青年热心公益事业，增强社会责任感，达到培养和造就社会主义事业合格建设者和可靠接班人的目的。

加强学校红十字会组织建设。按照“六有”标准，即有完整的组织架构、有稳定的会员和志愿者队伍、有规范的管理制度、有固定的服务平台、有红十字特色活动、有一定的经费保障，建立健全学校红十字会的领导机构和组织机构。

开展各具特色的学校红十字活动。将红十字会工作融入校园文化建设，结合学校自身优势和学生需求，设计推进品牌项目。学习借鉴“博爱青春”“滇苗助学”等已有项目的成功经验，将“人道、博爱、奉献”的红十字精神与学校的育人理念融合，发挥学校专业优势，设计更多更有特色的项目，推动创立红十字青少年工作项目品牌。

重视学校红十字阵地建设。结合新时代文明实践中心建设要求，开辟学校红十字会网上阵地，提供活动交流平台，畅通上下联动渠道。支持学校红十字阵地建设，例如生命体验馆、红十字青少年实践中心等，为红十字青少年践行社会主义核心价值观提供实践平台，让“人道、博爱、奉献”精神和红十字运动基本知识实实在在植根于青少年心中。

青少年既是红十字的参与者，也是受益者。做好红十字青少年工作，要立足新时代，与培育“强国一代”同频共振，充分挖掘红十字青少年工作在提升广大师生德育教育正能量方面的创新力量，为探索立德树人提供新思路。

（三）学校红十字会工作机制

学校要不断完善组织机构，加大宣传工作力度，本着积极、自愿的原则，吸引广大青少年参与红十字青少年活动，为建立健全学校红十字会工作机制打下坚实基础。中、小学红十字会的会长由一名学校领导担任，秘书长一般由德育处（政教处）负责人担任。高校红十字会的会长由校（院）长或主管学生工作的副校（院）长担任，秘书长一般由团委主要负责人担任。学校红十字会组织架构详见图1。

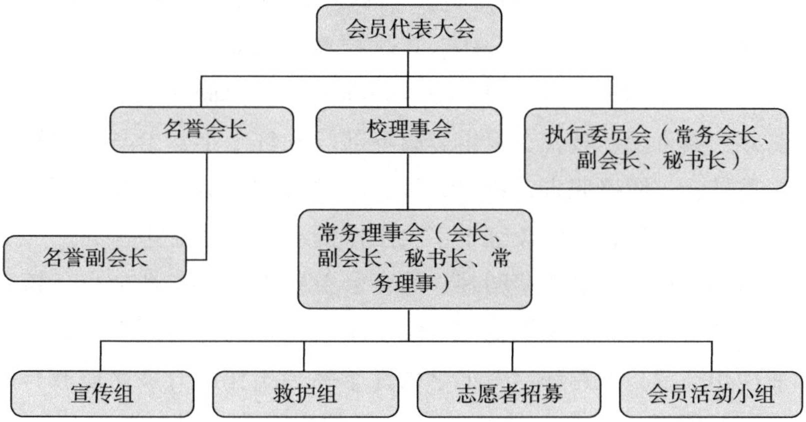

图1　学校红十字会组织架构

各级各类学校红十字会要建立健全理事会制度、会员入会登记制度、红十字青少年活动制度、财务制度、学习与培训制度、会费收缴使用管理制度、年终评比表彰制度等规章制度，落实《关于进一步加强学校红十字会工作的意见》和《中国红十字会总会　教育部关于进一步加强和改进新时代学校红十字工作的通知》要求，使学校红十字会的组织建设、会员发展、活动组织等各项工作制度化和规范化，更好地发挥学校红十字会在推进学校社会主义精神文明建设，培养德智体美劳全面发展的社会主义建设者和接班人方面的重要作用。

由学校主要领导、有关部门负责人和红十字青少年会员代表组成学校红十字会理事会。理事会应定期召开会议，专题研究红十字青少年工作，及时总结经验。学校各部门之间应加强协调，为学校红十字工作开展提供和创造多方面的条件。

加强学校红十字会专兼职工作人员和红十字青少年骨干的培养锻炼，不断提升他们的工作素养和能力；建立红十字青少年关爱救助机制，对家庭困难、罹患重大疾病的学生开展人道救助；组织红十字青少年工作先进集体和个人、优秀活动和项目的评选表彰，激发学校红十字会工作积极性，促进红十字青少年健康成长。

（四）合力推动学校红十字会工作

红十字青少年工作需要全社会的广泛参与和支持。按照《关于进一步加强学校红十字会工作的意见》精神，要积极争取党委、政府的支持，坚持政府主导、多部门合作、各学校参与的原则，动员各方面的资源和力量，形成相关部门各司其职、齐抓共管、协同作战的局面。成立由文明办、共青团、教育、卫生健康等部门和红十字会参与的学校红十字工作委员会，明确职责，顶层设计，整体规划，分类施策，统筹管理红十字青少年工作，对学校红十字会工作提出指导性意见。

文明办要把弘扬红十字精神、培育公益慈善观念与社会主义核心价值观相结合；共青团组织要把学校红十字会工作与共青团、少先队的工作和活动相结合；教育部门要把学校红十字会工作同开展素质教育、加强思想道德建设相结合，从培养青少年学生人文素养、社会责任感角度，充分弘扬“人道、博爱、奉献”的红十字精神与立德树人教育主题的高度契合，促使各方对学校开展红十字青少年工作达成一致；卫生健康部门要把学校红十字会工作同开展健康教育与健康促进工作，增强青少年自救互救知识与技能相结合。

相关部门要建立健全联席会议工作制度，定期研究部署学校红十字工作，推动红十字青少年工作可持续健康发展。要保障对学校红十字会的组织发展、人员培训、活动开展等方面必要的经费投入，抓好新会员入会的宣传、动员、组织工作，壮大红十字青少年队伍，提高广大青少年对红十字会活动的参与率。

各部门在工作中要注意互相协作，加强沟通，及时总结经验，勇于开拓创新，研究新方法，采取新措施，解决新问题，使红十字青少年工作体现时代性、把握规律性、富于创造性，不断开创红十字青少年工作新局面。

第六章 中国特色红十字“三救”“三献”工作

“三救”是对中国红十字会应急救援、应急救护、人道救助工作的简称，“三献”是对无偿献血、遗体和人体器官捐献工作、造血干细胞捐献工作的简称。“三救”“三献”高度提炼概括了中国红十字系统历经百余年历史实践与发展及当今的主要工作和任务。

第一节 “三救”“三献”的概念

一、“三救”“三献”概念的形成

“三救”是对应急救援、应急救护、人道救助工作的简称。开展救援、救灾的相关工作，建立红十字应急救援体系，在战争、武装冲突和自然灾害、事故灾难、公共卫生事件等突发事件中，对伤病人员和其他受害者提供紧急救援和人道救助；开展应急救护培训，普及应急救护、防灾避险和卫生健康知识，组织志愿者参与现场救护；参加国际人道主义救援工作等。以上皆是《中华人民共和国红十字会法》赋予中国红十字会的重要职责。

“三献”是无偿献血、遗体和人体器官捐献工作、造血干细胞捐献工作的简称。《中华人民共和国红十字会法》明确赋予中国红十字会“参与、推动无偿献血、遗体和人体器官捐献工作，参与开展造血干细胞捐献的相关工作”的职责，是改革开放以来根据社会需求探索开展的重要职责。

“三救”“三献”作为中国红十字会对于主责主业概括的简称，

是在长期工作实践与理论研究总结基础上发展提炼形成的。2008年7月29日，中国红十字会会长彭珮云在《在中国红十字会抗震救灾先进集体（个人）表彰大会上的讲话》中表示：中国红十字会在汶川大地震紧急救援中，“第一次实现救灾、救护、救助三项职能同步展开”。这是中国红十字会历史上首次将救灾、救护、救助归纳在一起提出。①

2011年12月，中国红十字会会长华建敏在《在中国红十字会九届三次理事会开幕式上的讲话》提出，“救灾、救助、救护，是中国红十字会的基本职责和传统工作”。2014年12月26日，中国红十字会会长华建敏《在中国红十字会成立110周年纪念大会座谈会上的讲话》的回顾部分指出：“进入新世纪，中国红十字会在党和政府的领导下，认真履行法律所赋予的职责。以‘三救’即救灾、救护、救助，‘三献’即献血、捐献造血干细胞、捐献人体器官（遗体）为重点……办了大量的实事善举。”②

至此，“三救”“三献”正式成为中国红十字会主要工作的简称表述，进入中国红十字会会员代表大会报告及其他正式文件中。

在2022年1月20日中国红十字会第十一届理事会第三次会议上，中国红十字会常务副会长王可在工作报告中要求，全面加强“三救”“三献”工作，助力兜住兜牢基本民生底线。立足职能职责，聚焦主责主业，全面提升工作质效。

二、“三救”“三献”工作的法律法规依据

1993年10月31日颁布的《中华人民共和国红十字会法》第三章第十二条为中国红十字会职责，职责共七条。其中：（一）开展救灾的准备工作；在自然灾害和突发事件中，对伤病人员和其他受害者进行救助。（二）普及卫生救护和防病知识，进行初级卫生救护培训，组织群众参加现场救护；参加输血献血工作，推动无偿献血；开展其他人道主

① 中国红十字年鉴编辑部．中国红十字会通志：1904—2015［M］．北京：中华工商联合出版社，2015：517.

② 中国红十字年鉴编辑部．中国红十字会通志：1904—2015［M］．北京：中华工商联合出版社，2015：559.

义服务活动。1993 年的《中华人民共和国红十字会法》对中国红十字会的人道救助职责要求主要集中在“准备”（备灾）、救护和救助，普及卫生救护知识、救护培训、参加输献血工作，并没有出现完整意义上的“三救”“三献”内容。①

2017 年 2 月 24 日经全国人大常委会修改通过的《中华人民共和国红十字会法》在第三章“职责”中，将红十字会人道救助的主要职责归纳为：“（一）开展救援、救灾的相关工作，建立应急救援体系。在战争、武装冲突和自然灾害、事故灾难、公共卫生事件等突发事件中，对伤病人员和其他受害者提供紧急救援和人道救助。（二）开展应急救护培训，普及应急救护、防灾避险和卫生健康知识，组织志愿者参与现场救护。（三）参与、推动无偿献血、遗体捐献和人体器官捐献工作，参与开展造血干细胞捐献的相关工作。”对中国红十字会的主要人道救助职能进行了规定，其中（一）（二）两项职责确定为“开展”，将第（三）项职责确定为“参与推动”，② 共同形成了“三救”“三献（四项工作）”的主体内容。

《国务院关于促进红十字事业发展的意见》在第一部分“充分认识发展红十字事业的重要意义”中明确指出：特别是近年来，中国红十字会积极服务经济社会发展大局，在参与应急救援、应急救护、人道救助、无偿献血、造血干细胞捐献、遗体和人体器官捐献、国际人道援助以及开展民间外交等方面发挥了不可替代的作用。

此外，《中华人民共和国献血法》，以及国务院颁布的《自然灾害救助条例》《破坏性地震应急条例》《人体器官捐献和移植条例》《国家突发事件总体应急预案》等法规、预案中也都从不同角度明确了红十字会在“三救”“三献”领域的具体职责。

---

① 国务院法制局，中国红十字会总会．中华人民共和国红十字会法使用手册［M］．北京：中国友谊出版社，1994：3.

② 全国人大教科文卫委员会人口卫生体育室，中国红十字会总会办公室．中华人民共和国红十字会法释义［M］．北京：中国法制出版社，2017：167.

第二节 红十字“三救”工作

中国红十字会是中国特色红十字事业的主要承担者、实践者、推动者。“三救”（应急救援、应急救助、人道救护）是中国红十字会在中国特色社会主义建设中发挥、体现政府人道领域助手作用的重要工作内容，在中国红十字会履行法定职责中具有重要的地位。中国特色的红十字“三救”作为工作职责的形成是长期结合国情实践、探索、与时俱进的历史过程。

一、“三救”工作的形成与发展

（一）中华人民共和国成立前（1904—1949）

1904年3月10日，中国红十字会（此时称上海万国红十字会）成立后，立即在营口、牛庄等地设立分会，对东北地区饱受日俄战争苦难的难民实施人道救助，持续3年之久。

1911年起，中国红十字会总会组织救护队先后在辛亥革命、“二次革命”、北伐战争等各次重大武装冲突中，积极组织了力所能及的医疗救护力量，开展人道救助和救护。第一、第二次淞沪抗战期间及全面抗战爆发后，中国红十字会总会积极组织救护培训、建立红十字会救护总队部和150余支分队，分赴全国各战区，承担了正面战场上的绝大部分战地救护任务。还组织了多支医疗分队奔赴延安、晋察冀等抗日战场开展医疗救护工作，取得了丰硕的战地救护成果，创造了武装冲突期间红十字组织国际国内、军队与地方合作开展战地救护和卫生防疫等方面的经验和经典案例。与此同时，中国红十字会还在历次国内外重大灾害中，组织进行了人道主义救援、救护，积累了非武装冲突情况下的人道救助经验。

1923年9月1日，日本关东地区发生8.2级强烈地震。中国红十字会组织医疗队赴日开展人道救援，与日本红十字会共同合作救拯灾民。医疗队在东京麻布区高树町设有临时医院，为日本灾民提供医疗服务，同时为受灾的中国侨民提供医疗、生活救助以及资助回国等服务。中国红十字会救护医队在东京从事医疗救护3个星期，得到日本各界高度评价，这是中国红十字会成立以来首次大规模赴境外开展国际人道救援。

囿于当时的国情，中华人民共和国成立之前的中国红十字会并没有形成稳定、健全的全国性人道救灾、救助、救护网络，只能在有限的区域中开展工作。1945 年抗日战争胜利后，更是鲜见大规模、成体系的人道救助行动。

（二）中华人民共和国成立初期（1949—1976）

1951 年，结合抗美援朝、保家卫国的重大国情需要，中国红十字会总会组织 7 个医防服务队 666 名医务人员奔赴战地为中国人民志愿军和朝鲜军民提供医防服务。嗣后，与中华总工会、全国妇联、全国青联、全国学联、中华医学会联合发出关于开展现场急救培训的通知，编写出版《急救》《急救教材挂图》等一批教材，全面推进应急救护培训工作。

1949—1952 年，中国红十字会协助战后遗留中国的日侨 520 多人回国；1953—1957 年，协助政府有关部门分四批将 1 082 名日侨送回国；分批送还日本人遗骨 3 374 具；协助遣返朝鲜战争、中印边境武装冲突中的被俘人员；移交日军“阿波丸”沉船遗骨及私人物品等。

1966—1976 年，中国红十字会开展了大量的国际人道主义援助工作，共向 138 个受灾国人民提供了 169 次人道援助。① 积累了武装冲突中组织医疗救护、处理侨民、培训救护技术、战俘交换遣送等各类遗留问题的人道救助经验。

（三）改革开放初期（1977—1999）

1978 年，中国红十字会开始在 11 个城市试点恢复国内工作。1979 年开始探索与台湾红十字组织建立查人转信、重建家庭联系关系。协助政府接纳安置被越南当局驱赶来华的难民 21 万余人。②

1981 年参与救援四川道孚县地震灾害，接受红十字国际援助。之后组织参加多次国内外重大自然灾害救援救助，积累了大量的自然灾害条

① 中国红十字年鉴编辑部．中国红十字会通志：1904—2015［M］．北京：中华工商联合出版社，2015：91.

② 中国红十字年鉴编辑部．中国红十字会通志：1904—2015［M］．北京：中华工商联合出版社，2015：289.

件下人道救助的经验。① 这一时期，中国红十字会在国内率先探索，相继建成了湖北、杭州、广州、成都、西安、沈阳等6个区域性备灾救灾中心和一批省级红十字备灾救灾中心，初步奠定了红十字备灾体系基础。

1986年，中国红十字会总会培训中心落成。② 1987年，中国红十字会会同11个国家部委级部门联合下发《关于开展群众性卫生救护训练的通知》；1995年中国红十字会发出《全面开展卫生救护工作的通知》；1996年制定《红十字急救员持证规定》《红十字急救员现场救护原则》等一批规范性文件。③

这一时期，中国红十字会探索、实践了和平时期如何结合国情开展人道救助的方式、内容。

（四）深化改革全面发展时期（1999—2015）

2000年，中国红十字会制定了《中国红十字会自然灾害和突发事件救助规则》。2005年，制定了《中国红十字总会自然灾害等突发公共事件应急预案》并被纳入国家总体应急预案体系。2000年9月，中国红十字会在昆明召开会议，发布《中国红十字会关于广泛深入开展救护工作的意见》《中国红十字会紧急状况下救护现场预案》《中国红十字会救护培训大纲》等3个指导性文件。④ 2002年，在24个省（区、市）积极推进救护培训。2003年起，中央财政从统筹的彩票公益金中专门安排资金，用于支持中国红十字会开展人道主义工作，主要用于"三救""三献"各类项目。2006年9月8日，中国红十字紧急救援队在北京成立，现代化红十字救援队伍体系开始发展。

2007年12月，全国红十字应急工作会议在长沙召开，中国红十字

① 中国红十字年鉴编辑部．中国红十字会通志：1904—2015［M］．北京：中华工商联合出版社，2015：104-105.

② 中国红十字年鉴编辑部．中国红十字会通志：1904—2015［M］．北京：中华工商联合出版社，2015：124.

③ 中国红十字年鉴编辑部．中国红十字会通志：1904—2015［M］．北京：中华工商联合出版社，2016：124-125.

④ 中国红十字年鉴编辑部．中国红十字会通志：1904—2015［M］．北京：中华工商联合出版社，2016：155.

会会长彭珮云出席会议并强调中国红十字会要加快完善红十字应急体系建设，全面加强应急管理工作，提高红十字应急反应能力，更好地发挥红十字作为政府人道主义援助领域助手作用。这是中国红十字系统首次召开“应急工作会议”，中国红十字会的救灾工作也从“备灾救灾”迈向了“应急体系建设”时代。

这一时期是中国红十字会实践探索和平时期备灾、救援体系建设，开展有效防灾、减灾、救灾和完善募集救灾物资资金、规范人道救助行为方式的重要时期。

二、“三救”工作的内容和方法

中国特色的红十字“三救”包括应急救援、应急救护、人道救助 3 个领域的工作，三者交互交融、相互促进、共同发展。

（一）红十字应急救援体系

2017 年修订的《中华人民共和国红十字会法》对红十字会开展救灾救援的职能进行了新的表述，“开展救援、救灾的相关工作，建立红十字应急救援体系。在战争、武装冲突和自然灾害、事故灾难、公共卫生事件等突发事件中，对伤病人员和其他受害者提供紧急救援和人道救助”。红十字“应急救援体系”首次以法律的形式提出。

“红十字应急救援体系是国家应急救援体系的重要组成部分。”中国红十字会总会是国家防灾减灾救灾委员会、国务院抗震救灾指挥部、国家防汛抗旱总指挥部等多个应急议事协调机构的成员单位，在我国应急救援领域发挥着重要作用。

红十字应急救援体系主要由四部分组成，分别是灾情收集评估体系、应急预案体系、备灾中心体系、应急救援队（ERT）体系。

1. 灾情收集评估体系

灾情收集和评估是红十字应急响应的首要依据，各级红十字会根据灾情损失、受灾群众需求、社会影响力等因素，并结合自身救助能力制订救助计划。及时、真实、全面的灾情信息是快速响应、科学救灾的前提。红十字会应急救援工作重点方向是人的生命和健康，因此在灾情收集过程中，重点关注因灾伤亡、房屋倒损、转移安置、农作物受损等与人的生命、生计、健康等息息相关的因素。

在我国，政府应急管理部门是法定的灾情信息发布渠道，各级红十字会所上报的灾情均需在政府应急管理部门权威数据基础上生成。作为各类救灾议事协调机构成员单位，各级红十字会均需遵守有关信息管理规定，不擅自发布灾情信息。

虽然红十字会自身并不负责统计、发布灾情，但为了快速高效地响应，中国红十字会仍然建立了一套自下而上的灾情报告机制，各受灾地红十字会在灾害发生后，及时从本地灾害管理部门获取灾情信息，并结合自身对灾区需求的评估结果，向上一级红十字会上报灾情损失及需求情况，为上级红十字会援助提供决策依据。为高效统计灾情数据，规范执行救灾项目，总会设计了《中国红十字会救灾工作报表》，涵盖灾情和需求统计、物资分配、物资接收、物资发放、执行结果报告、受益人签收等多个方面，经过几代赈济人努力，该套表格由最初的近 20 张逐步简化为 10 张。救灾工作报表的推行实际上是将中国红十字会系统的救灾工作逐步标准化、规范化的过程，全国数千个分支机构采用同样的术语、同样的项目、同样的标准、同样的格式进行灾情数据上报、物资流转、款物发放、结果报告，极大地提高了数据传输和统计效率，加快了应急响应的速度。

随着信息化的不断发展，总会从 2003 年前后开始尝试灾害管理信息化建设，历经多年努力，建成“中国红十字会灾害管理信息系统”“中国红十字会应急指挥调度系统”，并在全国推广使用。

2. 应急预案体系

2005 年，《中国红十字会总会自然灾害等突发事件应急预案》正式出台，并被纳入国务院部门预案序列。此后，总会应急预案历经汶川地震、玉树地震等多次大灾考验，不断改版、升级、细化，截至目前已形成自然灾害、事故灾难、公共卫生事件等多个应急响应类别的预案体系。全国各级红十字会在本级党委、政府的领导下，结合本地突发事件实际制定了自身的应急预案。

3. 备灾中心体系

中国红十字会是我国最早探索设立备灾储备体系的机构，自 20 世纪 90 年代开始发展，目前中国红十字会备灾中心体系由国家级、区域性、省级、地市级及县级红十字会备灾救灾中心（仓库）组成。截至2024年统计，全国各级红十字会共建设（设立）备灾中心（仓库）703个，总仓储面积30多万平方米，覆盖国内大多数灾害多发地区。其中，国家级中心2个，分别是中国红十字会总会备灾救灾中心（北京）、中国红十字会总会援外物资供应站（上海）；区域性中心9个，分别位于沈阳、成都、西安、杭州、广州、孝感、乌鲁木齐、昆明、郑州；省级中心32个；地市级中心（仓库）256个；县级仓库579个。红十字备灾仓库根据其仓储规模、设备设施、管理水平等因素分为四个等级，一级库为最高等级。

备灾救灾中心承担着救灾物资接收整理、物资装备储备管理、物流运输等职能，部分地区备灾救灾中心还承担着物资采购、救援队管理等职能。各级红十字会在灾害发生之前积极筹集、储备救灾物资，灾害发生后可迅速就近快速调拨，极大地缩短了救援周期，为挽救受灾群众的生命健康赢得了时间。实践证明，备灾中心（仓库）是红十字应急体系不可缺少的重要组成部分。

4. 应急救援队体系

红十字应急救援队伍并不是近几年才出现的产物，早在20世纪初中国红十字会初创时期就已经派出“中国红十字会救护医队”赴日本关东大地震灾区救援，抗日战争时期又有著名的“中国红十字会救护总队”救死扶伤，抗美援朝时期还派出了“中国红十字会国际医防服务队”。这些都是中国红十字会历史上救援队伍的先驱。

进入新时代，随着中国红十字会救助实力的不断增强，以及国内救灾需求的不断发展，2006年，总会依托中国红十字会华山医院、武警总医院成立了“中国红十字紧急救援队”，会长彭珮云授旗，开始了现代化红十字救援队伍建设的步伐，总会开始有计划、分领域地发展红十字救援队伍。2008年汶川地震后，红十字救援队建设进入快速发展时期，国家彩票公益金将救援队建设纳入支持范畴，国际红十字组织、兄弟国家红十字会纷纷投入资金支持，历经玉树地震、雅安地震、鲁甸地震、菲律宾“海燕”台风、尼泊尔地震等多次国内外重特大灾难历练，中国红十字救援队迈入了标准化、规范化时代。

截至2022年9月，应急救援已形成涵盖医疗、搜救、赈济、供水、大众卫生、水上救援、心理救援、救护转运等8个类别，29支国家队伍、114支省级队伍、420支地级队伍、525支县级队伍，覆盖全国大部分灾害多发地区的红十字应急救援队伍体系。

（二）红十字应急救护

1. 中国特色的应急救护发展

中国特色的“三救”“三献”中的“救护”包含着国际红十字运动诞生的根本动因——战时对交战各方的伤病员实行无差别的人道救助，和平时期组织志愿者培训救护技术。武装冲突中采用娴熟的救护技术最大限度地降低伤病员的致死、致残率，给伤病员点亮一盏希望之灯；和平时期的“救护”工作同样基于这样的目标。

中国红十字会的“救护”是具有优良传统的项目。日俄战争后的1907年，中国红十字会的创始者沈敦和就开始创办医院、医学堂、护士学校，高度重视救护专业技术人员的培训、储备。在1911年的辛亥革命、1931年、1936年及抗日战争全面爆发和抗日战争期间，中国红十字会成立华北、上海救护委员会，编写教科书、培训救护人员，为整个抗日战争期间中国红十字会救护总队的成功建立和运行做出了重要的贡献。中华人民共和国成立后，中国红十字现场初级救护培训成为最重要的业务之一，组织志愿者开展救护技术培训几乎贯穿于整个60—80年代，连续、多形式的全国性、区域性现场救护演练、竞赛活动成为常态。但是，这个历史时期因受到红十字组织自身队伍建设和财力、物力的限制，各地区发展很不均衡，还远未达到普遍、规范、持续的理想的状况。

20世纪末，中国红十字会总会在积极推进红十字人道救护技术进学校、进社区、进农村、进机关、进企业，多种形式开展救护培训的同时，高度关注培训的规范与质量。1983年开始筹建“中国红十字会总会训练中心”，1986年建成，2005年全年培训3期救护师资提高班、36期师资培训班，共培训1 236人，成为总会救护培训的重要基地。① 总会

① 中国红十字年鉴编辑部. 中国红十字会通志：1904—2015［M］. 北京：中华工商联合出版社，2015：630.

不失时机地推出了统一师资培训、统一教材、统一考核的“三统一”，全面提升培训质量。并结合5月8日“世界红十字日”、5月12日“全国防灾减灾日”等举办各类大型红十字应急救护活动，在全社会扩大人道的理念，推进红十字救护培训工作深入发展。

2. 应急救护工作主要内容

红十字会注重使更多的受灾群众、“第一目击者”具有自救互救技能。各地红十字会积极推动应急救护培训进社区、进农村、进学校、进企事业单位、进机关。在群众中普及应急救护、防灾避险和卫生健康知识，对保护生命和健康、提高公共卫生安全水平以及和谐社会建设，都有着重要意义。

（1）防灾避险知识和技能的普及

进入21世纪特别是国家设立“全国防灾减灾日”以来，红十字会增加了防灾避险知识和技能的普及工作，重点是止血、固定、包扎、搬运和心肺复苏等。防灾避险主要是触电、溺水、中暑、急性中毒、毒蛇咬伤、火灾、雷暴雨、交通事故、煤气泄漏或爆炸、地震、洪水、龙卷风、冰雹、化学物质泄漏或爆炸、人群拥挤踩踏等灾难情况下的自我保护和自救互救。

随着社会经济发展，办公楼大量出现，大楼内公司员工的急救培训被排上了地方红十字会的议事日程。随着体外自动除颤仪（AED）设备在体育场馆、飞机场、地铁站、交通运输中心等公共场所的广泛普及安装，中国红十字会及各地方分会及时扩大了业务范围，将为志愿者培训AED使用技术纳入了救护培训范围。

（2）卫生健康知识普及

卫生健康知识主要是常见病特别是传染病的预防和自我保健、科学健康的生活方式及锻炼方法、良好的卫生习惯、公共卫生和环境的维护等。近些年，各级红十字会推出“红十字急救掌上学堂”、设立“社区救护课堂”“生命体验（教育）馆”“网上救护知识课堂”等创新做法，大大提高了卫生健康知识普及率和效果。

（3）现场初级救护技能培训

组织志愿者参与现场救护与经过红十字会培训的急救员（群众救护

员）作为“第一目击者”的现场救护不同的是，红十字会组织志愿者参与救护的现场是一定规模的灾害或突发事件的现场，在专业医疗抢救队伍到达以前，对受伤人员进行抢救，防止伤残加重或失去生命，为专业医务人员的救治赢得时间；即使医疗人员在开展抢救的情况下，红十字志愿者仍然可以协助和参与许多救护工作。这样的志愿者必须是经过急救培训并考核合格的人员，根据有关标准组成救护服务队，配以一定的装备设施，制定服务制度和规范，平时定期训练演习，需要时才能发挥应急救护作用。

中国特色的红十字救护工作还紧密地结合中国社会老龄化的人道救护需求，倡导红十字系统开展养老服务。从 20 世纪 90 年代起就在上海试点开展老年介护培训，而后江西等地也采取不同的方式开展为老服务的培训。

中国特色的人道救护培训网络，目前区县以上几乎已经达到全覆盖，街镇社区的覆盖率也不断提高，师资队伍稳定，教学、教材、考核日渐规范、统一。据 2024 年统计，全国红十字系统普及应急救护知识，累计取证培训 575 万余人次。全社会人道救助理念得到进一步传播。

（三）红十字人道救助

人道救助工作是中国红十字会代表国家履行《日内瓦公约》和履行《国际红十字与红新月运动章程》的最核心职能。2017 年修订的《中华人民共和国红十字会法》在第三章“职责”第十一条第一项中明确规定：“在战争、武装冲突和自然灾害、事故灾难、公共卫生事件等突发事件中，对伤病人员和其他受害者提供紧急救援和人道救助。”第九项：“协助人民政府开展与其职责相关的其他人道主义服务活动。”中国特色的人道救助可分为国内人道救助和国际人道救助工作两大方面。

1. 国内人道救助工作

中国特色的红十字人道救助职能是中国红十字会的基本职能中的一项常规工作，是政府社会救助工作的重要补充，是红十字会在新时期参与社会管理的一项重要内容。为本国遭受自然灾害与特殊困难人群提供人道救助，组建良好的人道救助体系。向国内遭受自然灾害与特殊困难的人群提供人道救助是中国特色红十字事业中最基础最核心的部分，也是中国红十字会的最主要职责和立会之基。

人道救助是中国红十字会建会之初就确定的立会职责，历经百年积淀了深厚的经验与成果。1978 年改革开放后，中国红十字会组织系统得到迅速恢复，救助职能也同时恢复。市场经济的发展，非政府的救助日益受到政府和社会各界的重视。部分地区红十字组织与老年福利院、残疾人福利院的合作，探索开展了老年人照护、残疾照护工作。随着红十字组织的恢复发展，以及社会经济发展和人道救助资金的来源增加，中国红十字会总会与各地方分会的红十字人道救助体系逐渐得到恢复。1979 年后，通过政府支持、批准，中国红十字会总会、各地方红十字会分别设立了人道救助基金专用账户，在国家层面还设立了中国红十字基金会，部分省级红十字会也根据实际情况建立红十字基金会。经中国红十字会总会协调相关部门，先后出台了向人道救助基金捐赠的单位、个人可享受税收减免的优惠政策。中国红十字会总会还根据中国区域社会经济发展的不平衡性特点，与各地方红十字会联动，因地制宜、因时制宜地帮助当地红十字会开展对最易受损人群的人道救助工作。

在重大灾害发生时，中国红十字会总会与地方分会立即启动灾害响应机制，发出募捐呼吁，组织全国红十字系统的力量动员社会共同开展对灾区人民的人道救助。以汶川地震为例，2008 年汶川地震发生后，全国红十字系统共募集了 190 多亿元人民币进行人道救助。

在和平时期，中国红十字会系统重点关注人的生命和健康，以弱势群体为主要工作对象，以特色项目为载体，通过募集资金和物资，开展健康促进、大病救助、博爱援建、扶贫帮困、捐资助学等经常性的人道救助工作，并结合实际兴办医疗、康复、养老等符合红十字会宗旨的社会公益事业。

总会与地方联动开展全覆盖的人道救助。中国红十字会总会、中国红十字基金会、各省市红十字会及地方分会还分别推出一大批符合各地实际情况的人道救助项目，如“红十字天使计划”“大病儿童救助项目”“天使阳光基金”“嫣然天使基金”“造血干细胞移植救助项目”“人工耳蜗救助项目”“白血病患者救助项目”“火灾救助项目”等。

2. 国际人道救助工作

履行国际人道救助是《国际红十字运动章程》规定的国家红十字会应尽的国际义务。中国红十字会开展国际人道救助可以追溯到 1906 年的旧金山大地震和 1923 年日本关东大地震时期。

改革开放以来，在党和政府的大力支持下，中国红十字会于 1985 年组织开展全国性专题募集活动，为非洲大旱灾灾区募得 1 387 万元人民币，全部捐给灾区的灾民。1990 年伊朗大地震，中国红十字会在国家支持下，向地震灾民送去 40 余吨药品、器械及食品等援助物资。2005 年印度洋海啸，为受灾国提供人道救助资金 4.43 亿元人民币，并组队赴受灾国帮助开展人道救助工作。帮助印度尼西亚、斯里兰卡、泰国、缅甸等受灾国开展灾后重建居所工作，建“友谊村”9 个、永久性住房 1 487 套，援建学校、医院等公共设施一批。2013 年，派出 3 批国际救援队前往遭受超强台风“海燕”重创的菲律宾开展人道救助工作，承担医疗救治、赈济救助、遗体搜寻和板房搭建等工作。2014 年，为救助缅甸克钦地区因国内武装冲突造成的难民，配送 1 万个“赈济家庭箱”。2015 年 4 月尼泊尔地震，中国红十字会派出医疗救援队，并捐赠帐篷和家庭箱等。2016 年，厄瓜多尔地震、斯里兰卡洪灾，中国红十字会都派出救援队参与救援。2017 年，配合国家“一带一路”建设，中国红十字会建立“丝路博爱基金”，为共建国家提供人道救助支持。中国红十字会及中国红十字基金会在巴基斯坦瓜达尔港援建了首个中巴博爱医疗急救中心，并派出医疗队开展医疗援助服务，两年后将医疗中心转赠给巴基斯坦红新月会负责后续运营。

第三节 红十字“三献”工作

中国红十字会的核心业务除上述“三救”（应急救援、应急救护、人道救助）外，还有“三献”（无偿献血、遗体和人体器官捐献、造血干细胞捐献）。

将“三献”列为中国红十字会的核心业务，使其成为中国特色红十字事业的重要组成部分，具有重要时代意义。

统观“三献”事业，其共同特点是，自愿无偿将人体的全部或一部分（细胞、组织、器官）捐献用于医学教学、科研或挽救他人生命、改善他人健康状况。“三献”的表现是组成人的身体特殊物的赠予，实质是人的“人道、博爱、奉献”精神的体现。因此，“三献”事业不仅是医疗卫生工作，更是带有强烈的社会属性，涉及社会伦理、公民道德及体现风俗文化的群众性、社会性工作，是社会公益事业的重要组成部分，也是社会文明程度的集中体现。

献血、捐献造血干细胞、公民逝世后捐献器官及遗体，虽说方法、程序各有不同，但是遵循的原则、提倡的精神、秉承的理念则是完全相同的。人的生命无法用金钱来衡量，生命无价当然也包括组成生命的血液、造血干细胞、器官和遗体。红十字倡导的“人道、博爱、奉献”精神，使得在“三献”领域，坚持自愿无偿的基本原则，完全摒弃了市场经济商品交换的法则，人们不再将宝贵的生命的一部分看作商品，而是人与人之间最高情谊——馈赠，体现了生命至上、生命无价的人道理念。

一、中国特色的红十字血液捐献

（一）中国红十字会参与血液事业的国际背景

血液事业，作为20世纪初现代医学进步的标志，在医疗领域扮演了不可或缺的重要角色。但是血液只能来自健康适龄人群的这一特殊属性，使得血液事业不可能只被医学家们掌握，从它诞生之日起，就伴随着文明与愚昧、进步与落后、奉献与买卖的较量。改革开放大门敞开，中国走上了以自愿无偿献血保证临床用血的健康发展道路。与其说这是保证临床用血制度的改变，不如说是国人伦理道德的升华。

当前世界各国血液事业的格局大约是1/3由红十字会管理，1/3由政府管理，1/3由政府认可的其他民间组织管理。凡是红十字会管理的血液事业，必定是高举自愿无偿的旗帜，伸张捐血救人的理念，发扬利他主义精神，是被国际社会广泛认可的一种管理模式。

1936年，在巴黎召开的第16届红十字会联盟理事会上通过的第22号决议指出：组织本国人民积极参加无偿献血活动，是十分符合红十字宗旨的行为，协会将为此向各国提供一切有关的情报。希望各国红十字会，要在血液事业中起主导作用。此后的 1946 年，在英国牛津举行的第 19 届红十字会联盟理事会通过的第 40 号决议强调：无论是战时还是平时，血液事业都是十分重要的。会议通过了“对献血者提供血液不应支付报酬”的无偿献血原则。此后，国际红十字组织将推动无偿献血工作作为本组织的一项任务，做了大量的工作。

1950 年，在蒙特卡洛召开的第 21 届红十字会联盟理事会，再次强调血液事业在一个国家的重要性，通过了各国红十字会在必要的地区建立红十字血液中心，为加强管理，建立献血者档案等。

1959 年，在雅典召开的第 25 届红十字会联盟理事会议，要求各国红十字会要与当地政府紧密配合，将血液事业中以营利为目的的各种团体，在适当的时候排除出血液事业之外。

1973 年，在德黑兰举行的第 22 届红十字国际大会，对血液事业取得的成果进行了评价。首次提出了发展红十字献血者，特别指出：自发志愿的无偿献血才是红十字血液事业的根基，无论在献血者个人方面，还是在献血的组织发动单位方面，都不能以金钱和物质利益作为行为的动机。

1991 年，在布达佩斯召开的红十字会与红新月会国际联合会第 8 届大会上，进一步明确了自愿无偿献血的定义：在没有任何外界压力的情况下，出于自愿，将自己的血液提供给需要输血救治的病患，而不谋求任何金钱报酬和物质利益。为献血发生的交通费用和饮食费用则不被视为是献血的报酬。

2001 年，在南非举行的第 8 届自愿无偿献血者招募国际大会上，世界卫生组织、红十字会与红新月会国际联合会、国际献血组织联合会、国际输血协会四家联合倡导，将发现 ABO 血型系统的诺贝尔奖获得者，卡尔·兰德斯坦纳的生日 6 月 14 日定为“世界献血者日”，希望各地在每年的这一天举办相关活动。通过这一特殊日子，感谢那些为挽救伤病患者生命而志愿无偿献血的人。

（二）红十字会是中国血液事业的开创者之一

1918 年，北京协和医院院长刘瑞恒等人首先报道了中国人的血型分布。1921 年，北京协和医院施行了首次临床输血，开辟了中国现代输血事业之先河。著名爱国将领冯玉祥、吉鸿昌和抗日战争时期中国红十字会总会昆明办事处主任倪葆春等，都是中国早期的志愿无偿献血者。被誉为国际共产主义战士的白求恩大夫，既是中国野战条件下采血和外科输血的开创者，也是中国早期的志愿无偿献血者。

1938 年 1 月 24 日，美国医药援华会在纽约注册成立，为援助中国建立抗战血库筹资 20 多万美元，物资总重量超过 67 吨。在中国抗日战争艰难岁月的 1943 年 6 月 7 日，易见龙等主持的援华抗日血库在美国纽约正式揭幕。嗣后，抗战援华血库在昆明运行 13 个月，志愿无偿献血者达 7 000 多人，采血总量超过 300 万毫升（人均 428.6 毫升），并制成冻干血浆 3 000 多瓶，全部送往抗日战争前线。中国红十字会总会昆明办事处主任倪葆春和国民政府军政部军医署血库主任易见龙联合向无偿献血者签发“输血证”。

20 世纪 50 年代前后，城市临床用血需求主要依靠个体供血者，他们大多是在劳动之余，为医疗机构提供血液，换取“营养费”补贴家用。在当时的历史条件下，这种供血方式与医疗水平属于低水平、小用量，供血者多为较为贫困的城市下层或城市近郊区的农民。

随着国家建设的发展、人民生活水平的提高，人民对卫生医疗的需求不断增加，用血医院一家一户地联络“血员”，近乎“枕边输血”的供血模式面临挑战，临床用血不断告急，很多病人因为得不到及时的血液输注，生命受到威胁。加之自发的个体供血者人员成分复杂，隐瞒病史、多家登记、短期内多次供血现象频出，严重影响临床用血的质量。

1957 年，北京市红十字会成立“北京市红十字会献血登记站”，引导人们有组织、自觉自愿地参加献血活动。作为现在北京红十字血液中心的前身，献血登记站的成立开创了红十字会参与中国血液事业的先河。首先承担了将“血员”组织起来统一标准、统一体检、统一调配的职责，初步改变了血液事业领域杂乱无序的局面。

到 20 世纪六七十年代，京津沪等大城市为适应迅速扩大的用血需求，开始动员各单位组织集体献血，以缓解用血紧张。红十字会在宣传组织动员登记方面更是一马当先，责无旁贷，在社会上开展一个又一个全民参加的公民义务献血活动。1963 年通过的红十字会章程，就已将参与献血、输血的组织宣传等列为红十字会的工作任务。

（三）改革开放后，红十字会成为推动无偿献血的主要力量

血液事业的实质是用健康人的血液去挽救需要输血治疗的病患生命。临床所需要的血液收集方式，体现了一个国家和地区的经济、社会、文化、文明发展的程度。纵观历史，临床用血的收集方式主要有两种，一种是将血液当成一种可以交换的商品，它的表现形式是，供血者将自己的血液以特殊的商品形式出卖给需要者；另一种是将血液当作可以再生的生命的一部分，作为生命的礼物馈赠给需要者。中国红十字会是中国无偿献血制度的倡导者和推动者，《中华人民共和国红十字会法》和《中华人民共和国献血法》都规定了中国红十字会在中国血液事业中的地位和作用。

1984 年，卫生部和中国红十字会在大连召开的全国输血工作座谈会，总结了国家实行公民义务献血制度 6 年来的工作经验，提出提倡和鼓励公民无偿献血，并要求各地积极创造条件，逐步使公民义务献血从有偿（发放误工费、营养补助费、营养品供应票券和给予带薪休假等）向无偿志愿献血过渡。从有偿到无偿的转变，是一场社会的变革，更是人们思想深处的革命，国家再一次将这一任务交给了红十字会。红十字会制定实施鼓励公民积极参加无偿献血的政策规定，从 1987 年开始，每两年一次全国无偿献血表彰活动一直坚持到今天。

1993 年，根据卫生部《采供血机构和血液管理办法》中“红十字会经批准可设置血站”的相关规定，中国红十字会在红十字会与红新月会国际联合会血液部指导下，成立了中国红十字会总会血液事业部，在全国范围推广献血知识，提升人们的捐献意识，推广以无偿献血来满足临床用血需求的理念和经验。经过几年实践，在全国发展到有 60 个红十字会血站的规模。这些血站成为中国实行无偿献血制度的一支先头部队，对中国 1998 年实施《中华人民共和国献血法》，全面推广无偿献血制度起到了引导作用。

1993 年 10 月 31 日，中华人民共和国第八届全国人民代表大会常务委员会第四次会议通过了《中华人民共和国红十字会法》。其中规定：

红十字会“参与输血献血工作，推动无偿献血”。

1994 年，中国红十字会在大连召开了全国首次无偿献血研讨会。会上，香港实现全港无偿献血的经验大大鼓舞了与会者的热情。

1995 年，在青岛召开无偿献血国际研讨会，邀请了 7 个国家和地区的专家在会上介绍经验。此次会上，中国红十字会及时向全国介绍了深圳市推行无偿献血的做法，第一次向全国表明，在一个城市范围内实行无偿献血制度是可以实现的。

1996 年，在重庆召开台湾地区无偿献血经验报告会，旨在启发大家学习台湾地区的先进经验。

同年，中国红十字会总会为加大无偿献血的宣传力度，用香港红十字会捐赠的无偿献血车，组成一支专门宣传队伍在北京、天津、河北、河南、江苏等五省市开展无偿献血巡回采集和宣传活动。巡回全国三省二市，开展无偿献血示范宣传，开创中国推动无偿献血之先河。

其间，中国红十字会系统地引进了国际红十字组织和世界卫生组织从 20 世纪 30 年代起对各国血液事业的忠告和建议，经分管红会工作的李铁映批转给有关部门，为中国无偿献血体制的建立提供了理论依据和实践经验。

1998 年，中国红十字会总会与香港红十字会签署在北京建设中国红十字会北京无偿献血室（宣教中心）的协议，其主旨亦是通过试点在全国推行无偿献血。当时这是全国唯一的在繁华地段设立的无偿献血室，在全国起到了标杆作用。

1998 年实施的《中华人民共和国献血法》规定“各级红十字会依法参与、推动献血工作”，并参与表彰工作，又进一步从法律层面明确了红十字会的职责。

中国红十字会至 20 世纪 90 年代中期，在全国设立了近 60 个红十字会血站，总会对红十字会血站的基本要求就是坚决推行无偿献血，逐步摒弃落后的卖血制度，使红十字血站成为推行无偿献血制度的基地。1999 年年底，红十字会理顺管理体制，脱离卫生部代管独立后，原来隶属红十字会管理的各地血液中心、血站归由卫生行政部门管理，红十字会职能逐步转向参与无偿献血的宣传动员、志愿者招募和表彰工作。据不完全统计，目前全国大多数省份红十字会都不同程度地参与无偿献血工作，开展工作主要在宣传动员方面，普遍在街头、公共交通工具、公共场所开展宣传活动，也通过报刊、电视、网络等媒体进行宣传，还通过演讲比赛、知识竞赛、讲座、义诊等形式进行宣传，以强烈的责任感，去协助和配合政府及有关部门，最大限度地去推进无偿献血工作。

（四）改革开放初期国际血液事业交流的桥梁

1978 年国务院批转卫生部《关于加强输血工作的请示报告》，明确规定红十字会担任献血的宣传、动员和组织工作，并负责输血的国际技术交流。这一阶段是中国血液事业大发展的阶段，红十字会全面介入到中国血液事业中。借助红十字会的国际性平台，派出专业和管理人员到美国、瑞士、日本等国学习先进技术和管理经验；其间，引进国际无偿献血理念，利用红十字会组织体系，大力宣传，传导了血液是生命的礼物，当作商品买卖是危险的也是不道德的这种理念。

1982 年，中国红十字会利用国际交往的自身优势，与日本红十字会签订了中日血液事业共同研究协议，为中国的红细胞和白细胞的深入研究打下了基础，出现了一些科研成果，培养了一批血液科研人员。双方还签署协议，以血液事业为主题隔年互访，并每年为中国无偿培训 4 名血液技术和管理干部。

可以说，中国从卖血到献血的转变，红十字会打开门户、以外促内的方针发挥了重要作用。

（五）禁止打着红会旗号谋取商业利益

各级红十字会组织在“人道、博爱、奉献”的旗帜下，配合卫生行政部门在宣传、动员、组织公民积极参加献血，保证临床医疗急救用血方面起到了积极作用。还有一些地区红十字会在政府的批准与支持下，自办了红十字会血站，并积极组织本地群众参加无偿献血，为中国血液事业的建设注入了活力。

但是，20 世纪 90 年代初，有些地区出现了打着红十字会招牌的商业性采浆站。这些采浆站，有些是地方红十字会独办的，也有的是红十字会与其他部门联办的，还有一些是与红十字会毫无关系的单位用红十字会的名义开办的。据了解，这些商业性采浆站大多建在个体血源充足的地区，是被当做“创收”的手段建立起来的。以红十字会的名义办商业性采浆点卖血浆，违背了红十字志愿捐献的宗旨，使红十字会的形象受到损害。

为维护红十字的尊严，1994 年中国红十字会总会下发了第 144 号《关于禁止各级红十字会办商业性采浆站的通知》，明确了“各地红十字会要认真清理挂红十字牌子的采浆站。凡是红十字会单独办的采浆站一定停办；是红十字会与他人合办的要坚决退出；是与红十字会无关者打着红十字会旗号搞的必须要求其立即更名并追究责任”。这次清理行动，使红十字会完全退出了商业性采浆站的泥沼。

在红十字组织的积极参与推动下，中国血液事业自改革开放以来有了长足的发展，不但彻底改变了有偿供血的落后面貌，还让无偿献血成了社会风气。据统计，2020 年全国无偿献血人次达到 1 553 万，较《中华人民共和国献血法》开始实施的 1998 年增长了 47 倍。这一革命性的改变，真正实现了以公民无偿献血满足临床用血的目标。

二、中国特色的红十字造血干细胞捐献

（一）初创阶段

美国的托马斯医生在 1957 年成功进行了世界首例骨髓造血干细胞移植，这是世界上首例骨髓移植成功的案例，也开创了以造血干细胞移植救治白血病及其重症血液疾病患者的新时代。中国的陆道培院士，1964 年进行了首例亲缘间的骨髓移植，救治了白血病患者，开创了中国骨髓移植的新纪元。但是因没有骨髓库这种组织形式，非血缘关系骨髓移植未能开展。欧美的骨髓库建设起始于 20 世纪七八十年代，而中国则发端于其后的 90 年代初。

中国白血病发病率为 3/100 000 以上，也就是说每年新增白血病患者 5 万人左右，加上往年积累的白血病患者和其他潜在适合造血干细胞移植治疗的各类患者，数量估计达到百万。面对这样一个庞大的需要救助的群体，中国红十字会在 20 世纪 90 年代初期即开始筹划，谋求在中国建立一个非血缘关系的骨髓造血干细胞捐献志愿者登记组织，以为需要移植的病患提供所需的造血干细胞，扭转中国的患者只能求助于国外骨髓库的被动局面。

中国造血干细胞捐献者资料库管理中心，简称中华骨髓库，其前身是“中国非血缘关系骨髓移植供者资料检索库”，初建于 1992 年 3 月，当时中国红十字会经国家卫生部同意，在 11 个省份开展了志愿捐献者报名登记工作，并根据专家的意见选定了 6 个 HLA 实验室承担检测任务。当时国内不但实验室条件差，设备落后，检测用的标准血清板还不能自给。由于资金、技术人员和组织机构均不到位，直到 2001 年，中华骨髓库入库数据还完全停留在血清学的水平，而且总数量只有区区 3 万份。6 个试点省、市中，只有上海红十字会坚持缓慢前行，建库速度与患者需求形成巨大反差。

1996 年，上海诞生了中国第一例非血缘关系造血干细胞捐献成功案例。这次移植术的成功，标志着中国对白血病的治疗技术步入国际水平，也是中华骨髓库自 1992 年建立以来零的突破。

（二）重新启动

2001 年，中国红十字会经过周密、深入的调查研究，决定在总结 1992 年开始的中华骨髓库建设的经验教训基础上，重新启动这项工作，当时红十字会与红新月会国际联合会对中国红十字会参与骨髓库建设明确表示，全世界还没有红十字会承担骨髓库建设的先例，希望中国红十字会审慎介入。但是中国红十字会在巨大的挑战面前，以为国家填补空白、为白血病人谋求新生之大义，踏上了这条艰辛而光荣的道路。

2001 年 12 月，中央编办批复中国红十字会，同意设立“中国造血干细胞捐献者资料库管理中心”。中心的成立，标志着中华骨髓库建设的重新启动。时任国务院副总理李岚清对总会提出的资料库建设的工作计划做了重要批示，中国红十字会联合政府有关部门组成工作委员会，制定了发展策略。时任会长彭珮云在中国红十字会七届三次理事会上指出，建立造血干细胞捐献者资料库是一项挽救众多人生命的、崇高的人道主义事业，红十字会要下定决心，克服困难，积极推进，协助政府把这件事情办好。

2002 年 6 月，中国红十字会总会与卫生部联合发布《关于加强中国造血干细胞捐献者资料库（中华骨髓库）及分库建设的通知》，明确提出了“五统一”的指导思想，即统一规划布局、统一机构名称、统一工作程序、统一检测标准、统一资料管理，中华骨髓库开始全面开展工作。这为今后中国红十字会主导此项工作，在全国合理布局、健康有序推进事业奠定了坚实组织基础。中心成立伊始，提出了在5年内要使库容达到10万份以上，初步达到有临床意义的数据量，服务于需要造血干细胞移植的患者。2003年12月，中华骨髓库库容量达到10万，提前3年完成5年目标，进入到具有初步临床意义，开始有序向临床提供服务的阶段。

2006年，中华骨髓库组织专家力量，围绕建库过程中的技术标准问题，达成共识，制定骨髓移植定点医院的资质认定标准和造血干细胞医院的采集标准，最大限度地保证爱心捐献者的安全和移植受者的安全。这一年，以卫生部名义出台造血干细胞移植标准和采集标准的两个文件，成为中华骨髓库临床医疗技术层面有力支撑。

2007年7月，大陆首次向台湾地区提供造血干细胞，由此，两岸互惠互利。

为呼吁更多的人加入中华骨髓库，姚明、康辉、姜昆等一批社会知名人士出任造血干细胞资料库的爱心大使，他们出席中华骨髓库举办的推介活动，积极发声，带头捐献，为建库工作奉献爱心，起到了很好的模范带头作用，推动社会形成了良好的捐献风气。爱心大使黄格选还为资料库捐款40万元人民币；退休军官隋继国，为唤起民众对白血病人的关爱，徒步、骑自行车走遍了大半个中国，呼吁早日建成造血干细胞捐献者资料库，并将沿途日记编成书义卖，所得收入全部捐献给资料库；香港市民黄福荣，徒步从香港走到北京，并向中国红十字会捐献了沿途募捐到的10万元人民币；西安杨森制药集团不但动员员工报名参加捐献造血干细胞，还向中国红十字会捐款，用于资料库的建设，他们配合建库工作，出资制作了一批宣传材料。民建中央还动员了十几位企业家逐年为中华骨髓库建设捐款，一时间形成了十分热烈的捐赠风气。

2012年，经国家卫生部批准同意，中华骨髓库正式加入世界骨髓库，不但世界各地的患者随时都可在中华骨髓库查询检索相合的供者，中国的患者也可随时在世界骨髓库业务平台上查询检索世界范围内的相合供者。经多年努力，中华骨髓库已经跻身于世界前三名，从而进入世界大循环，国际的造血干细胞的互通有无实现了制度化、常态化。

（三）健全运作架构

在政府全力支持下，依托中国红十字会的工作体系，中华骨髓库迅速成长起来。总库管理中心在完善自身建设的同时，也逐步完善在全国的业务工作网络。到 2007 年，以西藏分库的建立为标志，全国各省（区、市）都建立了省级分库，形成了完整的工作体系。在全国 31 个省级分会中建立了中华骨髓库的 31 个省级分库，而省级分库不断建设和完善自身工作体系，在下属地、市建立了工作站。这一工作体系的建立使中华骨髓库的每一项工作都能及时有效的传递到全国各地。总库数据中心不断完善，与分库、医院、实验室以及捐献者和患者形成良性互动平台，中华骨髓库成为中国医疗体系的重要组成部分。

中华骨髓库从启动伊始就成立了中华骨髓库专家委员会，这里汇聚了国内一流的 HLA 专家、移植专家、IT 专家、伦理专家和法律专家，为保证中华骨髓库全面科学合理的发展建言献策、保驾护航。

2008 年 10 月，中国红十字会捐献造血干细胞志愿服务总队成立，他们由社会各界爱心人士组成，以曾经捐献过造血干细胞的志愿者为骨干，以热心造血干细胞捐献事业的爱心人士为基本队伍。他们给有疑虑的人们讲解造血干细胞的基本知识，为采集阶段的造血干细胞捐献者提供贴心服务，为中华骨髓库提供入库数据抽样调查等。

（四）注重伦理建设

随着中华骨髓库规模日益扩大，越来越多的病人从造血干细胞移植中获得新生。骨髓库建大、建强，要有伦理道德领域的支持。要使需要移植的病患得救，就要有一批了解造血干细胞知识、乐于捐献的志愿者。一旦需要，就义无反顾地实施捐献。正是这一看似与医疗行为无关但又密不可分的社会性工作，构成了建库伦理问题的重点。

历届中华骨髓库的专家委员会成员中，都有中国医学伦理学的顶尖学者参与其中，在制定相关政策制度时，给予道德伦理方面的把关。在长期的运行实践中，逐渐形成了中华骨髓库的体系性伦理规范，使这一事业的发展更加健康有序。

1. 捐献者的自愿无偿原则

中华骨髓库的建设是以“人道、博爱、奉献”为基石，汇集一切有爱心人士的心愿，以自己的造血干细胞，去救助一位不曾相识的患者，“自愿”和“无偿”是一切工作的出发点。坚持捐献造血干细胞的自愿无偿原则，基于生命无价的价值观，任何企图在为患者提供造血干细胞的过程中牟取物质利益的行为，都是对生命至上理念的亵渎。“自愿”和“无偿”的捐献行为不但是中华骨髓库的旗帜，更是对生命的尊重的体现。对造血干细胞志愿捐献者的概念可做如下表述：无任何外界压力，为救助垂危的患者，不谋求任何物质回报和受者的直接感谢，基于爱心自愿捐出自己的造血干细胞的人。

2. 捐献者无特定捐献对象原则

中华骨髓库是面向大众建立的公益性服务机构，它的服务对象不分性别、年龄、种族、国籍和社会地位，任何别有他图的行为均与骨髓库的宗旨相违背。中华骨髓库的爱心大使、造血干细胞捐献者杨曦在他的一篇散文诗中，对捐献造血干细胞的意义做了最好的诠释：“今天，我心怀一个梦！我有一个梦，终有一天，中国造血干细胞捐献者资料库中的血样能够从现在的 10 万份增加到 100 万份、1 000 万份，使每一个前来配型的患者都能在这里找到生命的希望，让世界上少一个哭泣的母亲，多一个团圆的家庭”，“而我们，也不用再像讲述一个传奇故事一样向别人介绍我们的捐献经历”。

3. 登记与捐献行为一致原则

深思熟虑加入，义无反顾捐献。志愿者登记加入中华骨髓库，是表达申请人志愿无偿捐献的真实意愿，这种志愿不该是一时的冲动，而是对挽救生命的庄严承诺。既已经承诺要做生命的种子，就要承担起点燃生命希望的义务。报名的志愿者与患者配型相合后，如果反悔，改变自己的初衷，垂危的患者刚为找到了相合的供者而期盼着生命之火重新燃起，不同意捐献的消息对他而言就是致命一击。所以，要坚决将建库的质量放在第一位，绝不能盲目追求建库数量。报名捐献时要深思熟虑，一旦与患者配型相合，就要义无反顾捐献，这也是人格魅力的体现。

4. 供患双方无需相见原则

供患双方不发生任何联系，是国际上的惯行规则，是这一领域的伦理规范。在社会还没有实现“大同”的情况下，各人的家庭背景、经济状况、社会角色多有不同，差异很大，提倡捐献者和受赠者以共同的人类之爱心，宽容厚道地对待施受关系。当然，在实施移植手术时，临床上还要对二者进行必要的空间隔离，也是保证这一原则得以贯彻的技术手段。

制定一系列造血干细胞移植法规制度，为移植定“规矩”，固然十分重要的。但是，建库中的伦理建设问题与法律制度有着同等重要的位置。它们就像一辆车上的两个轮子，缺一不可。在中华骨髓库的建设中，加强伦理的研究和建设是骨髓库良性发展不可或缺的有效手段。

（五）提升 HLA 检测能力

当前，骨髓移植已经成为救治白血病等重症血液疾病患者的重要手段。然而，异基因骨髓移植必须在骨髓捐献者和受者（患者）双方的“人类白细胞抗原”既 HLA 相符的情况下方可进行，每个人的 HLA 型分别从父母双方各获得一半的遗传，因此，兄弟姐妹间各有 1/4 相合的概率，少子化使得这种机会不多，唯有建设一个非血缘关系的骨髓捐献者资料库，并广泛地服务于全社会，才是挽救白血病患者的有效出路。从 20 世纪 80 年代发达国家开始启动骨髓库建设，到目前，全世界大多数国家和地区都有了骨髓库，汇集到世界骨髓库的志愿者 HLA 数据也已经达到 3 000 多万例。这给白血病患者带来了福音，但同时也是一笔巨大的资金投入。

2001 年中华骨髓库重新启动后，中华骨髓库对于入库的 HLA 数据一直秉承“两高一低”的要求，即高通量、高质量、低价位。正是这样的理念，让中华骨髓库依托华大、博奥等高科技机构的鼎力协作，成为世界上第一家将二代测序技术引入 HLA 检测的骨髓库，也成为世界上唯一将 HLA 五个位点十个等位基因高分辨结果的费用降到 500 元人民币以下的骨髓库。

高分辨数据入库工作意义重大，能够极大地减少患者寻找到高分辨匹配志愿者的程序，从而为患者争取到宝贵的治疗时间，同时为患者节省了做高分辨检测的费用。随着 HLA 检测试剂盒检测技术发展，中华骨髓库不再接受低分辨数据。

在中国长期没有 HLA 行业组织、缺乏国家行业标准的情况下，中华骨髓库并没有裹足不前，作为中国 HLA 技术的使用者和 HLA 实验室检测标准的制定者，中华骨髓库在这一领域实际上行使着建立和规范 HLA 技术指标和实验室管理的职责。10 多年来中国的 HLA 实验室完成了从小到大、由弱到强的变化，跟上了国际上技术水平的发展，弥补了中国 HLA 实验室行业标准的空白，建立了一批具有国际水平的优秀 HLA 检测实验室，推动了国产试剂的研发和应用，打破了国外 HLA 检测试剂一统天下的局面，降低了原有 HLA 检测的高昂费用，减轻了患者的经济压力。

2001 年，按照卫生部的要求，卫生部临检中心接受中华骨髓库的委托，作为 HLA 质量控制实验室对全国的 31 家实验室和 7 家高分实验室进行质控抽检工作，起到督查作用，保证了中华骨髓库每年数据入库的质量。正是中华骨髓库不断地推进和完善质控工作，使入库数据的错误率从起步时的 8. 18%下降到 2011 年年底的 0. 4%，高于世界骨髓库的入库标准。

由于中华骨髓库大规模血样采集和 HLA 检测，实验室发现了大量的 HLA 新基因，2003—2014 年，中华骨髓库 HLA 组织配型实验室共发现并获得 1 429 个世界卫生组织命名的 HLA 新等位基因。HLA 新等位基因的发现不但完善了人类基因图谱，弥补了中国在这方面的空白，也为研究中国人群 HLA 基因的多态性与疾病的相关性及人类的起源提供了宝贵的数据财富。HLA 新等位基因的发现，不仅为人类基因库输送了宝贵的“新成员”，而且有助于器官和骨髓移植时供体、受体更准确地配型，有效防止移植排斥反应发生，延长患者生命。对为中华骨髓库 HLA 基因频率的计算与分析提供可靠数据支持，不断完善入库标准，指导数据入库工作均具重要意义。

为了保存这些集中采集的健康志愿者血样，中华骨髓库委托专家制定标准，招标确定了由生物芯片北京国家工程研究中心来承建并管理中华骨髓库样品库。样品库从2008年开始筹建，已经收集整理了超过260万健康志愿者的血样。为了保证样品库样本的质量，中华骨髓库也对样品进行质量控制管理。中华骨髓库样品库是国内最大的具有健康适龄捐献者社会信息和中国人类遗传信息的样品库，以其地域跨度大、民族全、数量多等优势成为中国最重要的遗传资源库，它已经引起国内外专家的广泛兴趣和受到科学界的高度关注。中华骨髓库样品库正在成为国家重大研究项目中不可或缺的资源库，对于未来建立中国人基因谱、健康谱等方面的研究将会有重大意义。

（六）造血干细胞捐献也是民间外交和大陆（内地）与台港澳交流的友好使者

自2004年中华骨髓库实现首例涉外捐献至2019年年底，中华骨髓库已经累计向美国、加拿大、英国等国及中国香港、台湾地区等28个国家和地区捐献造血干细胞354例。如今，中华骨髓库不但给14亿中国人民带来了希望，也给6 000多万海外华人带来了福祉。

中华骨髓库工作两次受到习近平肯定和赞誉。2013年，习近平访问马来西亚时提到，“我们不会忘记，2008年中国汶川特大地震发生后，马来西亚人民踊跃捐款捐物；我们也不会忘记，2012年马来西亚留学生杨永康捐献造血干细胞，成功挽救了中国安徽一名7岁孩子的生命……”

2014年7月4日，习近平主席在韩国国立首尔大学发表题为《共创中韩合作未来　同襄亚洲振兴繁荣》的演讲，他说：“迄今为止，中国志愿者共进行跨国捐献骨髓156例，其中为韩国患者捐献骨髓45例，远远超过其他国家。这样的生动事例不胜枚举，都是中韩两国人民友谊的真实写照。我们两国人民要共同努力，更多分享喜悦，更多分担困难，更好书写友谊地久天长的新诗篇。”①

到2024年年底，中华骨髓库累计库容357万人份，实现捐献19 196例，成为世界上较有影响的骨髓库之一。中华骨髓库曾获“社会公益示

① 共创中韩合作未来　同襄亚洲振兴繁荣：在韩国国立首尔大学的演讲［N/OL］. 人民日报，2014-07-04［2022-07-06］：http://politics.rmlt.com.cn/2014/0705/287709_4.shtml.

范工程”十佳称号和“中华慈善奖”最具影响力慈善奖项。

三、中国特色的红十字人体器官及遗体捐献

（一）红十字会参与推动人体器官及遗体捐献的背景

人体器官移植是20世纪医学领域取得的重大进展之一，是挽救终末期器官衰竭患者生命、提高其生存质量的有效手段。1954年，美国波士顿医学家哈里森和默里成功完成了第一例肾移植手术，开创了世界器官移植的新时代。中国的人体器官移植始于20世纪60年代，1960年吴阶平等率先在国内开展了尸体肾移植，1977年上海瑞金医院的林言箴等和武汉同济医院的裘法祖、夏穗生等先后开展了肝移植，揭开了我国大器官移植的序幕。90年代后期，随着免疫抑制剂等方面的进步，器官移植技术迅猛发展。进入21世纪以来，我国人体器官移植技术逐渐成熟并处于世界领先水平，国际上能够开展的人体器官移植手术在中国几乎均能开展，但是，每年有30多万器官衰竭的患者等待器官移植，而临床能满足的仅有2万人左右，器官的来源仍然严重不足。

我国器官来源早期主要依赖司法渠道和亲属的活体捐献。进入21世纪，国家有关部门致力于推动建立公民逝世后的人体器官捐献体系。2005年9月，由国务院法制办牵头，卫生部、红十字会、高级人民法院等相关部门参加，开始起草制定《人体器官移植条例》。2007年3月31日，国务院颁布《人体器官移植条例》，明确规定：“各级红十字会依法参与人体器官捐献的宣传等工作”，“国家通过建立人体器官移植工作体系，开展人体器官捐献的宣传、推动工作，确定人体器官移植预约者名单，组织协调人体器官的使用”。2017年《中华人民共和国红十字会法》修订明确：红十字会“参与、推动无偿献血、遗体和人体器官捐献工作，参与开展造血干细胞捐献的相关工作”。2023年12月，国务院发布《人体器官捐献和移植条例》，进一步细化和明确了红十字会在器官捐献工作中的职责。借助法律赋予红会的职责，中国红十字会逐步参与到国家器官捐献和移植体系的建设之中。

（二）深圳地方立法，开红会参与、推动器官捐献工作之先河

《深圳经济特区人体器官捐献移植条例》（简称《条例》）于2003年10月1日起施行。《条例》结合国情，借鉴和吸收了其他国家的立法

经验，对中国器官捐献移植法治化建设具有重要意义，是中国在器官捐献移植领域迈向法治化建设的标志。

《条例》开宗明义，指出捐献人体器官实行自愿、无偿的原则，鼓励个人逝世后捐献器官，禁止以任何方式买卖人体器官，买卖人体器官构成犯罪的，依法追究刑事责任。有关参与单位和个人应当对人体器官捐献者和患者的资料予以保密。这些规定都为日后中国各地方的立法乃至国家立法起到了很好的探索作用。

《条例》对深圳市红十字会的职责有了十分明确的界定，不但规定了红十字会要做好社会性的普及宣传、捐献者的动员协调外，还设立了“患者接受移植的顺序由市红十字会按照申请登记的时间先后确定。只有当前一名备选患者不适合接受该人体器官移植时，方可选择后一顺序的备选患者”“市红十字会负责受理人体器官捐献的申请，建立人体器官信息库”这些条款，明确深圳的器官移植的分配由红十字会负责。制定者的初衷是看到红十字会的“人道、中立、公正”的特点，才把这个责任赋予了红十字会。按照国际通行原则，对捐献者器官的获取和分配使用，一定要与移植医院特别是移植医生彻底隔离，以杜绝可能发生的利益输送。深圳的这部《条例》规定红十字会为第三方负责器官分配的原则，构建了一个很好的运作结构。

2006 年 2 月 10 日，在深圳务工的四川籍民工陈友余突发脑出血去世后，无偿捐献肝、肾和眼角膜，成为第一例通过红十字会开展的公民逝世后器官捐献。这是中国红十字会以法定身份参与器官捐献的第一个实例。

（三）中国特色人体器官捐献模式探索形成过程

2007 年《人体器官移植条例》颁布后，同年 7 月，国务院召开工作协调会，外交部、公安部、司法部、卫生部、国务院法制办、最高法院、中国红十字会总会等相关部门负责人出席会议，决定由卫生部牵头、中国红十字会总会配合，开展人体器官捐献与移植相关工作。2008 年 8 月，中国红十字会总会在深圳召开“宣传、推动遗体（器官、组织）捐献工作研讨会”，总结红十字会参与遗体（器官、组织）捐献工作的现状，并就下一步如何贯彻落实《人体器官移植条例》及开展遗体器官捐献试点工作提出了很好的意见和建议。2009 年 6 月，中国红十字会会长彭珮云、常务副会长江亦曼和卫生部副部长黄洁夫赴江西进行器官捐献调研，探讨与国家卫生行政部门共同搭建捐献与移植平台。2009 年 8 月 25 日，中国红十字会总会、卫生部在上海召开“全国人体器官捐献工作会议”，探讨在全国范围内开展试点工作。

2010 年 1 月 25 日，卫生部向中国红十字会总会发出《关于委托中国红十字会开展人体器官捐献有关工作的函》，正式委托中国红十字会开展人体器官捐献有关工作：负责全国人体器官捐献的宣传动员、报名登记、捐献见证、缅怀纪念、救助激励等工作；负责建立人体器官捐献工作队伍并负责开发和维护国家人体器官捐献者登记管理系统，建立国家人体器官捐献者资料数据库；负责设立并管理人体器官捐献基金；负责指导各级红十字会开展人体器官捐献相关工作。

2010 年 3 月，中国红十字会总会和卫生部联合发布《关于印发人体器官捐献试点工作方案的通知》，并联合在天津召开“全国人体器官捐献试点工作启动会”，在天津、辽宁、上海、江苏、浙江、福建、江西、山东、湖北、广东等 10 个省、市启动了人体器官捐献试点工作。

2010 年 9 月，中国红十字会总会和卫生部联合成立“中国人体器官捐献工作委员会和中国人体器官捐献办公室”，办公室设在中国红十字会总会赈济救护部。

2011 年 2 月，全国人大常委会通过《中华人民共和国刑法修正案（八）》，明确将组织他人出卖人体器官的行为入罪，情节严重的，可以判处 5 年以上有期徒刑，并处罚金或者没收财产；对于未经本人同意摘取其器官，或者摘取不满 18 周岁的人的器官，或者强迫、欺骗他人捐献器官的，按照故意伤害罪和故意杀人罪定罪处罚；对于违背本人生前意愿摘取其尸体器官，或者本人生前未表示同意，违反国家规定，违背其近亲属意愿摘取其尸体器官的，依照侮辱尸体罪定罪处罚。

2011 年 8 月，在各地开展试点实践的基础上，中国红十字会总会和卫生部联合印发了《人体器官捐献登记管理办法（试行）》《人体器官捐献协调员管理办法（试行）》，为规范人体器官捐献登记和协调员管理提供了基本制度保障。

2012 年 7 月 6 日，中央编办印发《关于设立中国人体器官捐献管理中心的批复》，同意中国红十字会总会设立中国人体器官捐献管理中心，主要负责人体器官捐献的宣传动员、报名登记、捐献见证、公平分配、救助激励、缅怀纪念及信息平台建设等相关工作，核定财政补助事业编制 16 名。是月，国务院印发《国务院关于促进红十字事业发展的意见》，其中明确，支持红十字会依法开展遗体、人体器官捐献工作，探索在省级以上红十字会设立人体器官捐献救助基金，为捐受双方提供必要的人道救助。要充分尊重捐献人的意愿，按照公平、公正、科学的要求，建立严格的管理制度，确保捐献人及法定受益人的合法权益。

2012 年 8 月，在总结试点经验的基础上，中国红十字会总会和卫生部联合印发了《关于进一步推进人体器官捐献工作的意见》，对全国开展此项工作明确了指导思想、基本原则、工作目标及具体措施，明确了中国人体器官捐献体系组织结构及职责、中国公民逝世后器官捐献工作流程。2013 年 2 月，卫生部和中国红十字会总会在北京共同召开人体器官捐献工作视频会议，部署在全国全面推开人体器官捐献工作。

2014 年 2 月，国家卫生计生委和中国红十字会总会将“中国人体器官捐献工作委员会”与 2006 年成立的“中国人体器官移植技术临床应用委员会”合并，成立“中国人体器官捐献与移植委员会”，秘书处设在国家卫生计生委医政医管局。其中明确，中国人体器官捐献与移植委员会由国家卫生计生委主导，在国家卫生计生委和中国红十字会总会党组领导下，对全国人体器官捐献和移植的管理工作进行顶层设计并拟定有关政策措施。

2015 年 1 月起，我国全面停止司法渠道器官的使用，公民自愿捐献成为唯一合法的器官来源。当年，完成公民逝世后捐献 2 766 例，捐献器官 7 788 个，实现了器官来源的根本转型，翻开了我国人体器官捐献事业的崭新一页。

2016 年 5 月，国家卫生计生委、公安部、交通运输部、中国民用航空局、中国铁路总公司、中国红十字会总会等六部门联合印发了《关于建立人体器官捐献转运绿色通道的通知》，多部门联手建立起捐献器官转运的绿色通道。

2016 年 10 月，在国家卫计委和中国红十字会总会支持下，首届中国-国际器官捐献大会在人民大会堂金色大厅召开，世界卫生组织（WHO）总干事陈冯富珍发表视频讲话，评价中国初步探索建立的既遵循国际原则，又符合中国国情和文化的人体器官捐献中国模式是积极有效的，中国的人体器官捐献得到了国际社会的认可和赞赏。

2019 年 6 月，为落实《中国红十字会总会改革方案》要求，总会印发《关于增加中国人体器官捐献管理中心职责内容的通知》，将“参与推动地方红十字会规范开展遗体及角膜等组织的捐献相关工作”的职责授予中国人体器官捐献管理中心。自此，中国人体器官捐献管理中心全面负责人体器官和遗体、角膜等组织捐献的相关工作。

2020 年 5 月 28 日，第十三届全国人民代表大会第三次会议通过了《中华人民共和国民法典》，在第四编“人格权”第二章“生命权、身体权和健康权”中，有两条涉及遗体和人体器官、人体组织捐献，严格规定捐献者和家属自主决定无偿捐献其人体细胞、人体组织、人体器官、遗体，禁止器官买卖，从国家法典的高度对人体器官捐献做出明确规定。

2020 年 11 月，中国红十字会总会和国家卫健委在杭州共同举办了“全国人体器官捐献工作十周年宣传活动”并召开“中国红十字会人体器官捐献工作十周年新闻发布会”，全面总结 10 年来的工作，推动开启我国人体器官捐献工作高质量发展的新阶段。

2021 年 1 月 7 日，中国红十字会总会和国家卫健委联合修订印发了《人体器官捐献登记管理办法》《人体器官捐献协调员管理办法》，进一步规范志愿登记和案例报告相关工作，明确了协调员队伍的建设和管理职责，为切实发挥协调员捐献见证作用提供了制度保证。

2021 年 6 月，国家卫健委、国家发改委、财政部、国家市场监管总局、国家医保局、中国红十字会总会、中央军委后勤保障部卫生局联合发布了《关于印发人体捐献器官获取收费和财务管理办法（试行）的通知》，规定将为完成器官捐献法定流程所付出的管理成本纳入器官获取的成本之中，获取组织在收到捐献器官获取费用后，应当向红十字会等服务主体支付相关成本费用。

经过10多年磨合探索，中国红十字会在整个器官捐献与移植框架中，形成了自己的定位，并主要在宣传动员、报名登记、捐献见证、缅怀纪念和人道关怀等方面开展工作。其独特优势主要体现在4个方面：一是中国红十字会是党领导下的群团组织，是党和政府在人道领域的助手和联系群众的桥梁纽带，为做好器官捐献工作提供了坚强的政治保证。二是中国红十字会以弘扬“人道、博爱、奉献”精神，保护人的生命和健康为宗旨，有相关工作的丰富经验，为做好器官捐献工作奠定了良好的工作基础。三是中国红十字会有遍布全国的组织网络体系，有众多的会员和志愿者，可以广泛地开展社会动员，为做好器官捐献工作提供了有效的组织保障。四是中国红十字会以中立第三方身份参与，有利于维护捐受双方的合法权益，有利于维护器官捐献的公益属性，为做好器官捐献提供了有效的机制保障。

（四）形成中的中国特色人体器官捐献体系

10多年来，中国红十字会发挥独特的组织优势，秉持保护人的生命和健康的宗旨，弘扬“人道、博爱、奉献”的红十字精神，践行社会主义核心价值观，不断完善人体器官捐献工作的体制机制，逐步形成了遵循国际伦理准则、坚持科学公正法治、立足中国国情文化的人体器官捐献“中国模式”。

1. 法律法规体系

在国家层面，出台了《中华人民共和国民法典》、《中华人民共和国刑法》、《中华人民共和国红十字会法》、《中国红十字会章程》、国务院《人体器官捐献和移植条例》、《国务院关于促进红十字事业发展的意见》、中办国办《关于党员干部带头推动殡葬改革的意见》等。在省级层面，全国有11个省（区、市）和5个副省级城市人大常委会出台了遗体和人体器官、角膜捐献的地方条例。如《上海市遗体捐献条例》《山东省遗体捐献条例》《福建省遗体和器官捐献条例》《深圳经济特区人体器官捐献移植条例》等。

2. 组织机构体系

在国家层面，有中国人体器官捐献与移植委员会，中国红十字会总会成立了中国人体器官捐献管理中心。在省级层面，省级红十字会和卫生行政部门建立了人体器官捐献协调机制，有 26 个省级红十字会由编办批准成立了人体器官捐献管理机构，4 个省份红十字会成立了人体器官捐献办公室（设在红十字会）。全国建立了 2 200 余人的人体器官捐献协调员队伍和 5 000 余人的人体器官捐献志愿服务队伍，一个覆盖全国的人体器官捐献工作网络正在形成。

3. 政策制度体系

在国家层面，有国家卫计委等六部门《关于建立人体器官捐献转运绿色通道的通知》，国家卫健委等七部门联合印发《人体捐献器官获取收费和财务管理办法（试行）》，中国红十字会总会和国家卫健委联合印发《人体器官捐献登记管理办法》和《人体器官捐献协调员管理办法》等制度文件，中国人体器官捐献管理中心还制定出台了优秀协调员评选表彰、网上志愿登记备案、捐献证书制作颁发等配套工作规范。部分省份也因地制宜出台了人体器官捐献的人道救助、殡葬缅怀等相关管理制度。

4. 经费保障体系

2011 年起，财政部通过国家彩票公益金人体器官捐献项目开始支持人体器官捐献工作，“十二五”项目经费 4 315 万元，“十三五”项目经费 5 100 万元，“十四五”项目经费 44 171 元。中国红十字基金会设立“生命接力”专项基金，多渠道筹集社会资金。全国有 24 个省（区、市）通过政府投入、医院支持、社会募捐等方式多渠道筹集资金，为人体器官捐献工作开展提供了稳定的经费支持。

（五）开展的主要工作

1. 宣传动员

宣传动员是红十字会参与人体器官捐献工作的重要职责，其主要任务就是突出精神引领，在全社会传播器官捐献的理念和知识，提升社会公众的捐献意识。

2010 年 7 月 17 日，第四届中国移植运动会暨第三届中国器官捐献日活动在天津举办，全国人大常委会副委员长、中国红十字会会长华建敏出席并宣布运动会开幕，有来自全国的 800 余名接受过器官移植的康复患者参加了运动会。

2016 年 10 月和 2017 年 9 月，中国人体器官捐献管理中心分别与云南和四川有关机构组织了“为爱奔跑 · 生命接力”马拉松赛。来自全国 25 个省（区、市）红十字会的器官捐献负责同志、器官捐献协调员、志愿者等 300 余人组成宣传方队参加 4 公里大众跑，并邀请爱心大使领跑，组织了红十字会方队参加成都国际马拉松赛，用最具活力的方式宣传器官捐献的理念。

最近几年来，中国人体器官捐献管理中心先后设计推出系列宣传片、宣传品，如拍摄《生命的礼物》《生命接力》《生命如花》《生命接力 · 救在身边》《生命接力 · 毅路同行》等宣传片，推出《重生》《为你点赞》等原创歌曲，编印《新生 · 心声》《生命回响》《生命的乐章》《因爱而行 · 向阳而生》《生命的意义》等宣传册，通过活动、网站、公众号等广泛传播。还发起全国性主题宣传活动，推动器官捐献志愿服务和文艺创作。每年 5 月在全国发起“人体器官捐献志愿服务月”活动，8 月发起“人体器官捐献志愿登记宣传季”活动，召开人体器官捐献志愿服务暨文艺创作研讨会，推动生命接力志愿服务体系的建立，推动涉及器官、角膜捐献题材的电视剧、电影的创作。

2015 年 8 月 6 日，中央电视台和部分省（区、市）电视台开始播放中国人体器官捐献管理中心制作的电视公益广告，同年在北京市首都机场、公交、地铁连续发布了“器官捐献，生命永续”公益广告，营造报名参与捐献器官的社会氛围。2017 年，中国人体器官捐献管理中心再次与中央电视台联合推出公益广告《妈妈的心跳》，受到了广泛好评，荣获 CCTV 第三届全国公益广告大赛专业组金奖。此后全国地方红十字组织纷纷效仿，反映器官捐献的公益广告层出不穷，起到了很好的社会引领作用。

2018 年 6 月，4 岁半的青岛女孩九月不幸离世，她的父母将她的器官和角膜捐献，给 5 个家庭送去了重生的希望。通过媒体的深度报道，九月的故事感动了青岛乃至中国。青岛红会结合捐献者典型代表小九月的事迹，与社会各界爱心人士着力培育“九月天使”器官捐献爱心公益品牌。青岛市将培育弘扬“九月精神”上升为城市精神。2019 年 6 月，镌刻有红十字标志的“九月天使”雕塑落户青岛雕塑园。

2018 年 8 月，根据一位叫作叶沙的捐献者逝世后用自己的器官救治了 7 个人的生命的真实故事，中国人体器官捐献管理中心启动“一个人的球队”球赛项目，请 5 位移植受者赴北京进行集训。由于主题鲜明，立意新颖，“一个人的球队”形成了轰动效应，用最直观的方式和效果，让民众了解了器官捐献的意义。同年 10 月 22 日，“叶沙，一个人的球队”篮球队创意项目由腾讯视频公益发布，迅速在各类媒体传播，浏览量逾 560 万人次。2019 年，又推出“一个人的乐队”，荣获国际国内 10 多项大奖，让全世界都知道了发生在中国的器官捐献感人故事。

自中国人体器官捐献工作启动以来，陈竺、华建敏、李金华等多次到达活动现场，带头响应党和国家号召，登记捐献器官意愿，以实际行动表达对器官捐献事业的支持。

2. 报名登记

向公众提供表达逝世后捐献器官意愿服务是红十字会的另一项重要职责，要确保是本人真实意愿的表达，并且随时可以变更或撤销。为方便公民表达逝世后捐献器官的意愿，2010 年人体器官捐献工作启动之初就开展了书面登记。2012 年年底，中国人体器官捐献管理中心启动了人体器官捐献志愿登记信息系统建设，通过信息网络实现公民登记成为逝世后器官捐献志愿者。2014 年 4 月开通网站志愿登记，2016 年 10 月开通微信登记，2020 年后陆续在“浙里办”“津心办”“云闪付”“网上国网”等手机 App 开通志愿登记入口，大大提升了公众志愿登记和案例报告的便利性。与此同时，在公众志愿登记完成后，统一制作发放电子或实体登记卡和感谢信，作为登记凭证和珍藏留念，还开通 400-010-6695 免费咨询电话，在 010-999 开通咨询服务，建立完善值班制度，为社会各界提供更加便捷的服务。

3. 捐献见证

以独立第三方身份参与人体器官捐献工作，客观公正见证人体器官捐献过程，维护捐受双方的合法权益是红十字会参与人体器官捐献工作的主要责任。人体器官捐献协调员是履行捐献见证职责的主要承担者，根据新的《人体器官捐献协调员管理办法》，人体器官捐献协调员是指经红十字会认定的参与人体器官捐献的宣传动员、现场见证、信息采集报告等工作并协助完成人体器官捐献其他相关事务的人员。

2010 年 6 月，中国红十字会总会和卫生部在深圳联合举办了第一期人体器官捐献协调员培训班，来自全国 11 个人体器官捐献试点省（区、市）红十字会、卫生厅（局）的负责同志、部分器官移植定点医院的器官捐献协调员候选人共计 210 余人参加了培训。此后，每年编印培训教材，建立培训师资专家库，举办全国培训班。培训内容紧贴工作实际，涵盖人体器官捐献相关法律、伦理、心理、社会文化等方面的知识，以及协调员工作经验分享、家属权益维护和典型案例分析等方面的内容，逐步建立起了一支高素质的人体器官捐献协调员队伍。

人体器官捐献协调员是器官捐献者意愿表达的第一承接者，也是捐献者家庭悲痛情绪的倾听者和安抚者，他们是由红十字会工作人员和医疗机构的志愿者组成，具备一定的专业知识和社会工作经验，他们的工作是整个捐献流程中极其重要的方面。由于一边联系着因疾病、车祸、意外等导致的人体器官捐献者的死别，一边承载着因器官衰竭而亟需等待器官移植患者重生的希望，协调员被称为“生命的摆渡人”。他们架起了器官捐献者与器官需求者之间的桥梁。这无疑是一件极为艰难的事情，要解释清楚捐献遗体器官的意义和流程，这段时间或许是几个小时，或许是几天。整个过程持续到器官移植结束，协调员们就是这样抱着“一个器官，就能够挽救一个甚至几个家庭”的信念，在这充满悲伤与爱意的道路上艰难跋涉。这些协调员不但是捐献知识的普及者，更是国家推行自愿无偿捐献器官政策的解读者，只有在协调员的见证下，整个捐献过程才能被合法承认。

4. 缅怀纪念

从中华优秀传统文化出发，为捐献者建立缅怀纪念场所，每年组织开展缅怀纪念活动是红十字会开展的另一项重要工作，通过特别的方式向捐献者致敬，营造捐献光荣的社会氛围。中国人体器官捐献管理中心从 2013 年在山东济南举办首次人体器官捐献缅怀纪念活动开始，每年都在不同的城市举办全国性的人体器官捐献缅怀纪念暨宣传普及活动。连续10年在清明节前夕的3月31日举办“全国人体器官捐献缅怀纪念活动”，并在全国发起“人体器官捐献缅怀纪念月”活动，号召各级红十字会在清明节前后组织开展多种形式的缅怀纪念活动。支持和推动各地开展捐献者缅怀纪念场所建设，全国已设立捐献者缅怀纪念场所170多处，并继续推动在有条件的地市级城市建立捐献者缅怀纪念场所。

5. 人道关怀

很多人体器官捐献者都是因意外事故或突发疾病去世，亲人处于悲痛之中，家庭生活往往也陷入困境，需要得到社会的关心和帮助，对此，中国红十字会多措并举向捐献者家庭开展人道关怀工作。在国家层面，向捐献者家庭发放捐献证书和纪念章以及人道关怀慰问金，在中国红十字基金会设立“生命接力”专项基金，多渠道筹集社会资金，积极开展捐献者家庭养老助学帮扶工作。到2022年年底，全国有24个省级红十字会通过政府投入、医院支持、社会募捐等方式多渠道筹集资金，对捐献者家属广泛开展人道慰问、殡葬补贴、困难救助等人道关怀活动。

人道关怀是红十字会组织必须要做的重要工作，这也是此项公益事业得以顺畅可持续发展的必要手段。厘清自愿无偿捐献与家庭生活困难救助之间的关系，特别要讲清人道关怀与器官买卖的本质区别。中国红十字会作为人道救助组织，以第三方的身份承担着这项工作，他们秉承着一个基本原则：器官捐献不是人道救助的直接原因，生活困难才是人道救助的根本出发点，就像红十字会救助其他生活困难群众一样。这里的一个重要概念是：不是因捐献器官而引发救助，只是对生活困难的器官捐献者家庭的人道救助。

红十字会全面负责对捐献者进行人道救助的标准和流程制定、操作，让这件事公正透明地晾在体系平台上，堵塞管理漏洞，防止暗箱操作，使这项事业得以健康发展。

（六）倡导遗体捐献，服务医学事业

20世纪80年代起，中国医学教育规模增长迅速，医学院校教学解剖教学用遗体严重短缺，呼声强烈。上海红十字会在全国率先开展了遗体捐献工作，2000 年 12 月，上海市人大常委会正式通过国内第一个地方性法规——《上海市遗体捐献条例》（简称《条例》）。《条例》明确由卫生行政部门委托上海市红十字会开展遗体捐献工作，从此开启了红十字会系统依法依规开展遗体捐献工作的先河，之后其他地方红十字会纷纷加入，普遍开展宣传、组织、动员、实施公民自愿无偿捐献遗体工作，用于医疗教学与科研。

北京、上海、青岛等地红十字会确定专门部门和专职人员，会同医学院校共同开展志愿无偿捐献遗体的宣传工作，捐献者生前报名登记，确定监护人（委托执行人），医学院校会同解剖教研室成立专门遗体接收站，设定遗体告别室，建立全年无休的 24 小时值班接收遗体制度。还帮助学校制定使用遗体的伦理规范，凡有使用遗体的课程，开课时的默哀致敬、课程结束时的感恩告别，都是不可或缺的仪式。有的地区红十字会还组织遗体捐献登记者开展有关活动，对已经实施捐献的志愿者家属给予慰问等。每年清明节，各级红十字会都要组织悼念追思仪式，使捐献者的精神得到发扬和传颂，红十字的人道工作也同时得到了社会的理解和支持，人道的理念融入了千家万户。20 世纪 90 年代后期，很多省份红十字会还陆续开展了角膜和骨骼、皮肤等组织捐献的相关工作，为角膜病患者送去光明，大大改善了相关组织病患的生活质量。

（七）主要成效

自 2010 年卫生部委托中国红十字会总会作为第三方开展人体器官捐献工作以来，至 2024 年年底，全国累计志愿登记者人数超 700 万人，年登记人数从 2010 年 1 000 余人升到 36.4 万人，其中 45 岁以下中青年占比 93%以上，社会公众捐献意识明显提升。累计完成公民逝世后器官捐献 5.6 万余例，捐献器官 17 万余个，其中，年捐献数量从 2010 年的 34 例增长到最高 2018 年的 6 316 例，增长 180 倍以上，百万人口年捐献率从 2010 年 0.03 升到最高 2018 年 4.53，捐献数量居世界第二位。

截至 2021 年年底，全国共成立有遗体接收站 121 家、眼库 85 家、组织库 22 家，全国累计捐献遗体 4.5 万余具、捐献角膜 8 万余片、捐献组织2 000余例，既解决了医学教学、医学科研和医疗临床中的迫切需要，也使红十字文化结合实际走进学校、融入社会，在医学生中广泛传播，在全社会普及了红十字人道文化，也提升了红十字社会影响力。遗体、角膜、组织捐献与人体器官捐献正被社会越来越广泛地认可和接受，成为引领社会文明进步的新风尚。

第七章 中国特色红十字人道资源动员

人道资源动员是红十字会等人道组织履行人道主义职责、实现红十字事业发展目标的重要手段和基础。中国红十字人道资源动员工作随着红十字事业的发展，经历了不同的历史发展阶段，取得了较好的成效，开创了具有中国特色的人道资源动员路径和模式，但也还存在改进和发展空间，亟需在新时代加强队伍专业能力建设，进一步提升人道资源动员水平。

第一节 人道资源动员的概念及发展

一、人道资源动员的概念

（一）资源与人道资源

资源，是指一国或一定地区内拥有的财力、物力、人力等各种物质要素的总称，分为自然资源和社会资源两大类。前者如阳光、空气、水、土地、森林、草原、动物、矿藏等，后者包括人力资源、信息资源、技术资源以及经过劳动创造的各种物质财富等。

人道资源是指为红十字会等人道组织开展人道救助和人道服务工作所提供的财力、物力、人力等各种资源的总称，它包括红十字会等人道组织为履行法定职责面向社会募集的资金和物资，也包括来自政府、企业、其他社会组织以及红十字运动内部为支持人道事业提供的各种资源。

（二）人道资源动员

人道资源动员是指红十字会等人道组织为推广人道理念、开展人道救助工作，争取政府政策法规支持，通过媒体等传播，动员会员、志愿者、公众及企事业单位参与支持，募集资金、物资和人力等多方资源，实现人道救助目标、践行人道组织使命的行为过程。

二、人道资源动员的发展演变

随着国际红十字组织创设及红十字运动的发展，国际人道机构的不断增加，人道资源动员形式和模式不断演化发展。

（一）国际红十字运动人道资源动员发展

红十字国际委员会的创设就是一个人道资源动员的经典案例。作为红十字运动的创始人，亨利·杜南开创这一伟大事业的三部曲是：第一步，写作并出版《索尔费里诺回忆录》，提出两个伟大构想，影响有影响力的人。1862 年他还只是一个 34 岁的银行职员，为实现其人道理想，他将其著作作为“致世界伟人的公开信”①，寄发给欧洲王室贵族、大使馆，以及著名的将军、医生、作家和慈善家等，著作很快引起巨大反响，并翻译为德语、荷兰、意大利语等多语种出版。他的著作及构想获得数百位具有社会影响力的欧洲人士回信赞同，包括雨果、狄更斯、南丁格尔及十三位君主。② 第二步，推动建立发起机构，影响有实操经验的人。在瑞士他争取到日内瓦公共福利协会主席，也是著名律师古斯塔夫·莫瓦尼埃的支持。1863 年 2 月，莫瓦尼埃将杜南的构想提交到日内瓦公益会议上讨论，并随后组建由杜南、莫瓦尼埃及日内瓦著名人士杜福尔将军、阿皮亚医生、莫诺瓦医生组成的“五人委员会”来研讨推进。尤其是莫瓦尼埃是一个既具有丰富的公益机构管理运营经验，又有国际法背景的律师，因此，在 1867 年杜南离开组织后，他能够长时期担任主席，确保机构的长期运营。第三步，推动国家支持，召开国际会议并签署国际公约，影响国际社会。1863 年，杜南利用参加第五届国际统计学大会的机会，游说法国、普鲁士等多个国家，成功邀请到 14 个国家的 36 位代表参加在日内瓦召开的准国际会议，讨论他们草拟的 10

① 弗朗索瓦·比尼翁．红十字国际委员会与保护战争受难者：第 1 卷［M］．晓亚·杜博礼，安德烈·杜博礼，译．青岛：青岛出版社，2014：8.

② 罗歇·迪朗．红十字之父：亨利·杜南传［M］．晓亚·杜博礼，译．北京：中国海洋大学出版社，2011：30.

条决议。1864 年 8 月，“五人委员会”又争取到瑞士政府支持，以政府名义邀请 16 个欧洲国家到日内瓦召开“关于中立化在战地服务的军队医务部门的国际会议”，参加会议的 12 个国家正式代表签署《改善战地武装部队伤者病者境遇之日内瓦公约》，这是第一个日内瓦公约，标志着国际人道法的诞生。亨利·杜南的《索尔费里诺回忆录》堪称一部伟大的公益项目策划书，开启了全人类最广泛最持久的人道主义运动。

在此后 160 多年的红十字运动历史发展进程中，动员政府、社会、企业等各方资源支持，一直是红十字组织的最基础性工作。人道资源动员内容随着人道救助范围的不断扩展，由最初的理念倡导，争取国家认同签署公约，成立国家红会，到和平时期开展救护培训，战时动员医务人员、志愿者参与战地救护，再到募集救援物资和资金；保护对象也从陆战到海战的伤兵，到保护战俘和战争中的平民，再到灾害、疫情、贫困中最易受损群体，人道资源动员的需求和数量在不断扩大，人道资源动员模式也在不断发展创新。

1864 年奥普对丹麦战争，红十字国际委员会首次派出 2 名代表进行战地观察、调停和救护。1866 年普奥战争期间，国际委员会除了游说斡旋交战国加入《日内瓦公约》外，开始发出救助呼吁，并得到法国和瑞士国家委员会的物资援助回应。在普法战争期间，国际委员会通过国际大会决议，在巴塞尔建立国际伤兵救护所，救护所成为信息交流、募集资金物资、提供交通运输方便的机构，开始募集到绷带、药品、外科用具、衣物和食物等救援物品，并首次争取到了救援物资获得免除关税和运输费的待遇。① 此后，1912 年第 9 届红十字国际大会上通过决议：各国红十字会在和平时期成立一个特别委员会，其职责是在战时收集被俘军人救济物资并转交和委托给日内瓦国际委员会。由国际委员会负责向不同的战俘营发放，由此产生的费用支出将由相关国家的红十字会承担。② 此后，国际委员会年度预算通过签署《日内瓦公约》国家、国家

① 弗朗索瓦·比尼翁．红十字国际委员会与保护战争受难者：第 1 卷［M］．晓亚·杜博礼，安德烈·杜博礼，译．青岛：青岛出版社，2014：32-35.

② 弗朗索瓦·比尼翁．红十字国际委员会与保护战争受难者：第 1 卷［M］．晓亚·杜博礼，安德烈·杜博礼，译．青岛：青岛出版社，2014：75-76.

红十字会分摊资金，成为通行模式。

1919年“红十字会联盟”成立后，超越《日内瓦公约》的职责范畴，将应对非武装冲突引发的紧急情况（如人为的或自然灾害、重大疾病疫情等）也作为工作范畴。联盟成立后的第一项救援使命是救援波兰饥荒和随后的斑疹伤寒疫情。成立初期的5年，联盟便为在34个国家的救援使命发出了47个捐助呼吁，共筹集到6.85亿瑞士法郎，用于救援俄罗斯、德国和阿尔巴尼亚的饥荒受害者，智利、波斯、日本、哥伦比亚、厄瓜多尔、哥斯达黎加、土耳其地震受害者，以及希腊和土耳其的难民。1923年日本关东大地震之后，红十字会联盟发出首个全球大规模灾难救援呼吁，为日本红十字会募集价值达到1亿美元的救灾物资。

为进一步动员人道资源，红十字国际委员会1931年成立了基金会。1957年第19届红十字国际大会通过第9号决议，红十字国际委员会设立融资事务委员会，向红十字国际大会成员国政府、国家红会呼吁捐赠资金，并约定捐赠资金数量目标。国际联合会也设立财务委员会，负责审理联合会财务预决算及国家红会会费额度及计算标准等资源管理工作。目前，红十字国际委员会设立有基金会和财务与物流部，承担全球的人道资源动员与管理职能。国际联合会设立伙伴关系和资源发展部，负责人道资源动员组织和发展工作。

（二）中国红十字运动人道资源动员发展

中国红十字会成立以来，人道资源动员一直是开展人道救助的首要工作。1904年上海万国红十字会创立后，沈敦和等发起人除了在当时的《申报》《新闻报》《中外日报》等媒体上广泛开展募捐呼吁及捐赠进展信息公示外，“与会董事筹垫白银5万两作为启动经费，然后，‘电禀各省大宪，拨助捐款’”，“清政府还拨出帑银10万两，资助上海万国红十字会的慈善行动”①，政府官员的带头捐赠示范效应，引发社会公众踊跃捐赠，据李提摩太回忆录中描述，该救助行动“捐助的资金总共达451 483两”②。

---

① 孙柏秋．百年红十字［M］．合肥：安徽人民出版社：2003：23-24.

② 池子华．中国红十字运动通史（1904—2014）：第一卷［M］．合肥：合肥工业大学出版社，2018：45.

民国时期的中国红十字会，人道资源动员模式更加广泛，除了通过报纸刊登募集广告劝募，动员上至大总统下至普通老百姓捐赠外，还发展会员缴纳会费，开展“红十字周”等宣传和劝募活动，创办红十字医院和学校等实体增加救助实力。抗日战争时期，还争取到美国、英国等众多国家和红十字会的大额度资金、物资和国际志愿者的人道援助。

中华人民共和国成立后，中国红十字会经改组，定位为人民卫生救护团体，先后经历与中国人民救济总会、卫生部合署办公。1955 年开始，红十字系统创办的红十字医疗实体机构整体移交国家卫生部门。在举国实行计划经济体制大背景下，社会资源集中到国家和集体统一分配，红十字会面向社会进行人道资源动员，尤其是开展社会筹款的职能严重弱化。

20 世纪 80 年代初，随着改革开放及市场经济体制逐渐建立，国家倡导勤劳致富、先富带后富，个体民营经济得到发展，中国公益慈善事业开始起步。1978 年，中国红十字会恢复国内工作，开始发展会员和基层组织。1979 年开始接受国际援助。1979—1982 年，为在中国安置的越南等国难民 27 万人，接受 14 国红十字会捐赠的物资和医疗设备（价值人民币 310 多万元）。1981 年，四川道孚地震，中国红十字会第一次与国际红十字组织联合发出国际捐赠呼吁。[①] 1985 年，总会发出《关于为非洲灾民开展社会募捐的通知》，这是自 1950 年以来第一次开展的规模较大的全国性社会募捐活动，共募集 1 387 万余元。[②] 1986 年，总会与外交部联合发文，在部分民航机场、外宾宾馆、货币兑换处试设红十字募捐箱。1994 年，南方水灾，中国红十字会开展赈灾募款工作，从境内外累计募集到 1.65 亿元款物。1998 年，张家口地震、南方水灾，国际联合会为张家口地震发出 1 000 万元人民币的救援呼吁。为开展抗洪赈灾工作，与中央电视台等联合主办的“我们万众一心”大型文艺义演，收到捐赠款物 6 亿元人民币，创历史新高。2005 年，印度洋海啸发

---

① 池子华．中国红十字运动通史（1904—2014）：第六卷［M］．合肥：合肥工业大学出版社，2018：213.

② 池子华．中国红十字运动通史（1904—2014）：第六卷［M］．合肥：合肥工业大学出版社，2018：222.

生后，中国红十字会通过紧急呼吁、举行大型义演等活动，募集援助资金 4.27 亿元人民币。2008 年，汶川地震发生，中国红十字会第一时间发出救灾呼吁，启动救援行动，并正式向国际联合会和国际社会发出紧急呼吁，累计募集 199 亿元人民币救灾款物。

中国红十字会部门设置变化，体现了对人道资源动员工作的认识不断深化和重视程度。1995 年经中编办批准的中国红十字会总会机构改革方案，确定设立国内工作一部负责备灾救灾、募捐呼吁及捐赠管理、项目实施等工作，国内工作二部负责会员及组织发展、红十字青少年及宣传工作，联络部负责国际援助、捐赠及港澳台红十字组织的合作交流。2001 年，机构改革，负责人道资源动员的部门重新设置为赈济救护部、事业发展部、联络部。2002 年，中国红十字会总会成立筹资与宣传处，召开全国筹资工作研讨会，并主动向全国大中型企业寄发 1.8 万份劝募函筹款，首次实现当年国内募款超过国外募款的可喜现象。

2009 年，中国红十字会总会再一次改革部门设置，设立赈济救护部、筹资与财务部、组织与宣传部和联络部，由筹资与财务部负责筹资工作，组织与宣传部负责政策法规倡导、会员发展、志愿者管理、红十字青少年等工作，联络部负责海外资源动员工作。

2018 年，为进一步做好人道资源动员工作，总会下发《关于加强人道资源动员工作的指导意见》，要求“全面贯彻新发展理念，进一步解放思想，改革创新，发挥优势，突出特色，不断增强人道资源的开发动员能力，为红十字会依法履责、增强核心竞争力，实现红十字事业持续健康发展提供支撑和保障，努力开创人道资源动员工作新局面”。提出以需求为导向策划实施公益项目，广泛动员社会资源；积极承接政府购买服务，主动争取政府资源；发挥会员和志愿者作用，进一步动员红十字运动的内部资源；适应互联网时代发展趋势，大力提升互联网资源动员能力；鼓励创设专项基金，支持红十字基金会发展，积极拓展人道资源动员新途径；支持创办公益实体，积极探索可持续的资源动员渠道。

随着基层红十字会体制理顺，独立设置机构，全国人道资源动员工作快速发展，尤其是随着中国红十字基金会及 20 多个地方红十字基金会的建立和发展，品牌影响力和人道资源动员能力逐渐提升，成为人道资源动员重要力量。江西省、云南省还创新设立红十字会人道资源发展中心，探索整合省级红十字会与红十字基金会及基层红十字会合作开展资源动员的新模式，并取得显著成效。

三、人道资源动员与慈善筹款的异同

红十字会及人道组织的人道资源动员与一般慈善组织的筹款有很多共同点，但也有较大差异。

菲利普·科特勒在《战略营销：非营利组织的视角》中指出，非营利组织的任务是“传递有效的价值主张从而让目标受众采取期望行为”①。人道组织和慈善机构都属于非营利组织，其创立和发展都需要发现社会问题，并提出解决该社会问题的主张和途径，通过设定机构的目标和使命，构架项目体系，除资助型基金会外，大多公益慈善组织都需要动员社会资源来协同实现机构目标。因此，争取政府政策和经费支持，动员企业和公民捐赠款物，组织志愿服务，这是二者的相同点。

但红十字运动的人道资源动员的方式与一般公益慈善组织有很多不同点：

首先，红十字国际组织从创立开始，就从守护人类生命生存底线和人道主义的道德制高点来构建运动的使命，因此，理念首先打动的是知名人士的良知，继而推动了众多政府认同，签署国际公约，并构建起国际人道法体系，支持各国成立红十字会或红新月会，成为遍及全球的保护人的生命与健康，维护人类尊严，获得最广泛认同的国际组织，而其他公益慈善组织往往是针对某个地域、某个时期、某类服务群体的某一类需求，来开展资源动员和援助，很少像红十字国际运动在动员人道资源上遍及全球196个国家和地区的普遍性，以及时间上持续160多年的持久性。

其次，在资源动员的目标和对象上，公益慈善募捐主要是企业和个人，虽然公益慈善组织也会争取到政府购买服务支持，但不像红十字会组织，按照《日内瓦公约》约定，政府支持成立国家红十字会、承诺给

① 菲利普·科特勒，艾伦·R. 安德里亚森. 战略营销：非营利组织的视角［M］. 王方华，周洁如，译. 北京：机械工业出版社，2010：139.

予经费和人力资源支持，制定法规为红十字会开展募捐和救援提供税收优惠和通行便利，是其公约承诺的义务和责任。因此，红十字会的人道资源动员对象，主要是政府，也包括企业、社会个人等各方面，在突发重大国际战争和灾害中，募集人道资源的对象还会超越国界，可以说，人道资源动员对象具有广泛性。

最后，在资源动员类别上，公益慈善机构募捐主要为资金和物资，也包括志愿服务，而人道资源动员不仅为款物，更包括政策资源、人力资源、技术资源、信息资源等。如中国红十字会争取党和政府的重视支持，《国务院关于促进红十字事业发展的意见》出台，还得到法律赋权，开展献血宣传，组织动员捐献造血干细胞、遗体和人体器官等特殊人道资源的法定权力。因此，人道资源动员类别更具有多样性和特殊性。

第二节　人道资源动员的基本途径和方法

在红十字运动 160 多年历史发展长河中，在红十字国际委员会和联合会及 192 个国家红十字会或红新月会发展过程中，探索开展了众多成功的人道资源动员方法和模式，值得了解学习和借鉴。中国红十字会在 120 多年的历史发展过程中，从万国红十字会上海支会到大清红十字会，到中华民国红十字会，再到中华人民共和国成立后改组的中国红十字会和改革开放后的当代中国红十字会，探索创新了多种多样的人道资源动员方法，有的具有全世界的相同性，有的则具有中国特色，一些成功的人道资源动员模式值得进一步总结和推广。

一、争取国家法规政策支持

当一个国家政府签署《日内瓦公约》后，履行国际公约责任的一个重要内容，是通过国内立法或审核发布章程，使国家红十字会合法化，按照法规或章程行使职权，并获得法律保护。

（一）争取立法保护

清朝末期，在西风东渐大背景下，清政府对签署《日内瓦公约》、成立红十字会持支持态度。1899 年，清政府就曾委派驻俄公使杨儒赴荷兰在《关于日内瓦公约原则推行于海战的海牙公约》上签字；1904 年，上海万国红十字会成立后，清政府委派驻英使臣张德彝前往瑞士补签《改善战地武装部队伤者病者境遇之日内瓦公约》；1911 年，中华民国政府宣布继承两个公约。中华人民共和国成立后，中央人民政府宣布承认 1949 年“日内瓦四公约”。1956 年 11 月，全国人大批准“日内瓦四公约”；1983 年 9 月，全国人大批准两个附加议定书。

在国家签署日内瓦公约基础上，中国红十字会积极拟订章程，争取立法支持。1912 年，中国红十字会召开首届会员大会和统一大会，通过《中国红十字会章程》《中国红十字会分会章程》。1914 年，袁世凯以大总统令颁布《中国红十字会条例》；1915 年，颁行《中国红十字会条例施行细则》。1932 年 12 月，南京中华民国政府颁行《中华民国红十字会管理条例》；1933 年，公布实施《中华民国红十字会管理条例施行细则》。1943 年 4 月，公布《中华民国红十字会战时组织条例》；1945 年 12 月，公布《复员期间管理中华民国红十字会办法》。1948 年 11 月，立法院审议《中华民国红十字会法（草案）》，但一直没有得到通过。

中华人民共和国成立后，1950 年，中国红十字会进行了协商改组，周恩来总理主持并修改了《中国红十字会章程》，并以人民政府政务院名义公布《中国红十字会会章》，明确规定红十字会的任务：“团结群众，担任救护训练及宣传公共卫生；推广卫生防疫工作，进行医疗服务；办理灾害救助及救济性医疗卫生工作；在必要情形下，经中央人民政府政务院批准，担负国际性救助及医疗服务”①。

改革开放后，经过多方努力推动，1993 年 10 月，《中华人民共和国红十字会法》正式颁布施行。该法明确了中国红十字会的组织性质、机构设置、七大法定职责、红十字标志的保护使用、红十字会的经费保障等内容。1996 年 1 月 29 日，中华人民共和国国务院、中华人民共和国中央军事委员会发布《中华人民共和国红十字标志使用办法》，对红十字标志使用进行了规范和保护。

2017 年，《中华人民共和国红十字会法》由第十二届全国人民代表

① 孙柏秋．百年红十字［M］．合肥：安徽人民出版社：2003：281.

大会常务委员会修订通过，国家主席习近平以63号令颁布施行。新版《中华人民共和国红十字会法》对红十字会承担的职责做了补充和完善，由原来7项增加到现在的9项。将红十字会在实际工作中已广泛开展的“三献”工作正式写入法定职责，明确红十字会“参与、推动无偿献血、遗体和人体器官捐献工作，参与开展造血干细胞捐献的相关工作”。加了“法律责任”一章，加大了对违法行为的打击处罚力度，为有效解决有法不依、执法不严、违法不究的问题提供了法律依据，保证了法律实施的强制性和权威性。

颁布《中华人民共和国红十字会法》，政府核准发布中国红十字会章程、办法、条例等法规，是红十字会开展工作最重要的人道资源。

（二）争取政策支持

中国红十字会成立后，先后争取到不同时期政府发布的众多支持文件和税收优惠政策。如上海万国红十字会开展东北难民救援就争取到政府核准，救援行动人员和物资、电报、轮船、火车获得免票或半票优惠。1932年12月公布的《中华民国红十字会管理条例》规定：“中华民国红十字会依军政部、海军部之指定……分任国内外赈灾、施疗及其他救护事宜。”内政部核准红十字会征求会员及会费标准。1933年，国民政府以行政院长及内政、外交、军政、海军等部长联衔颁布《中华民国红十字会管理条例施行细则》，明确规定，“本会（总会）每届募款呈请核准后，应预定起讫日期，造成捐簿，送呈内政部盖印，募款结束后，应将募捐结果及捐簿呈部分别查核发还”；而“分会以不募款为原则，所需一切救济费用应报总会于募款内酌量拨给，其因灾情重大，实有募款之必要者，应将事实理由报请总会，拟定募款区域暨起讫日期，并造成捐簿，呈请内政部核准盖印，仍由总会将募捐结果及捐簿呈部分别查核发还”。

中华人民共和国成立后改组的中国红十字会，得到党和政府的大力支持，先后出台了多个鼓励支持红十字事业发展的政策法规。如税收优惠政策，1950年经人民政府审定颁布的《中国红十字会会章》第五章“经费”二十四条规定：“本会所有房地产，所办事业及救济福利物资的运输等，得向人民政府请求减免捐税或优待。”2000年7月，《财政部国家税务总局关于企业等社会力量向红十字事业捐赠有关所得税政策问题的通知》中明确“企业、事业单位、社会团体和个人等社会力量，通过非营利性的社会团体和国家机关（包括中国红十字会）向红十字事业的捐赠，在计算缴纳企业所得税和个人所得税时准予全额扣除”。2002 年，海关总署发出关于将海关没收的侵权货物用于救灾工作的通知，增强了红十字会的救助实力。根据 2008 年正式实施的《中华人民共和国企业所得税法》，企业所得税的纳税人通过非营利性的社会团体和国家机关（包括中国红十字会）向红十字事业的捐赠，均享受 100% 全额扣除的优惠。

2012 年发布的《国务院关于促进红十字事业发展的意见》更是中央政府大力加强红十字会工作的重大政策支持。文件提出要着力推进红十字事业改革创新，积极支持红十字会依法履行职责，大力加强红十字会的组织和队伍建设，不断优化红十字事业发展的社会环境，切实加强对红十字事业的领导和支持。对于红十字会的发展，明确了 21 条支持措施，要求营造有利于红十字事业发展的法治环境、政策环境、舆论环境，加强对红十字事业的领导和支持，加大对红十字事业的财政投入，形成促进红十字事业发展的合力。

二、争取政府资金和人力支持

（一）争取政府资金支持

中国红十字会自初创起，就受到中国政府的大力支持。1904 年，上海万国红十字会成立，清政府拨出帑银 10 万两予以支持。1913 年，为救护癸丑兵灾，袁世凯命财政部拨给红十字会 2 万元。同年 9 月，黎元洪命交通部汇解 3 000 块大洋给红十字会。除中央大力支持外，各地政府也鼎力相助。1922 年，汉口红十字会为救助湘、鄂战事，即请鄂督拨款 20 万元。①

1929—1933 年，世界经济危机爆发，红十字会经费亦受其影响，所有国内外捐款均已锐减，以致一切事业未能尽力推行。内政部认为，

① 周秋光．民国北京政府时期中国红十字会的会内宣传与经费筹措［J］．湖南师范大学社会科学学报，2004，33（4）：125.

"所办事业性质重要，对于公众健康尤具有特殊意义，亟应由政府督促力谋发展"。1934 年 12 月，内政部呈请行政院："从二十四年度起，由庚款项下给予补助费十万元，以资奖进。"经行政院决议："准每月拨给三千元，令由财政部补编入二十四年度概算。"从 1935 年起，财政部每年拨给红十字会 3.6 万元补助费。自此以后，红十字会对政府补助的依赖性与日俱增。有学者指出，在抗战之前，若无财政部的补助，"中国红十字会的财政早已出现赤字"。①

中华人民共和国成立后，中国红十字会改组，工作人员编制和工资开始纳入国家财政供养。1964 年 2 月 8 日，财政部、卫生部、国家编制委员会和中国红十字会总会发布《关于中国红十字会人员编制和经费问题的几项规定》中明确：一、中国红十字会是群众性卫生救护团体，其各级红十字会专职工作人员的编制，均应包括在各地行政编制以内，属于人民团体编制。二、各级红十字会的行政经费开支，包括在编专职人员个人经费、公务费和有关宣传红十字会的性质、任务和作用等会务宣传费，以及发展会员、召开会员会议、开展会员评比竞赛奖励、举办红十字青少年夏令营等会务活动的业务开支，均列入"行政支出"款下"党派和人民团体补助费"项内开支。三、卫生业务活动费，包括红十字会举办和领导的群众卫生宣传、会员卫生知识教育、卫生救护训练、红十字卫生站、医院、诊所的补助费等，由"卫生支出"款内，每年给予一定数额补助，补助费可包干使用。地方分地区补助费指标由卫生部和红十字会总会商定后另行下达，此项补助指标均已包括在地方卫生支出预算指标之内，不另追加。四、企业单位建立的红十字会和红十字卫生站，其经费仍由本单位企业管理费中开支；事业单位，在事业单位经费中开支；农村人民公社，在本公社经费中开支。中、小学校和农村人民公社中心建立红十字卫生站时，可由地方红十字会卫生业务活动费中，酌予补助建站费用。② 这个规定把红十字事业相关方面的费用开支

① 赵涛．南京国民政府时期政府与慈善团体关系研究（1927—1937）［D］．济南：山东师范大学，2019：114-115.

② 徐国普．中国红十字运动通史（1904—2014）：第二卷［M］．合肥：合肥工业大学出版社，2018：281.

渠道基本上都进行了明确。

1996 年，中共中央组织部、人事部《关于印发中国红十字会总会机关参照管理的实施方案的通知》明确：各级红十字会机关参照《国家公务员暂行条例》进行管理。1999 年 12 月，中央机构编制委员会办公室下发《关于理顺中国红十字会总会管理体制的通知》：经报请中央编委领导批准，将中国红十字会总会由“卫生部代管”改由国务院领导联系，其机关党的工作由中央国家机关工委领导、干部按中组部有关规定进行管理、经费列国管局。维持原来外事工作归口外交部、对台工作由中央台办指导的管理关系不变。

中国红十字会总会属于中央一级财政预算单位，省市县级地方分会也都纳入同级财政经费预算，政府资金保障在编人员工资、办公等基本费用。随着经济的发展，对红十字事业的经费支持也在不断增加。据统计分析，2006 年，全国总会、省市级分会共计经费收入为 156 242 万元，其中政府拨款为 39 043 万元，占总经费收入的 25%。2015 年，总会、省市级分会经费收入增长到 478 825 万元，其中政府拨款为 219 500 万元，占总经费收入的 45. 8%。2020 年，全国红十字系统财务收入进一步增长到 3 858 241 万元，因为参与抗击新冠疫情，捐赠收入增长收入创历史新高达到 3 465 360 万元，政府拨款收入 370 994 万元，占总收入的 9%。

通过设计人道救助项目申请国家彩票公益金支持是 2002 年以来中国红十字会总会、中国红十字基金会及部分地方红十字会争取政府购买公益服务的人道资源动员新途径。2002 年，中国红十字会总会首次向财政部申请彩票公益金并获得支持。在国家第十个五年计划期间，中央财政从统筹的彩票公益金中安排 1. 219 亿元人民币用于中国红十字会开展备灾救灾、卫生救护、中国造血干细胞捐献者资料库建设工作。① 2009 年，中国红十字基金会小天使基金项目借助温家宝总理在天津火车站参与救助白血病患儿新闻事件，联络多位人大代表、政协委员提案，要求加大政府救助白血病儿童的资金投入，通过中国红十字会总会申请彩票

① 王立忠，江亦曼，孙隆椿．中国红十字会百年［M］．北京：新华出版社，2004：246.

公益金救助白血病儿童。当年首次获得 5 000 万元资金，救助 1 182 名白血病患儿。此后不断增加年度申请额度，并将白血病患儿救助扩大至先心病患儿救助。自 2009 年起至 2018 年年底，中国红十字基金会资助贫困白血病儿童的“小天使基金”和资助贫困先心病儿童的“天使阳光基金”累计获得国家彩票公益金 12. 42 亿元支持，33 021 名贫困白血病患儿和 11 435 名贫困先心病患儿获得资助。由于项目资助效益显著，2020 年中国红十字基金会继续通过中国红十字会总会申请财政部国家彩票公益金支持，“十四五”期间又争取到 18 亿多元彩票公益金规划资金支持。

（二）争取政府人员编制支持

争取红十字系统工作人员纳入政府编制，保障主要工作人员的薪酬和办公经费，是中国特色红十字事业发展的一大优势特色。中华人民共和国成立后，1953 年，全国编制委员会确定地方红十字会编制为 806 人。1956 年，全国红十字会系统编制为 1 200 人，其中总会机关 110 人。1957 年，“总会和各地分会工作人员均列入国家编制，此时国家给红十字会系统的编制人数已达 1 200 人”。1963 年 4 月，国务院编制委员会发出对地方红十字会编制意见的通知，分别通知各省编制人数，全国总数为 302 人，中国红十字会总会编制减少为 38 人，编外人员 6 人。① “文化大革命”期间编制人员一度减少，1974 年脱产干部仅有 400 余名。改革开放以来，红十字系统的编制不断扩展。1989 年，重新核准总会行政编制 48 人、事业编制 32 人。2001 年，重新核定总会机关人员编制为 60 人，其中行政编 45 人，财政补贴事业编制 15 名。② 2006 年，全国红十字系统编制总人数 7 143 人。2015 年，全国红十字系统编制增加到专职人员 12 676 人，兼职人员 26 463 人。

（三）争取政府支持

1904 年，上海万国红十字会成立，主要是上海知名中外绅商沈敦

---

① 徐国普. 中国红十字运动通史（1904—2014）：第二卷［M］. 合肥：合肥工业大学出版社，2018：279-281.

② 中国红十字年鉴编辑部. 中国红十字会通志：1904—2015［M］. 北京：中华工商联合出版社，2015：588-607.

和、施则敬、李提摩太等 45 人组成董事会来进行倡导和运作，清朝政府驻沪大臣吕海寰、盛宣怀、吴重熹幕后提供支持，并争取到清政府慈禧太后的御批。中国红十字会正式成立后，1910 年清政府即委派商约大臣盛宣怀担任红十字会会长。①

中华民国时期，政府高度重视和支持红十字会工作。1912 年，政府颁发《临时大总统令》，任命吕海寰为中国红十字会会长，并在中国红十字会第一次会员大会上，选举大总统袁世凯和副总统黎元洪为中国红十字会名誉总裁。此后，“中国红十字会会长、副会长由大总统派充”，先后由具有丰富外交、政务经验和履历的要员汪大燮、颜惠庆、王正廷、蒋梦麟担任会长。

中华人民共和国成立后，中国红十字会改组，由卫生部长李德全兼任会长，华侨事务委员会、工商界事务委员会、救济总会等政府职能部门和全国性社团领导兼任中国红十字会副会长。改革开放以来，尤其是从 1985 年中国红十字会第四次全国会员代表大会开始，朱学范、赵朴初等开始担任中国红十字会名誉会长。到 1993 年年底，全国有 26 个省（区、市）的现任领导担任了红会的会长。②

1994 年，中国红十字会第六次全国会员代表大会召开，中共中央总书记、国家主席江泽民应邀担任中国红十字会名誉会长，多位全国人大、政协领导担任名誉副会长，全国政协副主席钱正英兼任会长，卫生部、民政部、教育部、外交部、财政部等业务相关部委副职领导担任中国红十字会兼职副会长，并自此形成领导体制惯例。地方红十字会亦由地方党政主要领导担任名誉会长，一名地方政府副职领导兼任会长，卫生、教育、民政、财政等同级政府相关业务部门领导兼任红十字会副会长。邀请党政领导担任红十字会名誉职务，兼任红十字会会长，业务相关政府部门领导兼任红十字会副会长或理事，有利于协调动员政府及社会各方资源，进一步发展壮大红十字事业。

① 周秋光．红十字会在中国（1904—1927）[M]．北京：人民出版社，2008：46.

② 中国红十字会总会．中国红十字会的九十年［M]．北京：中国友谊出版公司，1994：227.

三、发展会员和志愿者

中国红十字会成立之始就定位为一个社会团体组织，因此发展会员和志愿者是立会之本，通过会员缴纳会费、组织志愿者参与志愿服务是人道资源动员的重要途径。

1993 年颁布的《中华人民共和国红十字会法》第二十条“红十字会经费的主要来源”第一项就是红十字会会员缴纳的会费；2017 年修订颁布的《中华人民共和国红十字会法》第十七条“红十字会财产的主要来源”把红十字会会员缴纳的会费作为红十字会财产的主要来源之一。

1904 年上海万国红十字会成立之际，主要靠联合发起的 45 位中西董事影响力筹募资金，1907 年开始独立筹建，随着会长到任和组织机构的完善，1911 年即开始首次正式征集会员，会员分为名誉会员、特别会员、正会员三种。① 到 1912 年中国红十字会成立并举行首届代表大会时，“已有会员近 2 000 人，纳捐善士数千人”②。

民国时期的中华民国红十字会通过开展红十字周活动，大规模征求会员，扩大会费收入来源，设计了缴纳不同会费享受不同荣誉的多种激励办法。如 1933 年发布的征求会员奖则：“十元以上者推赠普通会员，一元以上者推赠学生会员”，“凡个人独捐洋二百元以上者，推赠特别会员外，并奖小号银盾一座，奖状一纸；捐款在百元以内、二十五元以上者，除推赠正会员外，并奖泥金颂词一纸”，“凡个人独捐洋五千元以上者，本会在新建之会所内，将捐者之姓名及捐数刊入纪念铜牌，悬挂壁间，永留纪念，并赠名誉会员，以志酬谢”。1935 年《中华民国红十字会第二次征求会员章程》第五条明确征求会员种类及会费标准：名誉会员一次缴入会费洋五百元，特别会员一次缴入会费洋一百元，正会员一次缴入会费洋十元，普通会员一次缴入会费洋五元，青年会员一次缴入会费洋五角。③ 为扩大影响，红十字会动员国民政府的军政要员参与征

---

① 池子华．中国红十字运动通史（1904—2014）：第二卷［M］．合肥：合肥工业大学出版社，2018：13.

② 孙柏秋．百年红十字［M］．合肥：安徽人民出版社：2003：73.

③ 池子华，李欣栩．中国红十字运动史料选编（第六辑）［M］．合肥：合肥工业大学出版社，2016：201-203.

求会员运动。通过1934年、1935年、1937年3次大规模地征求会员运动，中华民国红十字会会员在全面抗战爆发前达到30余万人，大大增强了中国红十字会战地救护力量。① 据统计，前两次分别征得会费8万余元、7万余元。这3次征集会员所得会费虽然未达预期目标，却也成为红十字会能够顺利进行救护活动的推动力量。从1941年开始到1948年（除1945年），举办了7届以征求会员、筹募资金为目的的红十字周活动。由于战局不稳定，首届红十字周征得会费45 029元，与预期目标相差甚远，而有关资料显示，1942—1945年期间，会员费仅占红会收入的百分之一，但对抗战救护的顺利开展还是起了一定的作用。②

中华人民共和国成立后颁布的《中国红十字会会章》第五章“经费”第二十三条明确“本会经费主要依靠会费及事业收入作为必要开支。不足时，得请求人民政府予以适当的补助，并得接受自愿捐赠”。1951年颁布的《中国红十字会会员制度暂行规定》将会员分为3种：成年会员、少年会员、名誉会员。成年会员入会时需缴纳会费2斤米，少年会员入会时需缴纳会费1斤米，会员介绍会员200人以上者、个人捐赠款物超1万斤米者可推赠为名誉会员。③“至1960年底，地方组织达376个（改组时80个），会员有500多万人（改组时30多万人）”④。改革开放后，到2005年，全国会员达到成年会员801万人、青少年会员1 304万人，但会费收入仅为1 505万元，占收入比例的1%。2015年，成年会员759万人，青少年会员1 638万人，会费收入为2 717万元，会费占总收入的比例降至0.6%。中国红十字会总会发布年报数据显示，2024年全国红十字系统会费动产和不动产及其他收入8 757万元。

发动组织志愿者和平时期开展应急救护培训，战争和灾害来临时开

① 董根明．抗战时期中国红十字会组织的整建与救护工作述评［J］．抗日战争研究，2011（3）：59-65.

② 夏涵．南京国民政府时期中国红十字会的经费筹措［J］．内蒙古农业大学学报（社会科学版），2011，13（5）：305-307.

③ 中国红十字年鉴编辑部．中国红十字会通志：1904—2015［M］．北京：中华工商联合出版社，2015：1018.

④ 徐国普，池子华．新中国成立后中国红十字会发展的历史轨迹：以《中国红十字会章程》为路径的考察［J］．江西社会科学，2009（9）：144.

展战地救护，这是亨利·杜南创立国际红十字组织的本意。中国红十字会成立后，特别注重通过志愿服务践行使命。上海万国红十字会的45位中外董事皆可称为中国红十字会最初的志愿者，“所有参与万国红会活动的清政府要员及中西各董，均未向红会支付薪水和夫马费用，纯属义务服务”①。在此后的辛亥革命战地救援、北伐战争战地救援及参与抗疫赈灾，也主要依靠志愿者参与。尤其值得一提的是抗日战争中，中国红十字会救护总队在贵州图云关组织指挥全国战地救护工作，有来自国际援华医疗队的30多位国际志愿者医务人员，包括“西班牙医生”志愿者团队、印度救援队及白求恩、柯棣华等著名国际志愿者医生。1938年首批印度志愿者医生抵达中国，1939年秋国际援华医疗队21位被称为“西班牙医生”的志愿者医生抵达图云关，随后被编入各战区医疗队。此后陆续有瑞士、美国、英国、加拿大等国志愿者医生经红十字国际组织动员和组织来到中国，累计超过百名，一直坚持到抗日战争胜利结束，他们为中国的抗日战争赢得最后胜利做出了重大贡献。

中华人民共和国成立后，为支持抗美援朝战争，中国红十字会号召会员和工作人员志愿报名参加国际医防服务队赴朝鲜战场，参加战地救护工作。全国出现踊跃报名参加战地志愿服务的景象，先后有7支国际医防服务大队在战场为中国人民志愿军、朝鲜人民军及被俘敌方伤病员进行医疗救护服务。

改革开放后，中国红十字会高度重视志愿服务工作。1988年，在南京召开的中国红十字会组织工作座谈会上，提出要积极发展志愿者工作队伍。1997年，中国红十字会总会下发了《关于进一步组织红十字志愿者开展活动的通知》，并成立了“中国红十字志愿者指导委员会”。到2001年，全国已统计上报志愿者29万名。2009年中国红十字会“九大”前后，完善规范红十字志愿服务体系成为中国红十字会的重点工作之一，召开中国红十字志愿服务工作会议，制定《中国红十字志愿服务管理办法》及发展规划。② 2008年，出台《中国红十字志愿服务管理办

① 中国红十字会总会．中国红十字会的九十年［M］．北京：中国友谊出版社，1994：9.

② 中国红十字年鉴编辑部．中国红十字会通志：1904—2015［M］．北京：中华工商联合出版社，2015：195-196.

法》。2019 年，印发《关于加强红十字志愿服务工作的指导意见》。2022 年，又重新修订发布《中国红十字志愿服务管理办法》。据 2024 年中国红十字会第十二次全国会员代表大会工作报告公布数据，“加强组织动员，基层组织达到 23 万余个、志愿服务组织达到 3.4 万个，共有 1 795 多万名会员、349 多万名志愿者活跃在城乡社区，开展人道服务”。

四、创设人道救助项目

通过发现人道需求，创设人道救助项目，开展常态性的社会筹资，中国红十字会有很多成功的实践案例。

1986 年，中国红十字会总会制定并报国务院备案的《中国红十字会向社会募捐和接受社会捐助暂行条例》颁布，成为红十字系统开展救灾及常态募捐的重要依据。

1988 年，广东省中山市在市委和政府支持下，红十字会组织实施“慈善万人行”项目，以“救死扶伤，扶危济困，敬老助残”为主题，以弘扬孙中山倡导的“博爱”精神、广泛募集资金以帮助困难群体为目标，发动社会各界积极为市红十字会开展人道救助工作募集资金。第一年只筹得善款 7.2 万元，第二年募集善款增加到 72 万元。此后连年举办，筹款额度逐年增加，从 1994 年开始，每年筹得善款均超过 2 000 万元，1997 年达到 5 266 万元。到 2015 年，中山“慈善万人行”在第 28 个年头收到认捐款物 9 035.28 万元。

中国红十字会总会 1997 年开始创建“红十字博爱系列工程”，包括救援工程、生命工程、爱心工程。救援工程主要是积极扩大和加强备灾救灾基地建设，建设备灾救灾中心和仓库；生命工程主要是加强红十字会医疗机构建设，建立红十字卫生站、红十字会医院、红十字血站等；爱心工程主要是动员社会力量举办孤儿院、养老院、抗癌家园等助养、助医的项目。1999 年，总会开始启动红十字“博爱送万家”活动，总会及各地红十字会统一协调行动，春节前向特困群众送去大米、面粉、肉、油等生活慰问品，该活动一直坚持至今。

2012 年以来，中国红十字系统结合国际红十字组织开展的“韧性社区”建设项目，参与中国脱贫攻坚和乡村振兴战略，创设中国特色的“博爱家园”项目，该项目是中国红十字会在非紧急状态下基于城乡社区开展的以“防灾减灾、健康促进、生计发展、人道传播”为主要内容的人道服务项目。项目的总体目标是推动社区治理、提升社区能力、促进社区发展。通过在社区建立红十字基层组织和志愿服务队伍，建设防灾减灾基础设施，设立博爱生计发展基金，普及防灾减灾、自救互救、逃生避险、卫生健康等知识，传播“人道、博爱、奉献”的红十字精神，增强社区自我发展的综合实力，更多群众受益。到2024年年底，累计投入12亿元，在全国28个省（区、市）5 000多个贫困村和社区实施了“博爱家园”项目。

中国红十字基金会成立后通过创设项目筹款，开展常态下的人道救助工作。2005年，两大品牌公益项目“红十字天使计划”和“博爱助学计划”先后创设推出。其中“红十字天使计划”旨在关注贫困农民和儿童的生命与健康，广泛动员国内外的社会资源，募集资金和医疗物资，资助贫困农民和儿童参加新型农村合作医疗，对患有重大疾病的贫困农民和儿童实施医疗救助，协助政府改善贫困乡村的医疗卫生条件，捐建农村博爱卫生院，培训农村医务人员，促进中国农村医疗卫生事业健康发展。该项目经过十几年发展，不断丰富完善，初步形成援建乡村博爱卫生院（站）、培训乡村医生、开展贫困农民和儿童大病救助三方面内容，大病救助种类包括白血病、先天性心脏病、脑瘫、进行性肌营养不良、唇腭裂、目盲、聋哑、癌症、心脏病、城市亚健康等10多种。到2020年年底，该项目累计募集资金53.72亿元，在贫困地区乡村援建卫生院站2 643个，线上线下共培训乡村医生及基层医生、专科医生、儿科医生、妇科医生、校医等40多万名，救助患重大疾病的儿童和农民超过16万名。该项目及其子项目5次获得“中华慈善奖”。

近年来，一些地方红十字会和红十字基金会也结合地方人道需求创设了独具特色的人道项目体系。如浙江省红十字会“母婴平安”项目，专门用于资助外来务工人员困难家庭高危孕产妇。该项目自2012年6月启动以来，累计拨付1 328.57万元，救助7 983名困难孕产妇。内蒙古自治区红十字会2015年6月开展的“光明行”社会公益活动，为全区贫困白内障患者实施免费复明手术。截至2020年年底，该项目累计筛查眼疾患者71.89万人，为困难家庭白内障患者实施免费复明手术

27 143 例，25 387 人受益。该项目还扩大救助范围，成为国际人道援助项目，2018 年启动“一带一路·光明行”蒙古国行动，为蒙古国 1 000 例白内障患者实施免费复明手术。

五、设立专项基金或成立基金会

早在 1947 年，为募集人道资金，中华民国红十字会理事会就通过《中华民国红十字会总会募集事业基金实施办法》，决定筹募事业基金 50 亿元，向全国各地民众及海外侨胞劝募，通过开展红十字周活动、编印发放《红十字会征募手册》，发展会员，募集资金。[①] 但实际募集资金成效不大。

改革开放以来，中国红十字会总会及各地红十字会积极探索设立基金和成立基金会等模式，扩大人道事业发展的资金来源。1996 年，中国红十字会颁布《中国红十字基金管理办法》，采取多种形式向国（境）内外社会团体和个人募集自有资金，用于发展中国的红十字事业。

2012 年中国红十字会总会设立中国红十字会国内人道救助基金、国际人道援助基金、事业发展基金，2018 年统一改设为人道基金，并发布《中国红十字会人道基金管理办法》，旨在支持红十字会开展国内、国际人道救助援助工作，提高人道救助救援能力，充分发挥中国红十字会在人道领域的政府助手作用。到 2020 年年底，人道基金募集资金 4. 13 亿元。此外，在一些爱心企业支持下，中国红十字会总会先后与合作方成立博爱基金、成长博爱基金、招商证券博爱基金、健康社区发展基金等 12 个专项基金，累计募集资金 9. 23 亿元。

设立基金会开展人道资源动员是中国特色红十字事业的重要特点。20 世纪 80 年代，随着国内公益慈善事业起步发展，一批公益基金会开始兴办并取得成效，中国红十字会总会开始着手探索创建红十字基金会。1990 年中国红十字会总会开始成立中国红十字基金会筹备小组及筹委会，1993 年 12 月 27 日获中央人民银行批准，1994 年 3 月 15 日在民政部登记注册，1996 年 12 月 20 日在北京正式举行成立大会，开启以基

① 中国红十字年鉴编辑部．中国红十字会通志：1904—2015［M］．北京：中华工商联合出版社，2015：60.

金会名义发动和接受社会捐赠的常态化人道资源动员模式。此后，“受总会影响一些省市红十字会如山东、江苏、江西、天津市等也相继成立了基金会”①。到2024年年底，除了全国性的中国红十字基金会外，北京、广西、江西、安徽、陕西、贵州、重庆、天津、河南、河北、湖北、湖南、四川、内蒙古、辽宁、宁夏等22个省（区、市）红十字会均成立了红十字基金会，厦门、赣州、南昌、安吉等城市红十字会也成立了红十字基金会，成为红十字系统募集资金、开展救助、支持红十字事业发展的重要力量。

中国红十字基金会自成立以来，尤其是自2005年换届以来，充分发挥中国红十字系统筹资主渠道作用，配合总会参与重大灾害疫情救援时筹款，通过创设人道公益项目开展常态性的筹款。从2005年中国红十字基金会第二届理事会开始，中国红十字基金会围绕“红十字天使计划”和“博爱助学计划”两大主题公益项目开展筹款，通过第三届、第四届理事会的项目发展，形成在“红十字天使计划”大品牌下，在医疗救助、健康干预、应急救护、赈灾扶贫、教育促进、社区发展、国际援助、政策倡导与人道教育等八个方面的公益项目体系，到2024年年底，中国红十字基金会成立以来累计收入133亿元，其中累计公益捐赠收入129亿元，执行中央专项彩票公益金28.94亿元。

近年来，一些地方红十字基金会在各地红十字会的领导下，加强了专业化队伍建设，人道资源动员能力不断加强，成为地方红十字事业发展的重要支持力量。江西省红十字基金会于2016年11月成立，整合省红十字会和基金会及市县红十字会力量，开展公益项目设计和筹款，开展人道救助，创设了“一家一个救生圈”“莲丝信使”等公益品牌项目，以及“护童天使基金”“董妈妈基金”等31个专项基金。据该基金会2020年披露的工作报告显示，该年度共募集社会捐赠款物2.87亿元，其中，资金捐赠2.21亿元，物资捐赠6 603.73万元，总支出2.82亿元。贵州省红十字基金会2015年4月注册成立，通过引进专业人才，组建专业团队，设立“华夏医疗救治专项基金”“人体器官捐赠者困难家

① 池子华，郝如一. 中国红十字会百年往事［M］. 合肥：合肥工业大学出版社，2011：261.

庭人道救助金”“贵州省红十字医疗扶贫进乡村、社区”等基金或项目；启动“博爱云”平台及其自媒体多功能网络筹资终端的搭建、开发工作，2019 年实现捐赠收入 1.54 亿元，公益资助支出 1.51 亿元，成为贵州省红十字系统人道资源动员的重要平台和渠道。

“青岛红十字微尘基金”缘起于 2004 年印度洋海啸时，青岛的一位普通市民数次不留名向灾区大额捐款。当青岛红十字会工作人员问其姓名以便开具收据时，她留下了“微尘”的化名。后来，“微尘”发展成为青岛的一个爱心群体，频繁出现在青岛市各种公益活动中，是一群以救助弱小为己任，充满仁爱和良善的青岛人的代称，被誉为“一座城市的良心”。2008 年，在青岛市红十字会指导架构下，由认同“微尘”公益理念、自愿参与公益事业的 10 余位青岛爱心企业家发起成立了青岛红十字微尘基金。经过 10 多年发展，微尘基金成为山东乃至全国最具影响力的公益群体之一：拥有数百位理事，开展 20 多个项目，筹集款物 1 亿余元，直接受益人群达 10 万人。2019 年 3 月，在原青岛红十字微尘基金基础上，注册成立青岛市微尘公益基金会，以专业化的运营继续传递“微尘”精神，致力于资助困境学生、贫困家庭的患儿，改善困境家庭孩子成长教育环境，让每个未成年人都有更好的未来。

2016 年 12 月 12 日，吉林省红十字会在社会爱心人士的支持下，成立了吉林省红十字肿瘤救助基金。资金来源于社会爱心人士的捐助，共计 3 亿元人民币，项目实施 5 年，每年投入 6 000 万元，重点救助吉林省因肿瘤疾病致贫、返贫的困难家庭的肿瘤患者，救助病种达到 43 种。

六、创办实业增强人道救助实力

中国红十字会一经创设，就把创立红十字医院等实业当成重要任务。1907 年，王熙普在《创设红十字会之理由》中呼吁设立红十字医院。1908 年，上海时疫流行，上海绅商沈敦和、朱葆三等参与创建红十字会的人士以英国医生柯师发明的治疫机器为基本设施，于英租界 80 号设立时疫医院。这是中国红十字会成立后创办的第一个卫生机构。1909 年，沈敦和等筹建中国红十字会的主要负责人用日俄战争救护剩余捐款 44 500 余两，在徐家汇购地 10 余亩，建立中国红十字会总医院（今上海华山医院），1910 年 3 月该院正式落成。1912 年京沪两会统一后，颁布中国红十字会章程，规定红十字会在平时应筹募款项设立医院，造就医学人才，置办医务材料并赈济水旱偏灾、防护疫疠及其他各项危害。1910 年中国红十字会医学堂成立，聘请柯师、峨利生、亨司德、王培元等为教员，授以解剖、外科、病科学、生理学、化学及普通外科割症学等。后因总会与哈佛学校合办总医院，医学堂与哈佛医学堂合办。

中华民国红十字会期间，全国红十字系统医院、学校等实业机构进一步发展。1937 年全国已有各种类型的医疗机构 262 处。① “至 1948 年底，全国共有红十字医院 46 个，红十字诊疗所 89 个，医学院 1 所，护士学校 3 处，助产学校 1 处，流动诊疗车 1 辆，乡村巡回医疗队 12 个，分布长江、黄河南北及沿海许多城市”②。

中华人民共和国成立后，中国红十字会“改组前由红会开办的医院、诊所、护校等单位，改组后得到人民政府的扶持和整顿，可以更好地为人民服务。各地红十字会还新办了医院（包括专科性的产院）、诊所、门诊部、妇幼保健站等。到 1953 年，整顿和新办的医院有 26 个、诊所 66 个、护士和助产学校 6 个、妇幼保健站 20 个。1952 年总会与苏联红十字会合作筹划，在北京建设苏联红十字医院，这所医院于 1957 年，移交我国，改名为友谊医院”③。

1952 年开始，政务院明确中国红十字会归卫生部直接指导和联系，各地红十字会与卫生部门合署办公。1955 年，中国红十字会所属医院、诊所、护士学校、助产学校先后移交给地方卫生部门。④

1978 年中国红十字会恢复开展国内工作后，积极创办了一批人道实体事业机构。1984 年在瑞典、日本、德国等国红十字会支持下，中国红十字会训练中心大楼动工建设，1986 年竣工投入使用，成为中国红十字系统及亚太地区开展救护培训的基础设施。1991 年中国红十字会援外物

---

① 王立忠，江亦曼，孙隆椿．中国红十字会百年［M］．北京：新华出版社，2004：68.

② 中国红十字会总会．中国红十字会的九十年［M］．北京：中国友谊出版社，1994：109.

③ 中国红十字会总会．中国红十字会的九十年［M］．北京：中国友谊出版社，1994：133.

④ 池子华．中国红十字运动通史（1904—2014）：第六卷［M］．合肥：合肥工业大学出版社，2018：169.

资供应站在上海建立，承担援外物资的采购与供应、包装与保管、储运与发放以及相关救灾供应服务。先后征地 10 亩，建成 6 036 平方米的仓库及办公基础设施。在国际红十字组织和地方政府支持下，从 1992 年开始，总会统一规划，杭州、湖北、沈阳、成都、合肥、广州、西安等 7 个区域救灾中心陆续建设投入使用。中国红十字会总会备灾救灾中心 2009 年 4 月开始建设，2010 年 10 月落成投入使用。中心共占地 88 亩，总建筑面积 16 491. 1 平方米，主要由 4 个物资库和 1 个管理中心构成，成为集物资采购、储备、分发，救援指挥及救灾培训等多种功能于一体的备灾救灾综合性基地。

1985 年召开的中国红十字会第四次全国会员代表大会上，中国红十字会总会鼓励肯定地方红十字会创办实业实体。1990 年总会继续强调要积极兴办实业实体，进一步增强红会活动的实力。到 1992 年年底，全国红十字系统兴办了 80 多个不同类型的实体。总会 1993 年还创办了"中华红康实业发展中心"①。1999 年，中国红十字会争取邮电部支持，开通 999 急救专用号码。2001 年 5 月，北京市红十字会急诊抢救中心成立，并逐渐发展壮大，成为在北京有指挥中心面积约 2 000 平方米，指挥座席 103 个，999 急救线路 2 000 条，急救车 400 余辆，直升机 2 架、固定翼飞机 2 架，急救站点 180 余个的救援系统。

中国红十字系统创办实体事业，虽然有所成就，但总体上通过创办实业为红十字实业造血输血的机制迄今还没有形成，与国际上一些强大国家的红会比，创办实业实体成效还有很大差距。

七、移动互联时代的公众筹款

中国红十字系统在发展过程中探索过多种多样的面向广大社会公众的筹款模式。基金会及慈善组织常用的传统的筹款模式，红十字组织基本上也都有应用：政令式筹款，通过依托的党群部门或政府机关下文进行资源动员筹款；关系筹款，通过理事会的关系资源募集资金；项目筹款，依据社会最急需的慈善需求，设计公益项目，寻求有爱心的企业和公民捐助，是公募基金会最主要的筹款模式；突发灾害筹款，特别重大

① 中国红十字会总会. 中国红十字会的九十年［M］. 北京：中国友谊出版社，1994：252.

灾害来临，为履行公益组织的社会责任，公募基金会参与重大灾害的救助活动；大型公益晚会筹款，利用文体明星的影响力、电视的传播力、企业的资金支持、公众的参与，共同募集资金实施公益项目；公益拍卖筹款，竞拍价一般高于拍品的实际价格，可由公益机构开具捐赠发票。拍卖价款扣除部分活动成本后，用于约定的公益项目；募捐箱筹款，募捐箱是国内大多数慈善机构普遍采用的筹款手段；劝募函筹款，利用信函的方式筹款是国内外慈善机构普遍采用的筹款方法。这些传统和常态状态下的筹款模式中国红十字会、红十字基金会及地方红十字会都有成功应用的经验和案例。

随着移动互联时代的到来，公众参与人道慈善的积极性和便利性提高，面对普通公众的创新性筹款模式，如短信捐款、互联网众筹、微公益、银行卡附捐、产品附捐、明星公益等也在红十字系统得到广泛应用。

中国红十字会 2006 年即开通短信募捐。2008 年汶川地震发生后，中国红十字会与电信运营商合作启动“红十字救援行动”，仅 5 月 12 日下午到 18 日，中国移动用户就通过短信平台向中国红十字会总会共捐款 1.09 亿元。2011 年，中国红十字会总会利用工业和信息化部批准的 10699993 号码（包括其子号码，下同），继续与中国移动、中国电信、中国联通三家电信运营商合作，通过其电信通道接收手机用户发送短信捐款的募捐。还特别制定《中国红十字会手机短信捐款管理暂行办法》，规范短信捐款募集和使用。到 2014 年中国红十字会总会公布，8 年累计募集短信捐赠资金 2.7 亿元，先后共有 6 000 多万手机用户参与捐款。

随着互联网的普及，通过与互联网平台公司合作进行传播和筹款成为领先的红十字组织的新探索。中国红十字基金会率先进行创新探索。2005 年 6 月，《新京报》、搜狐网报道，一位父亲为了给患白血病的儿子治病，留下遗书希望器官受捐者帮助患白血病的儿子，这位父亲幸运地被医生抢救回来。但这位父亲筹钱救子的悲壮之举感动了许许多多善良的人们。看到这个新闻，中国红十字基金会在《新京报》和搜狐网的支持下，倡导建立中国第一个救助白血病儿童的专项基金——“小天使基金”，以所募善款专项用于救助家庭贫困的白血病儿童，开启了中国红十字基金会救助白血病患儿的救助行动。2005 年年底，中国红十字基金会联合百家网站倡议发起“救救白血病孩子！——百千万爱心行动”大型公益活动，目标是联合一百家网站发出倡议，动员亿万网友共同参与，结对捐助一千名贫困白血病儿童。按照每名白血病儿童资助 5 万元人民币的标准，计划筹款 5 000 万元。仪式上，奥运冠军刘翔被授予“爱心天使”荣誉称号，歌手李宇春出任“小天使基金”和“百千万爱心行动”的形象代言人。该项目开启了中国红十字基金会通过互联网众筹救助大病患儿的新模式。

2008 年，中国红十字基金会借鉴欧洲的“红计划”经验，推出“中国红行动”，使募捐形式具有了公益创新的形式和内容。2005 年，欧洲著名的 U2 乐队主唱波诺为援助非洲抵抗艾滋病，在欧美发起了一项“购物即行善”的红色活动，即倡导企业生产红色产品并捐出部分利润用于慈善。2008 年 3 月 28 日，中国红十字基金会推出了中国版的“红计划”，并定名为“中国红行动”。其意义一方面是在中国传承欧美“红计划”的慈善理念，将慈善意识和行为融入企业产品的生产和销售，融入公众的日常生活当中，为企业和公众搭建一个“人人可慈善”的平台，借此推动慈善意识的普及；另一方面，是要为实施的“红十字天使计划”项目募集更多的资金。“中国红行动”推出后，陆续争取了格兰仕、国美电器、微软 MSN、新日电动车、框架传媒、爱蒙床垫、上汽通用五菱等企业和中国银联及中国工商银行等六大银行加盟，纷纷推出带有红色元素的附捐销售产品或银行卡。到 2010 年年底止，该项目共募集资金 1 068 万元，并荣获 2009 年“中华慈善奖”。①

进入新时代，随着移动互联技术的日新月异，尤其是移动支付的快速发展和普及，通过腾讯、阿里、支付宝等互联网平台开展公益筹款的手段和工具越来越多，公益慈善组织通过互联网募集的众筹资金占比越来越大。尤其是腾讯自 2015 年首次开展“99 公益日”开始，借助移动互联网、社交平台等创新手段，用轻松互动的形式，发动全国数亿热爱公益的网民进行小额现金捐赠。每年一度的“99 公益日”成为全国公

① 刘选国．中国公益的修炼：从优秀到卓越［M］．北京：中央编译出版社，2017：179.

益慈善行业的狂欢节，通过小额捐资、捐步、捐积分、捐声音、参与游戏、种树等丰富多彩的形式，推动了人人公益。红十字系统，尤其是一些中西部省级红十字会和红十字基金会积极参与，成为微公益众筹的领先者。江西省红十字会与红十字基金会，四川省红十字会与红十字基金会，安徽省红十字会与红十字基金会都属于红十字系统互联网众筹的领先典型。2019 年，江西省红十字系统“99 公益日”在腾讯公益上线 6 大类 287 个项目，筹款共 3 960 万元。2020 年，江西省红十字会系统筹款总额达 7 200 余万元，跻身全国公募机构公众筹款额前十位。2021 年，江西省红十字会系统共筹集善款 8 859. 68 万元，195. 2 万人次参与，总筹款额在全国红十字会系统中排第一。其中，赣州市红十字基金会就筹集 938 万元善款。云南省红十字会系统“99 公益日”线上筹款 1 876 万余元，捐款 102. 9 万人次。其中，“博爱云南行”项目筹款 907 万余元，捐款 48 万余人次；“滇苗助学”项目筹款 852 万余元，捐款 49 万余人次。广西壮族自治区红十字会和红十字基金会共在腾讯公益平台上线 64 个公益项目，线上筹款累计 1 100 余万元，43 万人次参与线上捐款。

人道资源动员方法和模式除了以上介绍的以外，还有很多。如通过举办大型义演义卖、在公共场所网络平台设立募捐箱或公益网店、开展公益体育赛事跑步竞走、发行公益邮票纪念币、开展公益书画比赛展览、设立爱心商店超市等等。

人道资源动员模式随着社会的变迁、科学技术的发展、人类消费需求形式的演变，以及红十字事业的创新和发展，会不断变革和升级。

第三节　人道资源动员的基本原则和筹款伦理

人道资源动员是红十字组织最重要也是具有专业性的工作，必须在遵守七项基本原则前提下，遵守人道伦理和人道标准。

一、中国红十字会关于人道资源动员的基本原则

2018 年中国红十字会总会在《关于加强人道资源动员工作的指导意见》中提出人道资源动员的四个基本原则：

第一，开放共享，合作共赢。坚持社会化、开放式的资源动员机制，广泛动员社会力量参与和支持红十字事业，为爱心企业履行社会责任、为爱心人士奉献社会搭建开放共享的人道服务平台。

第二，改革创新，与时俱进。主动适应新时代、新形势、新要求和新变化，注重学习运用先进理念和新兴技术，推进人道服务供给侧结构性改革，不断创新人道资源动员方式。

第三，公开透明，专业运作。建立健全“合作高效、协调统一”的资源动员机制，培养专业化资源动员人才，加强互联网信息技术开发利用，不断提升人道资源动员能力和水平。

第四，因地制宜，持续推进。要围绕党和政府中心工作，结合当地人道需求和人道资源状况等实际情况，发挥自身优势，创造性、针对性、持续性地开展人道资源动员工作。

二、国际红十字组织关于企业合作伙伴关系政策

国际红十字运动对于人道资源动员途径和对象，制定了尽责调查及企业界伙伴关系政策，明确了红十字运动禁止合作的领域。

2005 年，红十字国际联合会代表会议通过了第 10 号决议《国际红十字与红新月运动企业界伙伴关系政策》（简称《政策》）。《政策》仅适用于企业伙伴关系。《政策》规定，必须按照《政策》第 3 部分规定的标准对所有潜在企业合作伙伴进行筛选。因此，只有在尽职调查完成之后，企业实体与联合会之间的伙伴关系谈判才能开始。

红十字会与红新月会国际联合会发布《尽职调查评估程序》，要求与企业合作要组建评审团，对潜在的伙伴公司进行评审。日内瓦的资源动员与关系管理部将召集一个包括风险管理与审计、法律以及传播部门成员在内的评审团，以便评审收集的信息和收到的报告和风险评估结果，评估与相关公司建立伙伴关系的风险是否可控，以及剩余风险对联合会来说是否可以接受。关于是否应该与该公司展开谈判，评审团将提出书面建议。评审团的建议将交由资源动员与关系管理部的主管做最终决定并签名。

尽职调查评估标准包括以下几方面内容。

联合会鼓励与符合以下条件的公司建立伙伴关系：

（1）尊重联合会的人道主义价值观，致力于为联合会提供支持的项目。

（2）通过政策和实践成为企业社会责任领域的表率。

（3）积极响应联合会为促进其企业社会责任所进行的宣传。

（4）该公司的产品或服务涉及联合会的使命或活动；该公司是所在行业内最能帮助联合会实现目标、扩大覆盖面、提升公众认知度的合作伙伴。

（5）致力于志愿活动。

（6）在促进其员工的教育、健康和社会福利方面表现出色，而不仅仅局限于法律规定的范围。

（7）促进各方以负责任的方式生产和使用产品及服务，坚持可持续发展和环境保护原则。

（8）拥有积极的形象、良好的声誉以及道德方面的良好记录。

联合会不与涉及以下方面的公司建立伙伴关系：

（1）涉及武器或弹药的生产或销售，不论程度如何。在实际操作中是指：

① 该公司设计或生产军火、武器、武器系统或高度专业化的相关重要组件或总成。

② 该公司10%或更多的营收来自武器组件或武器系统的设计或生产，包括专业化的雷达、通信或军事飞行模拟系统等相关产品。

③ 该公司10%或更多的营收来自武器相关的服务，包括但不限于军事硬件的维修和维护、军事飞行训练服务以及卫星、导弹追踪系统或雷达系统的操作或维护。

（2）不尊重国际公认的人权标准，包括《国际人道法》、劳工权利、对健康和环境的保护以及反对歧视。在实际操作中是指：

① 不良的人权记录。有证据表明，该公司在冲突地区、高压政权国家或有不良人权记录的国家运营并使用安全队伍，使其成为侵犯人权的共犯。

② 供应商有不良的劳工权利记录。在与供应商和分包商的商业关系中，有证据表明该公司是不公平或虐待性劳工实践的共犯（包括雇用童

工，以及其他违反国际劳工组织所规定的工作中的基本原则和权利的劳工实践)，并且没有采取措施使这种共犯行为最小化。

③ 不良的健康、安全和环境记录。与同行业的其他公司相比，该公司有不良的健康、安全和环境记录。

④ 员工争议。该公司违反了公平劳动关系方面的立法；或者其对待、雇用、提拔和解雇员工的一些做法引发了重大争议；或者未能阻止工作场所的暴力、骚扰或歧视。

⑤ 该公司涉及色情内容的生产。

⑥ 该公司拥有或经营成人娱乐业务。

⑦ 该公司 10%或更多的营收来自色情产品的出租、销售或分销(批发或零售)。

⑧ 该公司 10%或更多的营收来自按浏览次数收费的成人频道或包含色情内容的电影频道。

(3) 该公司的核心业务是直接生产或销售普遍认为对健康有害的产品。在实际操作中是指：

① 该公司涉及烟草产品的生产。

② 该公司将其名称或品牌授权给烟草产品使用。

③ 该公司 10%或更多的营收来自烟草相关产品的生产，比如过滤嘴或烟草产品专用的包装。

④ 该公司 10%或更多的营收来自烟草产品零售。

⑤ 该公司的业务涉及开发或生产那些已造成（或极有可能造成）永久性伤害、损害甚至死亡的产品或服务。

(4) 该公司的商业利益可能削弱运动组成部分的行动能力，包括在战乱地区的行动能力。在实际操作中是指：

① 偏向性。该公司在冲突地区的运营或商业交易表明其缺乏公正性。

② 削弱政府的作用。该公司在不稳定国家或地区的运营有意或无意地削弱了合法政府的作用和效力。

③ 加剧紧张局势或冲突。该公司的运营方式加剧或利用了种族间的紧张局势或其他冲突。

④ 在冲突局势中缺乏相应的控制政策或措施。该公司在冲突地区的运营使之可能成为暴力或虐待行为的共犯，且该公司没有通过政策或管理系统积极应对这种情况。

（5）该公司的商业实践直接助长了武装冲突或自然灾害。在实际操作中是指：

① 加剧自然灾害。该公司没有采取措施降低其对环境的消极影响，因而可能加剧自然灾害的强度和频率。

② 资源耗竭。该公司的运营显著加剧了资源的耗竭，包括水、森林、土壤以及其他对自然生态系统的健康和完整至关重要的资源。

③ 监管合规。在涉及地方性或全国性的环境法律法规和运营许可方面，该公司有十分糟糕的合规记录。

④ 产品或服务的影响。该公司的一种或多种产品或服务造成了（或极有可能造成）重大环境问题。

（6）该公司不尊重总部所在国或业务所在国的法律法规。在实际操作中是指：

① 卷入贿赂或腐败。有可靠证据表明，该公司卷入或参与了贿赂或腐败。

② 非法或争议性商业实践。在商业交易中，该公司未能遵守地方性或全国性法律法规，并且因为价格操纵、垄断或其他非法或不道德的商业活动而面临定罪或惩罚或罚款。

③ 非法或争议性营销实践。由于欺诈性、欺骗性或不道德的广告、营销、销售或生产，该公司面临定罪或惩罚或罚款；或者这些行为在公众中引发了巨大的争议。

（7）该公司涉及重大的公众争议问题。在实际操作中是指：

① 公司治理争议。该公司的企业治理实践（比如会计或报告违规、内幕交易等）产生了巨大争议。

② 对社区的消极影响。该公司对当地社区造成了显著的消极影响。或者面对当地人的反对或者对相关业务的消极影响的担忧，该公司没有基于当地人的担忧和利益对业务进行修改或规划。或该公司漠视当地人的担忧和利益。

③ 当地人的搬迁。该公司的业务发展导致了当地社区成员的非自愿搬迁。

作为国际红十字运动的成员，中国红十字会及红十字基金会系统开展筹资合作，也必须参照这些尽责调查及企业界伙伴关系政策，尤其是必须遵守红十字运动禁止合作领域的规范。

三、公益慈善组织行业自律和筹款伦理

近年来，中国公益慈善领域开始注重研讨并出台筹款行业自律标准和筹款伦理准则。2015 年 7 月，首届中国公益筹款人大会对筹款人职业发展、筹款模式、筹款伦理以及商业经验如何助力公益筹款等议题进行深度探讨。大会倡议每一位参会人认同如下基本筹款伦理：

（1）在发起募款前核实信息，确保募款信息的真实性。

（2）在募款过程中秉持诚信原则，确保劝募材料的准确性，不夸大受益方真实情况。

（3）在募款过程中不使用易给公众造成“公益不需要成本”错误印象的任何表述或暗示。

（4）不强迫他人捐赠。

（5）确保所募款项的使用符合捐赠人意愿。

（6）公开善款流向与用途，接受外界监督。

2016 年 7 月，第二届公益筹款人大会召开，公益筹款人联盟宣布加入《国际筹款伦理守则》倡议机构，并发布了国内公益慈善事业的第一份筹款伦理倡议。

2018 年，包括中国红十字基金会、南都公益基金会、浙江省敦和慈善基金会等 20 多家知名公益机构在内的发起机构，制定了《中国公益慈善筹款行为准则（征求意见稿）》。在 2019 年第五届公益筹款人大会上，正式发布了《中国公益慈善筹款伦理行为准则》（简称《行为准则》）及配套的《中国公益慈善筹款伦理行为实操手册》。

《行为准则》从合规、诚实、尊重、正直、透明和负责六大价值观出发，为筹款者提供了一个需要共同遵守的工作行为准则框架，包括遵守法律法规的责任，对捐赠方、受益方、行业、组织内部以及合作伙伴的责任。

在遵守相关法律法规的责任方面，筹款方必须遵守筹款活动开展所在国家法律中关于组织形式、业务活动和筹款活动的规定；遵守所在地区关于筹款实践的具体法规、标准及操作办法；在开展筹款工作过程中，不得违背当地的公序良俗。

在对捐赠方的责任方面，当捐赠无法按照捐赠方的公益慈善意愿使用时，筹款方必须与组织和个人就捐赠用途做进一步探讨，并达成一致；当捐赠方的非公益慈善诉求与受益方或行业利益相冲突时，筹款方应当以公益慈善目的为最高原则，妥善回应捐赠方的不恰当诉求等。

在对受益方的责任方面，必须时刻尊重受益方，在筹款传播或相关材料的信息使用中，尊重和保护受益方的个人隐私，维护受益方的尊严；筹款方有告知受益方相关权利与义务的责任，不得出现隐瞒真实项目信息等欺骗受益方或损害受益方权利与利益的行为等。

在对公益慈善行业的责任方面，筹款方不得在其传播与筹款材料中表达出公益慈善活动不需要成本的误导信息；筹款方之间不得有不正当的竞争；未经授权不得使用其他方的筹款信息；必须遵守数据保护的相关法律和规定，采取有效措施防止信息泄露、毁损、丢失等。

在对组织内部的责任方面，对于不符合组织价值观和使命或可能损害组织的名誉和社会影响的捐赠，筹款方不得接受；当捐赠资金来源存疑时，筹款方应当采取恰当措施确保捐赠方进行捐赠财产与捐赠行为的公益性；筹款方不得利用自身职务或服务机会获取未经许可或不合理的回报等。

在对合作伙伴的责任方面，筹款方的应得收入，包括固定薪资和绩效等，都应当事先约定并达成书面约定，以确保其收入适当合理，且不得基于筹款额的比例作为发放标准；当筹款方与供应商、合作伙伴或其他第三方组织合作时，应当采取一切合理的方式确保外部合作方能遵守并按照与自己相同的筹款行为准则开展工作，且不得从中获取不合理的报酬等。

国际上，美国、英国的慈善联合组织很早就有筹款伦理的研究及规范发布。英国的公益慈善筹款行业在政府引导下开展了一轮调研，并发布了名为《为未来规范筹款》（*Regulating Fundraising For The Future*）

的报告。该报告梳理了国际公益慈善行业的自律与监督模式，提出了“三道防线”理念：

第一道防线：理事会是慈善机构筹款活动的第一道责任保障线，他们有责任确保筹款活动必须符合法律要求和较高道德标准。第二道防线：如发生不当筹款行为时，专业筹款自律与监督机构进行干预，以确保公众利益得到保护。第三道防线：如果第二道防线的行业自律与监督机构在面对某些问题的时候对其职权范围有所担忧，法定监管机构应充当监管的“后盾”。

中国慈善组织及国际上关于筹款伦理和行业规范的制定，是公益慈善行业在经历了重大舆情事件后，加强行业自律和监管的成果。红十字组织的人道资源动员，尤其是筹款行为也应当借鉴遵循这些基本伦理和行业规范。

第八章 中国特色红十字人道传播

人道传播，指红十字等人道组织实施的以人道主义精神文化、相关业务工作为主要内容的传播活动及其过程。它以“国际伤兵救护委员会”创立为起点，伴随着红十字运动的发展而发展，在国际红十字运动160余年发展历程和中国红十字会120余年壮阔进程中，发挥了独特而重要的作用，形成了区别于其他行业和传播类型的特点和规律，创造积累了许多行之有效的经验方法。人类社会进入信息时代后，在“百年未有之大变局”和新媒体变革深刻影响下，人道传播和其他人道工作一样，面临着许多新情况、新问题、新挑战，亟待改进、提高和完善。

第一节 人道传播的内涵、特点和种类

学界将传播分为自我传播、人际传播、群体传播、组织传播和大众传播五大类别，人道传播类属组织传播，是“关于人道”的组织传播，或人道领域的组织传播。

一、人道传播的内涵

人道传播，有广义和狭义之分。广义人道传播，指一切从事人道工作的组织或机构进行的以人道为主题的信息传播活动及其过程，具有主体的多元性、主题的规定性等特点。主体的多元性，指传播主体是包括红十字会在内的所有从事人道工作的组织或机构，以及报道人道新闻的专业媒介机构。主题的规定性，指无论哪个主体进行的人道传播，其传播的内容、表达的主题，都是关于“人道”的或体现“人道”思想的

传播。

狭义人道传播，专指红十字组织及其工作者或支持者、参与者等进行的以红十字运动历史文化知识、相关工作为主要内容的信息传播活动及其过程。

作为人道组织的红十字会或红新月会在具体工作实践中实施的传播，也有广义、狭义之分。人道组织所进行的广义人道传播，指融合于红十字会或红新月会所开展的一切工作、活动和项目中的传播活动及其过程。换言之，人道传播与人道工作紧密结合，人道组织及其成员的一切行为，要么是信息传播的载体，要么本身就是信息。强烈的实践性、知行合一性，是人道传播区别于一般传播的最大特点。

人道组织所进行的狭义的传播，专指人道组织通过专业媒介等特定渠道、平台或载体进行的宣传、报道活动，比如对国际人道法、红十字工作、活动或项目进行的新闻报道。

二、人道传播的特点

作为一种特殊的组织传播，人道传播既有一般传播的共同特点，又有不同于一般传播和其他组织的传播的独特之处，具体包括：

主体的多元性。指红十字组织及其成员，无论是核心成员还是外围成员，无论是红十字工作者、会员，还是志愿者、捐献者、合作伙伴、相关媒体，甚至是普通民众，都可以参与人道传播。各主体开展人道传播时，有时以组织名义进行，有时以组织成员个人名义进行；有时是有意识进行的专门的信息传播活动，如撰写新闻报道，发布微博、微信和视频；有时表现为无意识或下意识的行为传播，如对待捐赠者、求助者的温和态度、温婉言语，在救灾现场的英勇表现、无私奉献等。

对象的广泛性。人道传播面向广大公众，追求传播效果最大化。人道事业要动员所有能够动员的资源，人道传播要面向所有能够覆盖的人群，有时甚至要将信息传播到冲突双方每个成员，人道传播从不忽视或遗忘某个群体。

内容的规定性。传播内容主要限定在与“人道”宗旨相符、组织职责相关的特定信息，包括对组织的历史文化、相关工作、业务活动的传播，以及对相关人物事迹的介绍和传扬等。

传播的泛在性。无论传统媒体时代，还是新媒体时代，组织及其成员进行的正式的、非正式的传播皆有传播功能，甚至“行动是最好的传播”，人道传播具有载体的广泛性、信息的泛在性，从而使传播与工作和项目等密切结合。比如筹资活动从来都不是单纯的筹集资金，救护培训活动从来都不是为培训而培训，人道组织及其成员的一切言行都是能够被社会民众“看在眼里、记在心里”的信息传播活动，“组织的任何活动都伴随着信息传播，以至于我们很难说出一种与传播无关的组织活动”①。

崇高的道德性。无论对历史文化的传播，还是对具体工作和业务的传播，人道传播都是为了凝聚最广泛的人道力量，改善易受损群体的境况，实现“保护人的生命和健康，维护人的尊严”的目的。

突出的目的性。一般来说，传播只要做到使“应知欲知而未知者”知，即可基本实现传播目的。但好的人道传播应有三重目标：第一目标是“使人看见”（使人听见），看见（听见）工作和项目、人物和故事、相关信息，以及精神、价值和文化。第二目标是“使人感动”，就是通过精心选择优质内容，运用新颖独特、富有创意的方法和手段，让人道信息产品喜闻乐见，产生“爆点、燃点、痛点、泪点”，做到以情感人，使人共情共鸣。然后，实现第三目标——“使人行动”，亦即引发社会大众心理、态度和行为上的变化，使其成为人道事业的同情者、同道者和同行者。三者中，“使人看见”（使人听见）是基础和前提；“使人行动”是最终目标，是人道传播的出发点和落脚点；“使人感动”是居于二者之间的不可或缺的方式、方法、技术、手段和途径。三者紧密联系，缺一不可。

人道传播的更高目标，是使人道思想成为全体社会成员的最高道德追求。从这个意义出发，可将“使人行动”视作现实态意义下的具体目标追求，将使人道思想成为全体社会成员的最高道德追求视作未来态意义下的理想目标追求。

---

① 郭庆光．传播学教程［M］．北京：中国人民大学出版社，1999：102.

三、人道传播的种类

（一）内部传播和外部传播

内部传播，又称对内传播，是组织内部各子系统之间的传播，是维系组织正常运转不可或缺的信息纽带。召开会议、制发文件（邮件）、举办活动、制定实施相关规章制度等，是内部传播常用手段和方法。内部传播又有横向传播与纵向传播之分。

外部传播，又称对外传播，是组织同外界环境之间的信息交流、沟通活动，传播对象是广大社会民众，是塑造组织形象，提高组织美誉度、影响力、公信力的主要手段。

（二）一般传播与特殊传播（常态传播与突发事件传播）

新闻是事实的报道，有什么样的事实就有什么样的新闻，于是有一般传播与特殊传播之分。一般传播，或称日常传播、日常宣传，内容上指对红十字组织日常工作、基本业务的宣传、报道活动；时间上指非紧急时刻的传播或报道。主要包括项目宣传、活动宣传、品牌宣传、人物报道、历史文化介绍、知识普及性宣传等。非有重大、突发事件，人道传播工作中大部分时间做的是工作信息和历史文化的一般传播。

特殊传播，特指对突发性重大事件的传播，主要指对灾害事件和危机事件的传播，包括对突发灾害事件的应急传播、对舆情事件的危机传播两种。突发性、轰动性、紧迫性、影响大，是这类事件及其传播的共同特点。

将特殊传播单列一种传播类型，因其至少有两点“特殊”之处：一是事件性质和内容“特殊”，二是传播方法手段“特殊”。救灾、救护、救助是红十字会传统核心业务，“三救”中任何一项工作都围绕着“灾害”展开。红十字会的职责是“保护人的生命和健康，维护人的尊严”，加之作为非营利组织接受公众捐赠和志愿服务，天然需要接受更多的监督，因此具有更高的道德标准，可以称之为道德敏感性，是舆情事件易发高发区。“与灾害为伍”和“道德敏感性”的双重特点，使灾害传播和危机传播成为人道传播中的“必修课”，必须格外重视、认真对待。

第二节 人道传播的兴起与发展

人道传播是有组织、有目的的组织传播活动，它伴随着红十字运动的诞生、发展、壮大而发展和进步，是红十字事业的重要组成部分。

一、人道传播的兴起及早期实践

考察国际红十字运动发展历史发现，“人道理念”的传播，无论在国际还是国内，都要早于人道传播，为人道传播奠定了坚实的思想基础和广泛的社会基础。“人道传播”作为一种现代传播类型被提出，并组织化、制度化地开展，则相对较晚。

人道传播的兴起以红十字运动组织创始为起点。1863 年 10 月，“国际伤兵救护委员会”成立后，这个以弘扬人道为己任的国际组织及创立者亨利·杜南等早期红十字人，通过组织会议、制定公约、协商讨论、出版刊物、撰写文章、宣讲游说等说服、动员活动，广泛开展人道思想与理念的传播，为推动红十字运动在全世界范围兴起并广泛深入发展做出了卓越贡献。

杜南们最初进行的宣传，是关于“人道理念”的宣传，而非“人道传播”或“人道宣传”。一是人道观念尚未提出，二是人道组织尚未建立。彼时，作为传播者的杜南、莫瓦尼埃及“五人委员会”，尚不能说“代表”组织，或者说还无意“代表”组织。他们所做的宣传，内容上是“关于人道”的宣传，主要目的指向是“成立伤兵救护委员会”。“人道主义”这个词，直到萨克森王国国王答应参加会议时表示“我将尽我所能，因为一个不加入这项人道主义事业的民族将被欧洲的公众舆论所放逐”时，方始出现。①

但是，这些红十字运动创立者们的宣传或传播活动及其所运用的方法、手段，以及从中折射的传播理念，为有组织的人道传播奠定了深厚基础，甚至有了现代“人道传播”的雏形，则是确定无疑的。梳理史料发现，这些方法、手段及其蕴含的理念包括：通过信件、图书、报刊等

---

① 参见张立明．向亨利·杜南学习传播工作［N］．中国红十字报，2017-06-20（3）．

媒介进行大众传播、文化传播；通过点心会、座谈会、发表演讲、开展福音宣传等形式进行人际传播、群体传播；通过支持者荷兰军医进行第三方传播；作为人道传播的经典样本，《索尔费里诺回忆录》所做的种种描述，鲜明体现了"用事实说话"的报道原则；在为该书发行所做的宣传中，亨利·杜南"不仅仅满足于将第一版书赠与朋友和熟识之人，还将书送交欧洲各宫廷和他在社交生活中接触的杰出人物"，相当于寄出若干封"致世界伟人的公开信"，有意无意间做了类似报纸发行的工作。上述一系列游说、宣传活动，生动体现了后来才有的细分受众市场和精准传播原则、游说高层受众的"影响力原理"等。

一个半世纪以来，在国际红十字运动跌宕向前的历史长河中，人道传播有力承担并很好地发挥了融合思想、壮大组织、凝聚共识、砥砺行动、促进和平、推动进步等重要作用，取得了一系列重大成就。以《日内瓦公约》及其附加议定书为核心内容的国际人道法，既是人道传播的辉煌成就、显著成果，也是一个半世纪以来人道传播的主要内容、重要任务；各国红十字会和国际联合会的建立，既是人道传播取得的重大现实成果，也是人道传播赢得广泛国际认同的明证；"人道、公正、中立、独立、志愿服务、统一、普遍"七项基本原则，既是红十字人在人道传播过程中提炼、概括和升华的思想结晶，也是红十字文化和人道传播的核心内容。

二、人道传播在中国的发展

中华优秀传统文化中人道思想的传播，表现在文化的传承和发展过程中，但真正意义上的人道传播，则是红十字运动进入中国以后的事情。

（一）中国红十字会早期的人道传播

19世纪末，在"万国红十字会上海支会"成立之前，受西方所创人道组织及其人道理念影响，中国有识之士和红十字运动先驱已然开展人道传播。孙中山最早翻译了伦敦红十字会柯士宾所著《红十字会救伤第一法》，对红十字会落地中国具有重要推动作用，对近代中国红十字事业的发展具有重要影响和深远意义。随着书中救护知识的宣传和普及，红十字会及其理念为越来越多的国人所知。孙淦通过裕庚代为上奏清政府的《大阪华商孙淦呈请裕钦使转咨总署奏设红十字会禀》，提出创立红十字会“四利说”，并在《申报》发表《红十字说》，详细介绍红十字会的发轫、继起、定帜等，还出版《博爱》一书，遍赠好友以广为宣传，为创设红十字会奔走呼号。陆树藩大力宣传“红十字会之利”，提出创设中国红十字会的“设想”，并结合实际制定实现“红十字之梦”的 3 个步骤。一大批有识之士认识到红十字之于战争救护、灾难救助、社会救济的重要性，通过翻译著作、创办刊物、发行书籍、发表文章、张贴标语、公开演讲以及参与战场救护、赈济灾民等方式和行动，积极开展人道传播。这一时期的人道传播，多为个人自发行为，侧重于介绍红十字组织、发起成立组织、开展相关人道活动等。

中国红十字组织成立后，人道传播开始成为组织行为和红十字人的自觉行动。中国红十字会先后创办了《人道指南》《中国红十字会杂志》《中国红十字会月刊》《中国红十字会会务通讯》《救护通讯》《红十字月刊》等刊物，并印制工作简报、征信录、会员录和相关宣传手册，广泛开展人道传播活动。

在红十字工作和传播实践中，红十字工作者纷纷撰文，以不同方式、从不同角度推介和宣传红十字知识、思想和理念。其中，较具代表性的有朱瑞五发表《人道说》，蒋梦麟发表《红十字会服务信条》《本会筹集事业基金之意义》《中国红十字会改隶之意义》，汤蠡舟发表《红十字会的基本原则》，江晦鸣发表《红十字会的基本任务》《为何举办红十字周？如何举办红十字周》，胡兰生发表《红十字会的性质与任务》，积极介绍红十字会及其所从事的人道工作，阐述其意义，对红十字工作的开展产生了广泛深远的影响。

（二）红十字周及五八博爱周

宣传方法上，较具代表性的是设定并实施“年度宣传主题”。历史上中国红十字会举办过七届红十字周，目的是“宣传该会的工作，并扩大征求会员和进行募捐”。

第一届中国红十字周于 1941 年 1 月 1—10 日举行，以后几届，分别改在 10 月 1—10 日，只有 1944 年延续了 1 个月。所以这里的“周”，仅表示一个时间段，并非严格意义上的 7 天。

1941 年元旦，中国红十字会在重庆民权路新运总会礼堂举行了第一届红十字周开幕式，参加者百余人。开幕式后举行了展览，展出了救护工作照片、模型、图表等。红十字周期间，中国红十字会利用广播、报纸等进行宣传。1 月 3 日，理事许世英到当时的中央广播电台（重庆）以《为什么举行红十字周》为题进行广播，副会长刘鸿生在国际电台用英语进行广播。此外，还邀请了《大公报》等 14 个报社的记者 30 余人，向他们介绍红十字会的工作情况及红十字周的意义。多家大报发行红十字周特刊，大量刊载介绍红十字会工作的文章以及各界名人的题词等。

进入“复员”时期后，为使红十字周正规化，在 1946 年 8 月召开的总会第一次常务理事会上，理事关颂声提出“请明定十月一日至十日为中国红十字宣传周案”，获得通过。红十字周成为“复员”期间中国红十字会法定宣传周、征募周。

第五届红十字周是抗战胜利后举办的第一届，传播方式更加活泼多样。以南京分会为例，活动分别为：第一天为新闻日，由总会在《和平日报》发行特刊，并在《中央日报》《大公报》发表专稿。第二天为广播日，由总会会长蒋梦麟和分会会长沈慧莲分别在中央和益世两大电台进行广播。第三天为教师联谊日，分会在南京玄武湖服务站招待各中小学校长，宣传红十字会事业，以广泛征求学生会员。第四天为康乐活动日，组织红十字青年会员到玄武湖服务站举办露营活动。第五天为征募日，宣布各队征募成绩。第六天为音乐日，晚上在公余联欢社中正堂举行郎毓英独唱音乐会。无论间接传播，还是直接宣传，“传播”是一条贯穿始终的红线。

到中华人民共和国成立前，中国红十字会共举办了七届红十字周。这七届红十字周活动各有特色，但有诸多共性：报告会务开展状况，是历届红十字周开幕时的重要事项；注重与媒体合作，通过举办记者会、发表广播稿等方式，以丰富多彩的内容吸引公众注意；聘请各界名人担任征募队长，扩大影响，提高红十字会知名度；每届有统一主题，但每天的内容丰富多彩、新颖独特，尽量与社会各界都有所联系。相关活动的提出与实施，隐约体现了新闻学和传播学中两个重要方法和原理——

新闻策划和议程设置。

七届红十字周都营造了一定的声势，通过这一平台和方式，民众对红十字会组织及其从事的人道救助事业增进了了解，举办红十字周的目的得到不同程度实现。①

中华人民共和国成立后，按照1948年红十字会协会（现红十字会与红新月会国际联合会）第20届理事会决议，改为纪念5月8日“世界红十字日”。

厦门大学教授杨方方梳理1962—1995年的“世界红十字日”主题发现，这些主题涉及生命理念（生命至上，生命平等）、救助伦理（弱者优先，维护尊严）、灾害文化（科学避险，积极防范）、公益理念（责任勇担，专业志愿）等，表明历年“世界红十字日”主题，都是围绕红十字核心理念、核心业务提出来的，从不同方面体现了红十字文化，传播了红十字精神、理念。②

中华人民共和国成立后，中国红十字会第一任会长李德全发表了《新中国红十字会的工作方向与发展步骤》，理论和实践结合，指导全国红十字会的组织建设和工作开展。党的十一届三中全会后，随着思想解放和改革开放的推进和发展，新时期的红十字工作呼唤着理论的指导。1985年6月，中国红十字会“四大”通过的章程规定，“中国红十字会以实行人道主义为宗旨”。1988年11月5日，熊世琦在《中国红十字报》发表《红十字人道主义思想的起源及其在我国的发展》，第一次提出“红十字人道主义”概念，并进行了阐述。从中国红十字会“四大”提出“办成具有中国特色的社会主义的红十字会”，到中国红十字会“五大”提出“建设具有中国特色的红十字会”，既是理论探索的初步成果，又为理论研究和工作实践提出了新的重大命题。而《中华人民共和国红十字会法》的颁布是改革开放以来红十字会工作实践和理论研究成果在立法上的体现。

从2006年开始，中国红十字会每年5月8日“世界红十字日”期

---

① 吕志茹，马红英．中国历史上的红十字周［N］．中国红十字报，2009-06-09（3）．

② 杨方方．红十字文化特征探析［N］．中国红十字报，2017-10-31（3）．

间举办五八博爱周主题活动。每年根据当时形势、社会需求、中心工作等情况，经调研、分析，商定当年主题。红十字周和五八博爱周期间的宣传活动，既有直接的新闻传播，又有间接的行为传播。

（三）人道传播思想的演变

1950 年 8 月，中国红十字会协商改组会议召开，揭开了中国红十字运动新的历史篇章，人道传播有了新的遵循和方向。协商改组会议工作报告指出，红十字会应成为政府与人民结合的桥梁，其工作应是依靠人民，又为人民服务。

1961 年 10 月，中国红十字会“二大”报告提出，加强业务工作服务人民，吸收发展、宣传教育会员，建立和壮大基层组织，为人道传播打下更加坚实的工作基础和组织基础。中国红十字会“三大”报告提出，“红十字会的干部要到群众中去，和群众打成一片，有事同群众商量”，指明了人道传播的对象、路径和意义。

改革开放后，人道传播的任务和方向更加明确。中国红十字会“四大”提出，“必须争取政府和有关部门的支持和配合，自觉地为人民谋福利，积极主动地开展符合红十字会宗旨的各项工作”，“充分发挥红十字组织群众性的优势，发动群众，互救互助，为政府分忧，为群众解难，为四化建设服务”，点明了人道传播的客体对象、依靠力量、最终目的等，并首次提出“加强宣传工作”。中国红十字会“五大”报告提出，“面向基层，面向群众，面向社会”和“拓展阵地，坚持经常，注重质量，提高效果”等“十六字方针”要求。前者使传播对象更加精准和富有针对性，后者强调了阵地、频率、质量和效果等要求。中国红十字会“六大”把学习宣传、贯彻落实《中华人民共和国红十字会法》和贯彻《中国红十字会九十年代工作纲要》《北京宣言》列为人道传播主要内容，法治建设成为红十字会重要工作，也成为人道传播重要内容之一。中国红十字会“七大”开始把加强理论建设作为主要任务之一，提出“加强红十字理论的研究，把红十字运动的理论纳入社会科学的范畴，以指导全国红十字工作，提高广大红十字工作者的理论水平，使红十字会人员的行动更具自觉性，增大社会宣传的力度”，首次从理论建设层面阐述人道传播，强调社会宣传的重要性。中国红十字会“八大”

提出，深入持久地宣传《中华人民共和国红十字会法》，加强红十字运动理论研究，增强工作的自觉性、创造性和系统性，人道传播的内容日渐丰富。

中国红十字会“九大”公报中，“传播”首次取代“宣传”，“人道传播”开始有了正式名称，并被正式提出，标志着红十字会对人道传播认识的进一步深化，人道传播工作地位得到进一步提升。“九大”把“弘扬红十字精神，开展‘红十字传播行动’”作为七大行动之一，这也是传播工作首次被写入中国红十字会全国会员代表大会工作报告。中国红十字会“十大”提出，加强理论研究，加大红十字文化传播力度。中国红十字会“十一大”提出，着力传播人道文化，在培育和践行社会主义核心价值观中引领新风尚，对人道传播意义、价值、重要性、必要性等有了更加深刻的认识，中国特色红十字事业特有的人道传播工作，进入新的发展阶段。

三、人道传播现状及取得的成就和特点

改革开放以来，广大红十字工作者紧紧围绕“保护人的生命和健康，维护人的尊严，发扬人道主义精神，促进和平进步事业”的宗旨核心，坚持以人为本理念，朝着“打造公开透明的红十字会”的目标，通过建立新闻发言人制度，建立“两微一端”信息发布平台，大力实行“两透明两公开”制度等措施，为提升红十字会的社会影响力、感召力、公信力，做了大量扎实有效的工作。中国人道传播工作总体呈现良好发展态势，取得了较大进步，主要表现在6个方面。

（一）党和政府更加重视人道传播

党和政府对中国人道传播提出明确要求，在法规、政策等方面给予坚定支持。2012年，国务院出台《国务院关于促进红十字事业发展的意见》，明确要求：新闻宣传部门要加大对红十字事业的宣传力度，支持红十字会建立人道传播平台；大力宣传红十字事业发展进程中涌现出的先进人物和感人事迹；表彰为人道主义事业做出突出贡献的单位和个人；深入开展红十字理论研究，大力宣传红十字文化在引领社会道德风尚、提升精神文明程度和推动文化大发展大繁荣中的积极作用。

2007年，由中国红十字会总会牵头，外交部、司法部、教育部、国家文物局等多方参加的中国国际人道法国家委员会获批成立。在“局部武装冲突频繁发生，人道主义灾难加剧”形势下，中国国际人道法国家委员会的成立进一步表明了“中国对推动国际人道法传播和发展特积极态度”,① 对中国红十字会积极开展国际人道法领域的国际交流合作，促进国际人道法在中国的传播和实施具有重要意义。

党和国家领导人关于红十字事业的重要讲话，既体现了他们对红十字事业的深刻关怀和殷切希望，同时也为红十字人道传播提供了根本性支持。党的十八大以后，习近平总书记多次在不同场合对红十字工作予以高度评价，表达对红十字事业的肯定支持。2013 年 5 月 13 日，国家主席习近平在会见红十字国际委员会主席彼得·毛雷尔时表示，红十字不仅是一种精神，更是一面旗帜；2014 年 7 月 4 日，在韩国国立首尔大学发表演讲时，为向韩国患者捐献造血干细胞的红十字志愿者张宝“点赞”；2015 年 5 月 5 日，在接见中国红十字会“十大”代表时强调，中国红十字事业是中国特色社会主义事业的重要组成部分，中国红十字会是党和政府在人道领域联系群众的桥梁和纽带，党和国家高度重视这支力量；2017 年 1 月 17 日和 18 日，在瑞士达沃斯国际会议中心发表《共担时代责任　共促全球发展》、在日内瓦联合国总部发表《共同构建人类命运共同体》主旨演讲时，引用红十字国际委员会创始人亨利·杜南的名言指出，“经过 150 多年发展，红十字成为一种精神、一面旗帜。面对频发的人道主义危机，我们应该弘扬人道、博爱、奉献的精神，为身陷困境的无辜百姓送去关爱，送去希望；应该秉承中立、公正、独立的基本原则，避免人道主义问题政治化，坚持人道主义援助非军事化”。②

习近平总书记关于红十字会的多次重要讲话和指示批示，不仅深刻系统阐述了红十字会的特殊性质、重要地位和作用，更对新形势下红十字会工作提出了要求、任务目标和方法路径，为中国红十字事业发展指明了方向，成为各级红十字组织做好人道传播工作的基本遵循。

---

① 曾利明．中国国际人道法国家委员会成立[EB/OL].(2007-12-01)[2022-07-06].https://news.sina.com.cn/c/2007-12-01/215713003703s.shtml.

② 习近平多次“点赞”红十字［N］．中国红十字报，2017-01-20（1）．

（二）传播主体更加多元

随着中国红十字事业不断深入发展，其“独特、显著、不可替代”的功能作用日渐被社会认识和接纳，人道传播形成多方参与、共同发力局面，党委、政府、企业、媒体、公众纷纷支持或参与人道传播工作，打破了人道传播主体单一的状况，更多传播主体通过多种形式和渠道，将丰富多样的内容传递给更广泛的人群。

社会各界的支持和参与。从中央到地方各级政府部门、社会团体、企事业单位等社会各界，以联合发文、联合召开会议、联合开展“新闻采风活动”、联合评选红十字好新闻、将“支持红十字事业发展”写入“五年规划”等方式，积极参与、大力支持人道传播工作。2011 年 3 月 7 日，中宣部、中央文明办、教育部、中国红十字会总会等 9 家单位联合召开视讯会议，部署“讲文明树新风”志愿服务活动，“为爱而来——汶川地震重建三周年红十字新闻采风活动”被列为活动之一。

在上级部门重视、支持下，大中小学校也积极参与人道传播工作。一是举办红十字运动基本知识和国际人道法传播讲座，二是在大中学生中举办国际人道法知识竞赛，三是开展红十字历史文化相关理论研究，四是推动红十字知识进教材。

苏州大学红十字运动研究中心，在池子华教授带领下，多年埋头耕耘，结出累累硕果，成为红十字历史文化研究和传播重要阵地。该中心出版三大系列（红十字书系、红十字文化丛书和中国红十字运动知识丛书）相关研究成果 108 部（种），为中国红十字会历史文化研究做出了重要贡献。

媒体和媒体人的参与支持。媒体的人道传播，一般称为公益传播，“公益传播是指具有公益成分、以谋求社会公众利益为出发点，关注、理解、支持、参与和推动公益事业、公益行动，推动公益事业发展和社会进步的非营利性传播活动”①，如公益广告、公益新闻等。

从传播主体看，媒体的公益传播，有媒体机构的传播和媒体人的传

① 吕进福．新媒体环境下红十字舆论传播研究［M］合肥：合肥工业大学出版社，2020：44.

播两种形式。媒体的公益传播基本以两种方式进行，一是开设专版、专栏，对公益组织及其活动、项目进行积极报道；二是单独或与公益组织联合推出公益项目、举办公益活动。各类新闻报道也应该属于媒体人道传播的范畴，近年来，各大媒体对“三救”“三献”工作的宣传越来越多。

社会力量参与。主要方式是通过与媒体联合设立人道救助项目，开展人道传播。如2006年以来，中国红十字基金会先后与《京华时报》联合设立京华天使基金、与重庆卫视设立大爱基金、与广东《家庭》期刊设立和谐家庭公益基金、与《中国新闻周刊》设立企业社会责任基金、与中央电视台联合开展春暖2007公益晚会、与南方周末报社开展“燃烛行动”等公益项目，以及与互联网平台公司合作设立滴滴关爱基金、字节跳动医务工作者人道救助基金等，既募集了资金开展了人道救助，又通过合作媒体平台开展了人道传播。

（三）符号传播深入人心

随着人道传播在中国广泛深入开展，“红十字”作为人道的标志和象征，已被广大社会民众视为向危难中的人们提供帮助、保护、庇护和救济的象征，代表着和平、友善、温暖、普遍与平等的爱。

同时，广大红十字工作者紧跟时代步伐，勇于创新，积极适应移动互联网时代信息传播特点和需要，创造性推出了一批可与“红十字”配合使用、富有时代特征和中华优秀传统文化特点的人道工作专用卡通形象和表情符号，丰富了人道传播“武器库”和“工具包”，体现了人道传播的时代性，丰富了红十字视觉传播系统品类，取得了良好传播效果。

（四）品牌传播初见成效

在长期工作实践中，各地红十字会致力于依托品牌项目和活动开展人道传播，取得了较好传播效果。中国红十字会总会在全国红十字系统推行的“博爱送万家”“博爱家园”等品牌项目和活动，得到党和政府的肯定、社会各界的支持和广大民众的赞誉。山东省青岛市红十字会倾力打造“微尘”品牌，“从一个独特的名字发现一个不寻常的人物和故事，从发现一个人到培育一个知名品牌，这种‘发现’意识和‘品牌’

意识，使微尘转化成为一种文化，从而建立起筹资、救助的长效机制，并深深地溶入了我们的城市精神中”[①]，使“微尘”成为品牌传播的典范。广东省中山市红十字会作为主办方发起的“中山慈善万人行”，经30余载丰富发展，成为最受中山市民欢迎、公众参与度最高的人道传播活动，以及享誉国内外的红十字文化和慈善文化品牌。

比较有名的人道传播品牌还有：“京华天使行动”、“寻找最美乡村医生”、“一个人的球队”、“一个人的乐队”、“磨刀老人”和公益广告《妈妈的心跳》，以及“红十字天使计划”“急救一包药”“字节跳动医务工作者人道救助基金”等红十字系统诸多荣获“中华慈善奖”的项目。

（五）红十字“大宣传格局”初见成效

2006年1月7日，中国红十字会在海南召开全国红十字会宣传工作会议，首次提出“全国红十字大宣传格局”理念，即在全国“形成一个以弘扬红十字精神为主线，以重大活动、品牌宣传、对外宣传、突发公共事件救助等宣传为重点，全国红十字会系统和社会力量联合，全方位、多层次、多种类、立体化宣传的大的宣传格局”。主要内容包括：“弘扬红十字精神”是大宣传的最终目的和诉求，其他一切措施和方法是为达到“弘扬红十字精神”这一目的的手段和途径；“以重大活动、品牌宣传、对外宣传、突发公共事件救助等宣传为重点”，框定了大宣传的内容范围和重点；“全国红十字会系统和社会力量联合”，指大宣传所要依靠和团结的主要力量，是构建大宣传格局的实施主体和外围力量；“全方位、多层次、多种类、立体化”的“十二字方针”，是具体工作原则和具体操作方法，是构建大宣传格局的核心。“大宣传格局追求的是各级红十字会统一主题，上下联动，通过新闻报道、公益广告的投放、宣传品的开发制作、大型宣传推广活动的举办等多种宣传方式，利用电视、报纸、杂志、广播、网络、手机、地铁、公交、楼宇、户外等不同形态媒体资源的立体化组合，实现红十字精神、理念、价值、文化

① 隋俊．微尘诞生十数年　让铸就青岛城市爱的名片[N/OL].青岛日报，2015-06-10[2025-07-30].https://www.dailyqd.com/news/2015-06/10/content_253197.htm.

及各项业务工作在全国范围内的全方位覆盖”。①

2006年5月8日，五八博爱周活动开始实施，当年主题是“健康援助进农家——红十字在行动”，全国各级红十字会广泛开展为农民送医送药送健康活动。博爱周期间，中国红十字会总会还举办了首届博爱论坛、中国造血干细胞捐献者资料库开放日、《同一首歌》大型公益晚会等活动。博爱周一系列活动标志着“红十字大宣传”从理念变成了行动。此后，每年的红十字博爱周，总会都确定一个主题，指导全国各级红十字会统一时间、统一主题、统一行动。红十字博爱周活动“基本改变了原来‘各自为战’的宣传局面，全国形成了合力，集中了声势，已逐步显现出红十字大宣传格局的成效和特点”②。

（六）国际传播更加有力

近年来，中国红十字会在实施国际人道救援中积极开展国际人道传播，面向世界讲好中国人道故事，生动展现了中国特色红十字事业发展成就，牢固树立了中国负责任大国人道形象。

2017年5月，中国红十字会在巴基斯坦开展中巴急救走廊项目。在瓜达尔港建成中巴博爱医疗急救中心，先后派驻4批红十字援外医疗队，为瓜达尔居民和港口工作人员提供免费医疗服务。在阿富汗和蒙古国，开展了天使之旅——“一带一路”人道救助计划。自2017年8月以来，中国红十字援外医疗队先后8次前往阿富汗、蒙古国开展先心病患儿筛查救治工作，将309名患儿陆续转运来华接受免费治疗。此外，还为310名蒙古国白内障患者提供免费治疗。在叙利亚和伊拉克，中国红十字基金会援助2套大型多功能移动急救医疗单元，每套移动单元由2辆医疗大巴、2辆救护车组成，可提供基本诊疗、手术、体检、医疗转运等综合性卫生服务。同时，还为叙利亚2个儿童假肢中心提供援助。

2020年，新冠疫情席卷全球，中国红十字会联合国家卫生健康委员

---

① 吕进福．新媒体环境下红十字舆论传播研究［M］．合肥：合肥工业大学出版社，2020：85-86.

② 张立光．构建全国红十字大宣传格局［N］．中国红十字报，2009-09-22（3）.

会向意大利、伊拉克、伊朗派出 3 支抗疫医疗专家组，支援国际抗疫工作。随后指导中国红十字基金会紧急启动抗疫国际援助行动，设立“抗疫国际人道援助基金”，募集款物逾 2 亿元，向 54 个国家援助 78 批次人道物资和资金，向 12 个国家援助 160 万剂新冠疫苗，为全球抗疫贡献了中国力量。

这些“跨越国界、宗族、信仰”的人道援助行动，伴随着中国随行记者和所在地国际媒体的报道，成为展示中国“一带一路”行动和共建人类命运共同体的最好传播，中国红十字医疗队成功救助阿富汗先心病患儿的故事还成为外交部长王毅在联合国发言讲述的人道主义故事之一。

第三节　人道传播的实践与经验

依据中国红十字会工作实际，以及相关业务工作的性质特点，当前各级红十字会在不同时间、场景下实施的人道传播，可以提炼、归纳为三种类型：日常传播、应急传播和危机传播。每一种传播类型在传播主体、传播内容、使用场景、功能作用以及方式方法的选择上各有独特之处。

一、日常传播及其实施

日常传播，亦称一般传播、普及性传播，指非紧急情况下实施的传播活动，主要是对红十字会日常工作、基本业务、相关活动进行宣传和报道，经常用于一般性项目宣传、活动宣传、品牌宣传、工作经验交流、典型人物宣传以及知识普及性宣传等。

日常传播的用途及功能，分对内和对外两种。对内传播，以组织内部工作信息、经验交流为目的，主要发挥协调组织内部成员间的联系，增强成员凝聚力和向心力，满足组织成员社会心理需求，激励士气，实现组织目标等告知和指导功能，内容侧重工作方法与经验的交流，典型报道、知识普及是常用方法。对外传播，主要指向系统外的广大受众宣传、推介本组织的业务工作、历史文化、价值理念、精神宗旨等，有广而告之作用，宣传意味较浓。

改革开放以后，各地红十字会工作进入快速发展期，在日常传播实践中创造了许多行之有效的方法，包括印制小册子、宣传折页、普及读本，为媒体撰写科普性文章，介绍各国经验等，对“应知、欲知、须知”者发挥了释疑解惑、知识普及作用。日常传播可重点在组织软实力和公信力提高等方面下功夫。

《中国红十字报》开设的常规栏目和日常报道，是日常传播基本操作手法。常用栏目，如《会长笔谈》《工作交流》《我与红十字》等；为特定工作、活动或项目开设的栏目，如《博爱家园》《志愿服务》《最美志愿者》等，有力推动了行业内的日常传播工作。

日常传播相较于对突发事件的紧急传播、关于舆情事件的危机传播，更具规律性、稳定性和确定性，缺陷是变化性、灵活性不足，一般难以产生轰动性“大新闻”，与新闻天性青睐变化、新鲜、异常的特质相去较远。因此，想办法“制造”变化，把“静”的工作变成“活”的事实，让一般“事实”变成有特点的“新闻”，是日常传播的努力方向。

二、应急传播及其实施

应急传播，就是应付、应对特定时刻迫切需要的传播。能够产生“迫切需要”的情形，一般指发生紧急情况，突发自然灾害、事故灾难、公共卫生事件和社会安全事件，是产生紧急情况的主要肇因。

（一）突发事件与应急传播

《中华人民共和国突发事件应对法》载，“本法所称突发事件，是指突然发生，造成或者可能造成严重社会危害，需要采取应急处置措施予以应对的自然灾害、事故灾难、公共卫生事件和社会安全事件”。该定义揭示了突发事件的基本内涵，划定四类“事件”为其外延，“造成或者可能造成严重社会危害”，是突发事件本质特点，昭示此类事件一旦发生就是一种“紧急情况”，社会就会处于“紧急事态”，相关部门、组织或机构必须紧急应对。所以应急传播亦称紧急传播，指“紧急情况”或“紧急事态”下进行的传播活动，或关于紧急事件的传播。

一方面，突发性、重大性、破坏性、轰动性、异常性、影响大、关注度高，是突发事件的共同特点，不可抗拒的较高受众关注度，会赋予该类事件极高新闻价值，凸显应急传播的意义和价值。《中华人民共和国突发事件应对法》第八条将应急传播规定为新闻媒体的“法定职责”：“新闻媒体应当开展突发事件应对法律法规、预防与应急、自救与互救知识等的公益宣传。”

另一方面，《中华人民共和国红十字会法》将“开展救援、救灾的相关工作，建立红十字应急救援体系。在战争、武装冲突和自然灾害、事故灾难、公共卫生事件等突发事件中，对伤病人员和其他受害者提供紧急救援和人道救助”，规定为中国红十字会的法定职责、核心业务，表明中国红十字会的工作始终围绕着一个“救”字展开，遭遇“紧急情况”或“紧急事态”是红十字工作的“常态”。因此提高应急传播的认识和技能，做好应急传播工作，是做好红十字人道传播题中应有之义。

（二）不同类型灾害报道策略与方法

从人类感官上，可将突发自然灾害事件分为有声灾害和无声灾害，相关报道也可分为有声灾害的报道、无声灾害的报道。地震、海啸、台风、暴雨、泥石流、森林大火等自然灾害，以及枪击、杀人、交通事故等社会灾害，可归于有声灾害。高温雨雪、冻灾、旱灾、虫灾以及海洋及环境污染，包括突发公共卫生事件等，可归于无声灾害。不同类型的灾害呈现不同属性和样貌，不同属性和样貌的事实具有不同新闻价值，需用不同方式进行报道。

1. 有声灾害的传播策略与方法

有声灾害和无声灾害是从人的视听感觉上进行的灾害分类。有声灾害是指那些能够造成强烈视听震撼、具有巨大心理冲击力的灾害类型。有声灾害是显性事实，看得见、摸得着是其显著特点。这种灾害一经媒体报道，特别是经过电视、网络等视听一体、音画同频媒体的报道，往往会产生巨大的视觉刺激和心理冲击，具有强烈震撼性和剧烈刺激性，能够让人瞬间“产生震惊、恐怖、同情、怜悯、悲伤、痛苦等激烈复杂的情感反应”，并伴随“立即行动的想法与冲动”。① 显要性、刺激性、

① 吕进福．新媒体环境下红十字舆论传播研究［M］合肥：合肥工业大学出版社，2020：220.

冲击力等事实属性，加之社会公众“急欲了解”的欲望等特质，决定了这类灾害一旦发生，就会成为重大新闻事件，各路媒体会在第一时间进行报道，其传播效果是其他新闻事件无法比拟的。因其有形有声，声画一体，直接诉诸人的感官，更适合流媒体传播。

重大灾害必有重大新闻。特定时刻的红十字传播工作要像红十字救灾工作一样，迅速反应，积极作为，通过实施“两步法”做好有声灾害报道。

一是以最快速度将前方救灾信息、后方决策信息在第一时间“传出去”。“时效第一，全面第二”“快字当头，简洁为要”“有什么报什么，有多少报多少”，是突发事件报道的基本原则，其中“快”是第一原则。只要能在专业媒体第一波报道、信息平台第一轮推送、网民初始评论和转发中，“见到”红十字的名字，哪怕只言片语都是成功的传播。

前方救灾人员作为“在场者”、行业媒体记者和宣传干部作为专职报道人员，是紧急传播阶段的主要依靠力量。灾害或事件发生初期，相关情况往往混乱复杂，面对不同情况应采取“此刻最适宜”的报道方法。其中，发挥“在场者”——救灾人员的作用，是人道组织实施紧急传播的一大优势和“此刻最适宜”的报道方法。

在场者传播分为两种情形。一种情形是，救灾人员有条件“现场直播”者，可用手机、便携电脑等现代通信工具，“就地”报道现场信息。移动新媒体时代，新闻生产已经由“媒体空间”转移至“现场空间”，在场者的“现场直播”将会越来越多，越来越重要。

前方救灾人员没有条件“现场直播”者，可采用“分工合作法”：前方供料，后方生产。前方提供素材，后方加工、生产并上传发布。2021 年河南暴雨救援期间，中国红十字基金会制作、发布的“天使之旅——驰援河南行动”短视频就是前后方密切合作的成功尝试。

2. 无声灾害的传播策略

无声灾害又称哑巴灾害，状如无声电影，有真实人物和场景，但没有或较少声音和语言，无法对人的感官形成强势刺激，即便有画面，也难以形成有效冲击，对情感和心理的刺激性较弱。但无声灾害也是“灾害”，同样会产生巨大破坏力，引发社会广泛关注。

就事实属性而言，无声灾害类似隐性事实，非进入现场无法真切感受其存在和危害。从新闻报道角度说，无法被真切感受的事实，往往是传播难度较大的事实。因此，对无声灾害的报道或传播，要先使其由隐而显，变无形为有形，使无声处“响惊雷”，让抽象事实有更多外在“表现”，以生动的形式、新颖的符号，吸引媒体和社会关注的目光。

三、危机传播及其实施

危机是对一个社会系统的基本价值和行为准则架构产生严重威胁，并且在时间压力和不确定性极高的情况下必须对其作出关键决策的事件。危机分为自然灾害危机、人为危机、在自然灾害基础上的人为危机。而且，三种危机中任一危机都可能“派生”第四种危机——舆情危机。

危机传播是与危机密切相关的传播，不同角度有不同定义。这里说的危机传播，指在自然灾害、人为危机发生时采取的“旨在减少危机损坏程度的沟通信息、树立形象”的与应急宣传相关的一切工作。

（一）红十字会的危机传播

人道组织的危机传播，是指对可能影响组织形象和声誉等的危机事件及其处理过程的传播活动，目的在于消除负面影响，营造良好舆论环境。

网络催生了交互式网络新媒体，新媒体的互动性、去中心化、低门槛等特征，形成组织和个人都能“上网喊话”的局面，催生了高度透明、严格监督的舆论环境，凸显红十字会危机传播的重要意义。红十字会参与应急工作，必须同时做好应急传播工作，不仅为当下正在进行的应急工作营造有利舆论环境，亦可在“转危为机”过程中提高红十字组织的影响力。

2008 年，汶川地震让红十字会瞬间成为社会爱心汇集的中心，也成为社会舆论关注的焦点。5 月 12 日当天，中国红十字会率先通过包括网站在内的自有媒体发布募捐呼吁，及时向社会民众提供了奉献爱心的平台。但从 5 月 19 日开始，网上陆续出现“高价帐篷”“提取管理费”“虚开发票”等负面说法。中国红十字会总会抗震救灾指挥部沉着应对，通过发表声明、安排媒体专访、网上直播、电视直播、参加国务院新闻发布会、跟帖正面回应、邀请网友和媒体代表见证救灾款物发放过程等方式，对网上质疑一一进行解释和澄清。随着公众了解的信息越来越多，5 月底，危机逐步消除。特殊时期，红十字应急宣传发挥了积极的舆论引导作用，为中国红十字会取得空前的募捐额度和保证救灾秩序的顺利进行起到了不可低估的作用。①

3 年后，2011 年 6 月 20 日，“郭美美网络事件”猝然发生，使红十字会公信力遭遇重创，暴露了红十字会危机传播意识和能力落后于时代发展的现实，引发全系统上下深入反思，从而进一步加强舆情应对制度建设及传播能力建设。

（二）怎样做好新时期的危机传播

新时期红十字会如何做好危机传播？应做好 8 个方面的工作②：

一要快速发现。网络传播“黄金 24 小时”法则显示，负面信息若不能在 24 小时内处置，就有失控演变成网络热点的可能。因此，各级红十字会要建立网络舆情监督预警系统，对网络舆情进行跟踪监控，发现负面信息，要迅速报告、及时处置。

二要明确责任。对网络舆情信息，原则上应实行属地管理，所在地红十字会是舆情发现第一责任人。发现涉及本地的网络舆情后，要尽快启动应急机制，迅速联系舆情涉及的单位和个人，向上级和有关部门通报信息，收集整理舆情应对材料，提出应对措施。

三要主动设置网络议程。发现负面网络舆论后，主管部门和单位、个人要主动参与网络议程设置，积极引导正面网络舆情形成和汇聚。应对措施包括组织出面召开新闻发布会，根据具体情况直接回应。无论采取何种方式，都要遵循“网上来、网上去”原则，确保发布和回应的内容出现在网络，尤其要出现在舆论集中的网络空间，不使南辕北辙、互不交集。

四要第一时间发布信息。对于网络信息和相关舆情，必须迅速了解、收集并发布相关信息，及时做出回应，做到事发 6 小时内发布准确

① 王世涛．把握网络舆论特点　加强应急宣传：上［N］．中国红十字报，2010-12-14（1）．
② 王世涛．把握网络舆论特点　加强应急宣传：下［N］．中国红十字报，2010-12-14（1）．

信息，最迟不超过 24 小时。初始信息发布后，要及时分析研判舆情发展动向、趋势，在传统媒体跟进报道前不间断发布相关信息，主动引导舆论。同时，密切关注传统媒体的热点报道，及时发布权威信息，避免传统媒体做出不利于传播主体的定性报道，避免网络媒体跟进二次炒作使舆论升级。

五要认真回应质询。对于网上批评和质询，回应要有针对性，紧扣议题，不偏主题，既不简单草率，也不东拉西扯。对于反映属实的问题，要及时处理并公布结果；如有具体质询者的联系、沟通方式，可与之“单线联系”，进行“一对一”的特别沟通；对于不实问题，要及时澄清，释疑解惑，以匡谬误，以防扩散。回应质询，应根据情况采取多种形式，如当事人回应、官方回应、以网民身份回应等。

六要坦诚对待公众疑虑。让公众了解真相是各级政府和红十字会的基本义务，不说出真相或真相说得不明白，都会导致媒体和公众质疑和不信任，且易引发“次生灾害”。网民对一些事情有疑虑，不要简单认为网民“又在找麻烦”，而要开诚布公、直截了当地将自己掌握的信息与网民分享，使他们在了解真相的基础上，有所理解，转变态度。

七要适时进行权威评论。网上舆论泥沙俱下，权威意见的引导至关重要。要在舆情尚在襁褓之时，及时组织专家、学者、知名人士、意见领袖等“第三者”发出权威声音，适时引导，防止产生“沉默的螺旋”效应。进行舆论引导时，要把握及时、权威和“第三者立场”原则，民众情绪激烈、舆情鼎沸之时，当事者应避免“自说自话”，以免授人以柄，反成抱薪救火。

八要积极与网民互动。网络舆情一旦形成，不是一两次回应就能化解的，网民会“执着地”坚持回复的请求。初步回复后，网上舆情可能会出现舆论消解、舆情膨胀、出现新舆情等情况，主管部门要密切关注舆情发展动向，细致区分网民意见，根据网民不同要求做出针对性回应。

（三）构建科学的网络舆论引导体系

历经重大突发舆情事件考验，中国红十字会深切感受到在突发灾害等应急工作中网络舆论引导的重要性，通过持续不断改进完善，初步构建了一套舆情管理引导的制度体系。

一是完善红十字突发事件处置机制，加强网络舆论引导的组织机制建设和预案制定。目前的红十字突发事件应急预案，主要是应对自然灾害类突发事件，内容上未能涵盖全部突发事件，应在加强舆论引导目标指引下，根据国家突发事件应急预案和红十字事业发展现状加以补充、完善，使其内容更完整，更有针对性和操作性。

二是建立以全国、省（区、市）、地（市）、县四级新闻发言人为核心的红十字会信息发布制度。新闻发布既是一种重要传播方式，也是与社会各界联系与沟通的桥梁和纽带，能够及时、准确传达红十字会的立场、态度和主张，让社会及时了解红十字会工作，扩大红十字会的社会影响，保证在突发事件等公共危机来临时，有一批专业的、训练有素的新闻发言人及时公布事实真相、设置新闻议题、制止流言传播、疏导不良情绪、引导舆论方向，为红十字事业健康可持续发展保驾护航。

三是着力抓好中国红十字会网站及官方媒体建设，建立网络舆情监督预警系统。以服务理念、开放胸怀、公开透明态度，努力把中国红十字会网站建成集信息发布和服务于一体、功能齐全的综合性门户网站，是做好红十字会信息公开工作，做好突发事件网络舆论引导的关键环节。

突发事件具有不确定因素多、信息纷繁复杂、发展趋势难以预测等特点，增加了管理部门判断和决策的难度。因此，完善的舆情监测机制，及时有效的舆情信息汇集和分析极其重要。一方面管理部门要及时收集、经常监测涉及红十字会的各种信息；另一方面要借助专业舆情监测分析机构力量，逐步实现红十字网络信息舆情收集、分析、研判工作科学化和系统化。

第四节　人道传播的能力提升

中国特色社会主义进入新时代以来，人道传播以生动展现“红十字不仅是一种精神，更是一面旗帜”为核心要义，以反映和树立“群众身边的红十字会”的组织形象为目标任务，不断提升工作水平，为中国特色红十字事业可持续发展增添新的动力。

一、新时期人道传播工作的新要求

2013 年 5 月，习近平主席在会见国际委员会主席彼得·毛雷尔时指出，红十字不仅是一种精神，更是一面旗帜。习近平主席对红十字的定位，是贯穿历史、现实和未来的重大判断和精准论断，应当成为人道传播者一以贯之的思想自觉和行动遵循。新时期人道传播工作，要大力弘扬红十字精神，始终高举红十字旗帜，充分展现红十字精神的强大力量和红十字旗帜的引领作用。

2019 年 9 月，中国红十字会第十一次全国会员代表大会提出，打造“群众身边的红十字会”，既是对深化群团改革的清醒认识和把握，也为新时期人道传播工作明确了目标和方向。牢固树立“群众身边的红十字会”的组织形象，必须通过扎实做好融合服务基层群众各项业务、广泛持久深入的人道传播，才能立体地、生动地、形象地反映出来、树立起来、展现出来。新时期所有内容、形式的人道传播工作，都要围绕反映和树立“群众身边的红十字会”的组织形象展开，在树立良好形象中提升公信力。

中国红十字会“十一大”审议通过的《中国红十字事业发展规划纲要（2020—2024 年）》，将“传播人道文化，弘扬社会文明新风尚”作为主要任务之一，并明确提出 3 个方面要求：

一是深入挖掘、广泛传播红十字文化所蕴含的价值理念、人文精神、道德追求，结合时代要求创新发展。充分利用各类媒体，精心策划主题宣传、专题宣传，大力宣传红十字运动知识、特色工作、先进典型、感人故事。创新传播方式方法，积极运用新技术、新模式，增强红十字文化吸引力、传播力。加强宣传队伍和阵地建设，落实意识形态工作责任制，整合宣传资源，形成上下互动、矩阵传播，既有统一规范又有生机活力的红十字“大宣传”工作格局。

二是加强红十字理论研究。依托高等院校和专业研究机构，建立红十字运动研究基地，组建、壮大理论研究专家队伍，深入开展重大理论和现实问题研究。成立中国红十字运动研究会，总结实践经验，把握发展规律。办好红十字国际学院，加强人才培养、学术研究和国际交流。

三是推进红十字青少年工作进校园。坚持分类施策，针对不同层级学校，传播红十字运动知识。将红十字青少年工作融入未成年人思想道德建设和大学生思想政治教育，为青少年提供道德实践平台，帮助其树立人道理念，弘扬文明新风尚。

二、提升新时期人道传播工作水平和能力

（一）提升人道传播水平

提升新时期人道传播工作能力，主要从加强组织领导、加强队伍建设、优化内容建设和强化手段创新等方面着手。

一是加强对人道传播工作的领导。制定全国红十字系统人道传播发展规划，统筹协调全系统人道传播工作重大问题，跳出“小传播”旧框框，营造“大传播”新格局。增强推进人道传播工作的责任感和使命感，守正创新，发挥人道传播“举旗帜、聚民心、育新人、兴文化、展形象”功能作用，确保人道传播始终沿着正确方向前进。

二是加强人道传播队伍建设。以“不忘初心、牢记使命”主题教育为契机，加强思想政治建设，加强红十字人初心使命教育，增强红十字干部履职能力和专业本领，着力打造一支政治过硬、业务过硬、技术过硬的人道传播工作队伍，以“人才强红会强”“人才强传播强”的认识和理念，奋力开创新时代人道传播工作新局面。

三是大力做好内容建设。无论传统媒体时期，还是新媒体时代，“内容为王”都是不容置疑的“硬道理”。内容建设，首先要做好“传播什么”的问题。要在围绕党和国家“中心工作”基础上，着重在讲好红十字故事、发出红十字声音上下功夫，把镜头对准广大红十字工作者、红十字志愿者、社会爱心人士和有各种各样需求的弱势群体。

四是积极创新人道传播手段方法。建立更多内容定位清晰、受众目标明确的互动平台和对话场域，娴熟运用微信、微博、公众号、新闻客户端等新媒体，走好“网上群众路线”，将抽象的人道理论转化为通俗形象的个性体验，及时回应社会现实问题和大众利益诉求，增强公众的情感认同、理论认同、价值认同。

（二）提高人道传播工作者专业素养和能力

提升新时期人道传播工作水平，首先要提高专兼职人道传播工作者的专业素养和能力。

2018 年 8 月 21 日，习近平总书记在全国宣传思想工作会议上指出，“宣传思想干部要不断掌握新知识、熟悉新领域、开拓新视野，增强本领能力，加强调查研究，不断增强脚力、眼力、脑力、笔力，努力打造一支政治过硬、本领高强、求实创新、能打胜仗的宣传思想工作队伍”，为宣传思想工作指明了方向、提供了遵循。“四力”要求虽然主要针对宣传思想专职干部队伍提出，但对人道传播从业者同样适用。

当前形势下，人道传播者还必须具备以下 4 种能力：一是着力提升新媒体运用能力，更透明、更新颖、更接地气地开展人道传播。二是着力提升舆论引导能力，更主动、更前瞻、更有针对性地开展人道传播。三是进一步提升品牌传播能力，更系统、更有力、更深入地开展人道传播。四是进一步提升国际传播能力和水平，更开放、更自信、更广泛地向世界介绍新时代的中国特色红十字事业。

第九章
中国特色港澳台红十字工作

第一节 “一会两制”的生动实践

“一会两制”是“一国两制”在红十字领域的生动实践，是中国红十字会对“任何一个国家只能有一个统一的全国性红十字组织”的国际红十字运动组织原则的严格遵循和创造性探索。

香港、澳门回归后，香港特别行政区和澳门特别行政区红十字会既沿用原有的工作机制，又充分享有高度自治的新体制优势，开拓了红十字工作的新局面。

一、香港红十字会的历史及当前主要工作

1. 香港红十字会的历史及发展

香港红十字会成立于1950年7月12日，成立时为英国红十字会的分会，即英国红十字会香港分会。1976年，香港立法局通过法例，赋予香港红十字会法人地位，确认香港红十字会为一个可自行管理会务及财政的社会服务团体。

香港红十字会成立之初的重点工作是协助第二次世界大战期间流落在亚洲地区的难民返回自己的国家，提供寻找战乱失散家人的服务，并帮助他们重返家园。

自1951年起，香港红十字会开始进行捐血服务。1952年，成立了捐血服务部，逐步发展志愿捐血工作。同年，香港红十字会在东华医院开展“调剂性治疗”，由红十字志愿工作人员为病童开办工艺制作班，后发展成为今日的医院学校。1953 年，香港红十字会开始对外国捐助衣物进行分类、存储和分发，成为政府在备灾及救灾的后勤助手。香港红十字会还招募志愿工作人员，对住院的军人和其他病人提供关怀和照顾，后发展成为现今的院友关怀服务。在招募的志愿人员中有些妇女帮助医院制作纱布绷带和棉花球，后来发展成为现今的成人义工队。

1956 年，香港红十字会开设青少年部，成立香港红十字会第一队青少年团。

1962 年，在国际难民基金及英国红十字会支持下，香港红十字会创办的雅丽珊郡主儿童安置所及学校落成。这是香港为身体伤残、未能在一般学校就读的儿童而开办的第一所特殊教育学校，当时照顾服务了 60 名儿童。至今已发展成为 3 所特殊教育学校及一所宿舍：雅丽珊郡主学校（1966 年）、甘乃迪中心（1967 年）、玛嘉烈戴麟趾学校（1973 年）及顺利宿舍（1968 年）。

1976 年，为提升并保障工人的生命安全，香港红十字会开始开办工业急救课程。20 世纪 80 年代，香港红十字会的各项服务逐渐发展，重点服务那些被忽略及缺乏照顾的人群，同时继续扩大志愿工作人员队伍，深化红十字青少年的人道服务价值观念，关注儿童，鼓励志愿捐血等。

1997 年 7 月 1 日，中国政府对香港恢复行使主权，香港红十字会成为中国红十字会的一个享有高度自治的分会，全称为“中国香港特别行政区红十字会”，简称为“香港红十字会（中国红十字会分会）”。

根据《中国红十字会关于香港红十字会加入中国红十字会的公告》（1997），香港红十字会作为中国红十字会的一个享有高度自治的地方分会，可根据《中华人民共和国香港特别行政区基本法》和香港特别行政区法律，自行制定修改《香港红十字会章程》，负责处理会内一切事务，包括内设机构、行政决策、运作模式、人事任命、资产管理、服务内容与方式等。

2. 香港红十字会的组织结构

目前香港红十字会赞助人及执事委员：赞助人为李家超，副赞助人为董赵洪娉，会长为何骥，主席为刘楚钊。

香港红十字会主要服务包括：国际及赈灾服务、卫生救护培训服务、社区关怀服务、青少年发展服务、社区健康服务及教育、特殊教育及康复服务、人道教育服务等，共有约400名直接聘用的工作人员，22 000多名志愿者。此外，与香港医院管理局共同管治输血服务，职员隶属香港医管局；接受香港特区政府教育局经费，运作特殊教育及复康服务，职员隶属各学校的校董委员会。

3. 香港红十字会当前开展的主要工作

香港红十字会本着人道理念与志愿服务精神，竭力保护生命、关怀伤困、维护尊严。具体工作如下：

（1）人道救援、防灾减灾。在全球20多个国家和地区开展赈灾、灾后重建及减灾工作。在香港本地紧急灾难事故中，为受灾群众提供紧急救助和心理支持服务。除紧急赈灾服务，也积极开展本地防灾减灾宣传及教育工作。

（2）输血服务。香港红十字会输血服务中心是香港唯一负责收集血液和造血干细胞，并供应香港公营及私营医院的公共机构。从1991年起，输血服务由香港医院管理局提供运作经费并直接管理。

（3）卫生救护培训服务。致力于向大众推广卫生救护知识和技能培训，以达到保障生命、预防意外的目的。获香港特区政府认可提供急救证书课程、开办各种类型的急救和健康服务课程等。

（4）社区健康服务及教育。为应对人口老龄化挑战，香港红十字会为患有慢性病的老年人提供居家健康管理服务，通过护士或培训过的志愿者为有需要的人群提供有关慢性病的知识宣传，加强与老年人的沟通交流，提升他们的健康状况。此外，香港红十字会也与养老机构合作，组织志愿者对社区有需求的老人进行慰问，对患病住院人员提供院友关怀服务等，并为有需要的患者及行动不便人士，提供价格低廉的辅助器材租借服务，以减轻他们在康复期间的经济支出，让他们安心康复。近年来，香港红十字会积极发展心理支持服务，为市民提供心理急救及精神健康培训。

（5）特殊教育及康复服务。香港红十字会于1954年开始在医院内为病童提供教育服务，经过多年努力，19所医院学校内共有26个服务单位。其后开办3所身体弱能学校，专为身体残障、不能适应一般学校环境及设施的儿童而设，为他们提供康复、主流课程及特殊课程等教育服务。这几所特殊教育学校全部由香港特区政府提供运作经费，由独立的法团校董会管理。另外，香港红十字会也负责管理一所由香港特区政府资助为残障弱能人士设立的顺利宿舍。

（6）人道教育推广。香港红十字会总部的“人道教育中心”是亚洲首个以战争为主题的人道教育中心，致力将抽象的人道概念透过主题展览及探索活动进行展示，鼓励参加者建立人道视野、培育人道关怀并采取人道行动。

（7）红十字青少年。香港红十字会多年来一直致力于推动红十字青少年工作，覆盖小学生、中学生、大学生以及在职青年。活动注重提升青少年领导力建设，以香港红十字会为服务平台，组织红十字青少年开展不同的国际人道关怀计划，借此培养大学生的人道服务概念与实践，培育青少年学生成为人道服务的新动力，拓宽他们的国际视野及提升领袖才能。

（8）志愿服务。香港红十字会的志愿服务遍及香港本地及海外。香港红十字会充分发挥志愿者个人所长，组织他们参与各类志愿服务与活动，多次获得香港社会福利署颁发的服务优异奖。香港红十字会已有22 000多名志愿者，累计服务时数超过56万个小时。

（9）国际交流合作。香港红十字会与国际红十字运动成员开展紧密合作，向受灾害影响的灾民提供紧急阶段救援，并根据灾情需要招募志愿者参与国际救援，为自然灾害和战乱中受影响群体提供紧急救援和灾后重建援助。

（10）寻人服务。香港红十字会本着人道精神，自1951年开始为有需要人士寻找因天灾或战乱而失去联络的亲属，通过大众传媒、政府部门、公营及私营机构，以及国际红十字运动的寻人网络进行寻查工作，协助离散家庭团聚。

二、澳门红十字会的历史及主要工作

1. 澳门红十字会的历史及发展

澳门红十字会成立于1920年，前身是葡萄牙红十字会的一个分会。

1946 年，太平洋战争结束后，大批难民涌入澳门，澳门红十字会为难民提供医疗服务并派发衣服和食物等物资。1975 年，东帝汶发生独立革命，不少难民涌入澳门，澳门红十字会承担起难民的救援工作。

1992 年，澳门红十字会急救学校正式成立，并在澳门教育暨青年局注册，成为一所获政府承认的教授急救知识的学校。义务急救队也于同年成立。同时积极参与支援内地的救灾活动。

1999 年 12 月，随着中国对澳门恢复行使主权，根据《中华人民共和国澳门特别行政区基本法》和国际红十字运动统一性原则，澳门红十字会成为中国红十字会的一个享有高度自治的地方分会，具有自己的章程和规章制度。

2. 澳门红十字会的组织结构

澳门红十字会领导机构分为会员大会、中央委员会、理事会及监事会。澳门红十字会中央委员会主席是该会最高负责人。理事会是澳门红十字会的主要执行机构，负责管理日常事务，并在中央委员会主席指示下代表澳门红十字会开展工作。监事会负责审查澳门红十字会账目及中央委员会和理事会的工作是否合法，并将最后结果报告会员大会。澳门红十字会的赞助人为澳门特首。

澳门红十字会总部由 200 多名全职人员组成，负责日常会务运作及政策执行，共有赈灾事务部、医疗辅助服务部、青少年发展及志愿服务部、口岸卫生检疫服务部、学校及急救队、秘书处及人力资源部门和总务部门。

3. 澳门红十字会的主要工作

回归后，澳门红十字会的各项服务扩展迅速，服务对象以弱势社群为主。澳门红十字会的主要工作大致分为以下几部分：

（1）备灾救灾。备灾救灾是澳门红十字会的一项重点工作，主要响应红十字会与红新月会国际联合会和中国红十字会的救灾呼吁，积极参与国内外重大灾害的募集款物，帮助受灾民众和灾后重建等救助工作。

（2）非紧急医疗爱心护送服务。为澳门本地行动不便的患者提供医疗护送（运送）服务，包括为病患者提供定点接送的专车服务，为长期卧床或无法上下楼梯的病患者提供上门接送到医院就诊的救护车服务，以及协助和护送外地患者到澳门各口岸离境等工作，该服务由澳门特别行政区政府提供资金支持。

（3）社区服务。澳门红十字会在各个社区成立志愿服务队，定期举办社会服务，为弱势群体开展各式各样的社区温暖及关怀活动：包括租借器具给需要短期使用行动辅助器的市民，为独居长者、智障人士或很少外出的人士举办不同类型的户外或特色活动，组织慰问独居长者、智障人士、单亲家庭和行动不便的长期病患者。由具备医生及护士专业资格的志愿者提供健康教育课程，还定期为长者进行免费健康推广活动等。

（4）红十字青少年。澳门红十字会以红十字会青少年制服团为核心，举办各种具有红十字特色的青少年发展活动，让青少年通过活动认识红十字运动理念，发展个人潜能，为社会培养未来栋梁。

（5）急救知识普及和服务。澳门红十字会在全社会积极推广急救培训，急救志愿服务队为政府、社团和机构举办的大型活动提供现场救护服务。

（6）口岸卫生检疫服务。受澳门特区政府委托，澳门红十字会从2020 年 6 月起，负责全澳口岸体温监测及口岸卫生检疫相关工作。

（7）安心城市 AED 计划。在澳门基金会及社会工作局支持下，自2019 年起，澳门红十字会在澳门公共区域放置了 64 台自动体外心脏除颤器（AED），并为设置机构开设 AED 使用工作坊和讲座等。

三、香港、澳门特别行政区红十字会的特殊性

香港、澳门特别行政区红十字会是中国红十字会特殊的地方分会，其特殊性主要体现在以下 7 个方面：

一是香港、澳门红十字会是中国红十字会享有高度自治的地方红十字会，在其内部运作业务工作方面享有自主权，总会不干涉香港、澳门红十字会的内部事务。

二是香港、澳门红十字会可自行制定和修改香港、澳门红十字会章程，只需提交中国红十字会总会备案。

三是以国家红十字会为单位参加的国际组织和会议，由中国红十字会总会代表中国红十字会参加，必要时可以吸收香港、澳门红十字会适当人员作为中国红十字会代表团的成员。

四是香港、澳门红十字会可与国际和世界各国、各地区红十字组织保持和发展适当的业务往来和联系，如有相互合作或重要往来，应根据国际惯例报知中国红十字会总会。

五是香港、澳门红十字会使用中国红十字会会徽，会服由香港、澳门红十字会自行决定。

六是《中华人民共和国红十字会法》和《中国红十字会章程》不应用于香港、澳门红十字会，但香港、澳门红十字会董事会可参照《中华人民共和国红十字会法》和《中国红十字会章程》的有关条文，根据需要通过决议对香港、澳门红十字会的章程做适当的修改。

七是中国红十字会将把理事会的决议和有关文件传达于香港、澳门红十字会，目的是加强相互沟通，香港、澳门红十字会在内务上有自决权，中国红十字会理事会的决议，不要求香港、澳门红十字会必须依照执行。

第二节　发展与港澳红十字会交流合作

香港、澳门回归前，内地红十字会与香港、澳门红十字会已有交往。香港、澳门回归后，内地红十字会与香港、澳门红十字会交流合作开始了崭新的篇章。

一、与香港红十字会的交流合作

20 世纪 90 年代，香港红十字会开始与内地红十字会展开紧密接触。1991 年，香港红十字会参与了支援华东水灾赈灾工作，更进一步了解了内地红十字组织的体系和工作。1995 年，内地红十字会派团参加在香港举行的“亚太地区青少年卫生救护比赛”。1996 年，香港联心会通过香港红十字会向内地红十字会转赠价值 500 万元人民币的 4 辆日本丰田采血车。

1997 年香港回归后，香港红十字会与总会及内地各级红十字组织的交流更加密切，合作的领域更加宽广，涉及备灾救灾、卫生救护、无偿献血推动、社区志愿服务、红十字知识传播、红十字青少年等众多方面。

一是救灾救援。总会和香港红十字会在备灾救灾方面合作密切。香港红十字会率先将社区为本的项目管理理念和方式引入内地并陆续将该模式推广至十多个省，为总会开展“博爱家园”项目奠定了基础。香港红十字会一直为总会与内地各级分会开展备灾救灾能力建设提供支持，为总会组建的国家级赈济救援队和大众供水救援队提供了资金和技术支持。通过经验分享和联合演练等方式为总会医疗救援队提供支持，参与了总会救灾工作组、赈济救援队、大众供水救援队和医疗救援队的培训。为总会开展的备灾救灾和减灾工作培训项目提供技术和资金支持。在内地发生重大自然灾害时，香港红十字会积极参与灾后救援和重建工作。2008 年至今，香港红十字会为内地赈灾和重建、备灾减灾等工作捐款超过 13 亿港币。捐助重建 20 000 多间民房、400 多所医疗设施、60 多所学校、上千所小型水利和公共卫生工程等社区设施。

二是项目合作。1992 年开始与香港红十字会开展血液事业交流，利用对方 2 000 多万元人民币的无偿支持，补充了血站建设中离心机、酶标仪等急需的设备。香港红十字会每年帮助内地血站培训一定数量的管理人才。1998 年，总会与香港红十字会正式签署无偿献血合作计划，组织了 4 批专业技术人员赴香港红十字会血液中心学习。2007 年，总会与香港红十字会签署了第一轮三年合作项目协议，合作开展社区备灾、救护培训、志愿服务等项目。2010 年，总会进一步加强了与香港红十字会在品牌管理、资源动员和财务管理等方面的经验分享。2012 年，总会与香港红十字会签署了第二轮三年合作项目协议，在筹资模式、灾害应对等领域开展深度合作，包括举办首届筹资工作坊，合作编写《筹资工作手册》，互派人员驻地学习等。

三是人员交流。香港红十字会一直与总会和其他地方红会保持着紧密的人员交流。彭珮云、陈竺和总会多位会领导曾应邀率团对香港红十字会进行工作访问。香港红十字会主席、副主席和秘书长也多次率队赴内地进行交流访问。香港红十字会一直与内地保持着紧密的工作联系，人员交流往来频繁。

四是青少年交流。根据总会与香港红十字会签署的三年合作项目协议，多年来，香港红十字会一直组织香港青少年赴内地开展红十字青少年交流，参加总会和其他地方红会举办的青年同伴教育、人道法师资培训、内地体验交流团等活动，促进香港与内地青少年之间的沟通交流，增进香港年轻一代对祖国的认同感和归属感。香港红十字会青少年领袖还积极参与国际红十字运动，有多名香港红十字会青年代表作为中国红十字会代表团成员出席了红十字与红新月国际大会、国际青年峰会和亚太地区青年会议等国际活动，在国际红十字运动平台上展现了中国青年人的风采与实力。

五是志愿服务。香港红十字会协助对内地红十字志愿者骨干进行培训，提升红十字会开展志愿服务项目的能力。

二、与澳门红十字会的交流合作

澳门红十字会认真按照《中华人民共和国澳门特别行政区基本法》及有关协议，妥善处理各项事务，为沟通澳门和内地发挥了重要而独特的作用。2019 年 1 月，总会与澳门红十字会签署了首轮三年合作项目框架协议。2022 年 1 月签署了第二轮三年合作项目框架协议，逐步深化双方在备灾减灾、红十字青少年、志愿服务等方面的交流与合作。澳门红十字会与总会及内地各地红十字组织建立了良好的合作交流关系，在备灾救灾、卫生救护、无偿献血推动、社区志愿服务、红十字知识传播、红十字青少年等众多方面开展合作。

一是备灾救灾。针对内地发生重大自然灾害，澳门红十字会积极配合总会开展紧急救援及灾后重建行动，援建内地项目资金达 2.6 亿多元人民币，参与内地灾后紧急救助 80 多次，援助救灾资金达 5 290 万元人民币。

2020 年年初新冠疫情暴发后，澳门红十字会紧急采购医疗物资，包括口罩、防护衣等，支持抗疫前线。2021 年，澳门红十字会为河南水灾捐赠 30 万元人民币和 5 000 个家庭包，支持总会开展紧急阶段救灾，还参与河南灾区重建工作。此外，澳门红十字会还积极支持内地红十字会开展备灾工作。近年来，澳门红十字会共为内地提供了总价值近 500 万元的家庭包，并与广西壮族自治区红十字会联合组建了应急供水队，定期举行培训和联合演练。

二是参与脱贫攻坚。根据国家脱贫攻坚重大战略和澳门特别行政区帮扶贵州从江县的决策部署，澳门红十字会对贵州红十字会及当地红十字事业发展给予了大力支持，与贵州红十字会签署落实 1 200 万元项目，帮助贵州特困县从江县改善农村医疗、教育条件和生计，尽己所能地投身到贵州脱贫攻坚行动中。澳门红十字会还积极参与其他省份脱贫攻坚项目，为湖北、甘肃、广东、广西等地脱贫项目提供援助资金 500 多万元。

三是开展青少年交流。为增进澳门青少年对祖国的认知，提升归属感和认同感，在总会协调下，澳门红十字会依托澳门红十字援建的博爱小学定期组织澳门青少年交流团赴内地开展丰富多彩的青少年体验交流活动，为澳门青少年提供赴内地边远地区参加义务教学的宝贵机会。截至目前，已有千余名澳门青少年参加了红十字交流体验活动。

在总会支持下，澳门红十字会还多次举办国际人道问题辩论赛，邀请澳门大学、澳门城市大学和澳门科技大学普通话辩论队参加比赛。通过与内地高校大学生一起探讨人道议题，进一步提升了澳门青少年对国际人道理念和红十字与红新月运动价值观的认知。

四是项目合作。2011 年，总会扩大与澳门红十字会在品牌管理、筹集资源、财务管理方面的经验分享。2012 年，总会与澳门红十字会在原有备灾救灾合作项目基础上，联手打造博爱学校等品牌项目，为爱心人士与弱势群体搭建人道交流平台。为促进灾区及贫困地区基础教育事业发展，澳门红十字会已捐建 70 多所博爱小学，遍布 28 个省（区、市），近 2 万名贫困地区和灾区的学生从中受益。

2019 年 1 月，总会与澳门红十字会签署首轮三年合作项目框架协议。2022 年 1 月再次签署三年合作项目框架协议。

早在 2009 年 9 月，香港、澳门红十字会就与广东省红十字会签署了《粤港澳红十字会工作交流与合作框架协议》。根据协议，由广东、香港和澳门红十字会每两年主办一次红十字会人道论坛活动，论坛内容可包括人道传播、备灾救灾、应急救护培训、社会筹资、社区服务、红十字事业发展等方面的观点、意见和经验交流。

五是工作互访。1999 年、2005 年、2010 年，总会组团参加了澳门红十字会成立 79 周年、85 周年和 90 周年纪念活动。会长陈竺和总会领导曾多次率团对澳门红十字会进行工作访问。

三、与港澳红十字会的合作前景

2022 年 1 月，总会分别与香港红十字会、澳门红十字会签署了新一轮三年合作项目（2022—2024）框架协议，进一步调整深化了交流合作的内容。增加了“气候变化”、“人道资源动员”和“生命教育”等相关内容，香港、澳门红十字会密切配合总会，共同创新推进在灾害管理、社区发展、青少年工作及志愿服务、国际红十字运动和人道资源动员等领域的合作，在生命教育、强化社区韧性、进行国际交流合作等方面发挥中国红十字系统合力与优势。推动香港、澳门红十字会更好参与乡村振兴和粤港澳大湾区建设等国家重大发展战略，充分发挥香港、澳门红十字会在地缘、资金、人才、技术、管理和国际化等方面的优势，积极引领香港和澳门各界参与国家重大发展战略。发挥好红十字的身份优势，通过红十字会的工作，增强港澳民众特别是基层人员和年轻一代对祖国的情感与认知，增强港澳同胞的国家观念和民族意识，真正做好人心工作。

此外，港珠澳大桥的开通，在缩短地理距离的同时，更有利于推动地区间社会经济的协同发展、深化港珠澳之间交流合作、加深同胞的血缘之情。中国红十字会总会和内地各地红十字会将以此为契机，推进同港澳红十字会的互学互鉴、合作发展。

第三节 发挥红十字组织在推进祖国统一大业中的特殊作用

红十字会是倡导和平、促进友爱的人道组织。这既是国际共识，也是实践遵循。在推进祖国统一大业中发挥红十字组织的独特作用，既是践行红十字会统一性组织原则的特殊要求，也是恪守红十字运动促进人类和平进步宗旨使命的必然选择。

一、台湾红十字组织的基本情况

台湾红十字组织是从事人道工作的社会救助组织。台湾地区为更好地规范红十字组织的运作，于1954年制定“红十字专法”，规定其职责是战争时期伤兵救护及平民救济、岛内外灾害赈济及救护、疾病预防、健康推动及减灾服务。

二、台湾红十字组织的机构设置

台湾红十字组织以会员代表大会为最高权力机构，常设机构为理事会及监事会。目前，台湾红十字组织内设会长1名、副会长1名，秘书长1名、副秘书长1名。设有5个业务部门，分别为教育训练处、联络发展处、赈济处、社会工作处以及秘书处，共有30多名工作人员，在岛内26个市、县建立了红十字分级组织，基层工作主要由志愿工作者承担。

三、台湾红十字组织的主要工作

20世纪60年代，台湾红十字组织开展了开办家庭及公共卫生培训班、培训乡村助产员、设立麻风病诊所、举办义诊、在边远乡村地区设立医疗车等工作，并在1993年率先开办驾驶员急救课程。台湾红十字组织在做好红十字传统业务的同时，还积极致力于开展志愿服务、居家照顾、急救培训和健康教育宣传等方面的工作。

在备灾救灾方面，台湾红十字组织通过各地分级组织（分支会），为岛内民众提供紧急灾难救援服务。1999年“9·21”大地震后，台湾红十字组织加强了备灾网络建设，在岛内建立了25处备灾物资储备点及3支隶属于总部指挥的救灾大队。

志愿者是台湾红十字组织开展业务与活动的主要执行者和重要力量。台湾红十字组织有200多个志愿者团队，1万多名成人志愿者，主要开展急救、水上安全、救灾和居家照顾等工作。

四、两岸红十字组织的交流合作

1988年，中国红十字会建立专门机构开展海峡两岸同胞寻亲、查人转信工作，红十字国际委员会专门在香港设立办事处提供支持，后由海峡两岸红十字组织直接接触，提高查转效率。两岸红十字组织从查人转信合作起步，交流合作的领域不断拓宽，共同开展的以增进两岸同胞福祉的人道服务范围也在不断扩大。

签署“金门协议”。1990年9月中旬，两岸红十字组织代表在金门就双方参与见证其主管部门执行海上遣返事宜举行工作会谈，经充分交换意见后，签订《海峡两岸红十字组织有关海上遣返协议》，简称“金门协议”。1990年起，两岸红十字组织按照“金门协议”开展双向遣返工作。

协助处理特殊事件。两岸船员或渔民的海难事件常有发生，两岸红十字组织建立联系后，许多涉及两岸的特殊事件得以比较顺利解决。

两岸红十字组织为增进两岸青少年的交流、推动两岸关系发展发挥了独特而重要的作用。20世纪90年代，中国红十字会总会与台湾红十字组织秉承“人道、博爱、奉献”的红十字精神，在1993年首次成功举办了“第一届海峡两岸红十字青少年夏令营”，为两岸青少年沟通了解、增进友谊搭建了一个重要平台与渠道。截至目前，两岸红十字组织已成功举办了30多届夏令营和冬令营，活动主题涵盖急救培训、防灾减灾、志愿服务、青年联欢、体验教育、社团交流、技术研习、参观考察等丰富内容。除总会外，各级红十字会也积极开展对台交流，结合当地文化与红十字工作特色，组织邀请台湾红十字组织分支会及青少年和志愿者进行交流。时至今日，已有数千名来自两岸的青少年参加了红十字交流活动，通过交流减少了隔阂与误解，增进了认知与融合，为两岸的未来交往夯实了基础。

促进两岸基层民众交流，拉近两岸基层民众距离。两岸红十字组织已逐步从开展应急救援和灾后硬件建设合作向提升社区恢复力等软件建设方面的合作拓展。总会在应急救援队建设、水上救生、志愿者工作等方面不断加强与台湾红十字组织的交流合作，已联合举办20多期水上救生培训班，培训两岸红十字水上安全救生志愿者700多人次。为增加两岸基层民众的了解，总会积极参加海峡论坛，并创建了海峡两岸红十字博爱论坛这一品牌活动。截至目前，总会已连续举办了14届海峡两岸红十字博爱论坛，其中第九届博爱论坛被海峡论坛组委会评为“十佳论坛”。

五、发挥红十字组织独特作用，促进祖国和平统一

祖国和平统一是中华民族伟大复兴的必然要求，祖国和平统一需要多方面的努力。在这个进程中，红十字会可以发挥其不可替代的独特作用。

（一）坚持一个中国原则，扩大一个中国的国际空间

中华人民共和国成立初期，中国红十字会坚持一个国家只能有一个全国性红十字会的国际原则，在国际红十字运动舞台上有力地捍卫了一个中国原则。

1950 年 8 月，在中国红十字会努力争取下，红十字会协会（现称红十字会与红新月会国际联合会）执行委员会承认了新中国红十字会。同年 10 月，中国红十字会代表团出席第 21 届红十字会协会理事会并当选为执行委员会委员。1952 年，中国红十字会受邀参加第 18 届红十字国际大会并被正式承认为中国唯一合法的全国红十字会。这是新中国在国际组织中恢复的第一个合法席位。

1971 年，中国恢复在联合国的合法席位，中国红十字会和中国政府代表团从此作为中国的唯一代表出席国际红十字运动的相关会议。

（二）开启两岸联系，打破坚冰、促进缓和

时任中国红十字会会长钱信忠在 1979 年、1981 年、1987 年三次发表谈话，表示愿与台湾红十字组织共同携手，为台湾同胞与祖国大陆的亲友联系和团聚提供帮助，同时建议相互选派代表团进行访问，增进相互了解和发展红十字会业务，为促进祖国和平统一大业出力。

1987 年 11 月，台湾红十字组织开始接受民众赴大陆探亲和查人申请，标志两岸红十字组织开始建立直接联系。1990 年 4 月 16 日，中国红十字会与台湾红十字组织就台湾来大陆探亲的一名病人的情况通电话，这是两岸红十字组织第一次直接通话联系。同年 5 月 24 日至 6 月 10 日，台湾红十字组织负责人徐亨、副秘书长常松茂一行访问大陆，首开两岸直接接触的纪录，双方就处理与红十字组织业务有关的问题达成五项口头协议，标志着两岸红十字组织正式交往的开始。当年 9 月 11 日，两岸红十字组织代表在金门会谈，双方达成双向遣返见证协议，即著名的“金门协议”，成为海峡两岸分别授权民间团体签订的第一个书面协议，也是两岸隔绝多年后签署的第一个有法律效力的文书。“金门协议”公布后，在海内外产生很大反响。从此，两岸开通了双向遣返的渠道。

1991 年 8 月 12 日，中国红十字会副秘书长曲折等 3 名代表赴台湾处理“闽狮渔”事件，开创了大陆人员赴台湾处理公务的先河。同时两位随行记者首次赴台，实现了两岸新闻界交流的历史性突破，开启了业界合作新局面。

2008 年，在支援汶川抗震救灾中，两岸红十字组织的救援队共同开展搜救工作，开创了两岸红十字救援队第一次合作救灾的先河。

（三）扩大民间交流，增加两岸同胞“同根同源”的认同感

两岸红十字组织通过多年来的交流互访，不断增进彼此了解和深化合作。以人道、爱心、善行构建了两岸民众相互理解和信任的桥梁，为两岸关系发展提供了特别通道。

一年一度的两岸青少年夏（冬）令营和其他形式的双向交流，让两岸红十字青少年从小树立红十字人道理念，在交流中加深了友谊和对彼此的了解，培植了两岸同文、同种、同根的文化根基。

一年一度的“海峡两岸红十字博爱论坛”是两岸红十字事业交流中活动规模最大、涉及范围最广、参与人数最多、民间色彩最浓的交流盛会，极大地推动了两岸民间交流和基层交流走向深入。

红十字会注重两岸民生需求，加强基层社区交流，促进了两岸社会及民心的融合发展。以关爱老人、社区义工、居家照护等为主题的两岸社区交流，以及水上救生训练等活动的开展，既体现了民生关怀，又深化了两岸基层交流，这些都凸显了红十字组织的人道中立、沟通桥梁、爱心平台和组织优势，是扩大两岸民间交流、加深两岸同胞亲情、凝聚两岸“同根同源”共识、共促两岸博爱事业的重要平台。

（四）人道救援相互支持，增强了两岸血浓于水、守望相助的民族情感

每当大陆或台湾地区发生大的灾害，两岸红十字组织都会及时沟通，表示慰问并通过对方红十字组织支援灾区。尤其在 2008 年汶川地震和 2009 年台湾“8・8”水灾中，两岸红十字组织共同募集款物，参与救灾和重建，为两岸民众搭建了爱心之桥，拉近了两岸民众的心理距离。在救灾过程中，两岸同胞在关怀、互助和往来中建立了深厚感情，“两岸一家亲”的同胞情得到了真切的体现。

（五）为台胞台属排忧解难，增强了台胞对大陆红十字组织及有关部门人道关怀和仁爱服务的切身感受

随着两岸同胞来往特别是台胞到大陆探亲、旅游和投资的增多，衍生了许多问题。主要有医疗救护、死亡善后处理、遗产继承和抚恤金申领、家庭和婚姻纠葛、突发意外事件、医疗救护中的经济问题、大陆亲属要求协助去台问题、遗体及骨灰转运与安葬等。这些问题中，许多已经超出红十字原有的业务范围，没有先例和成法可以援引，总会和各地红十字会积极争取有关部门支持，尽力进行协调和处理。如在医疗救护方面，各地红十字医院努力为台胞提供方便、快捷、周到的医疗服务，福建省和厦门市红十字会还争取边检部门支持，建立了“台胞红十字生命救助绿色通道”，帮助患病台胞通过“绿色通道”快捷返台就医。

各地红十字会争取民政、司法、公安、民航、公证等部门支持或参与，帮助台胞及台属妥善处理包括殡葬处理、死亡证明、运送骨灰、遗产继承等死亡善后问题以及财产、婚姻、去台定居等问题，赢得了台胞台属的赞誉。

（六）服务台资企业，增强对台商的吸引力

在台资企业和台商比较多的地区，当地红十字会积极发掘和寻找台资企业文化与红十字精神的结合点，在台资企业中开展形式多样的红十字公益活动。

免费为台资企业进行初级卫生救护培训，开展红十字运动知识、艾滋病预防和造血干细胞及人体器官捐献的宣传、“博爱送万家”等公益活动。

第十章
中国特色国际人道交流合作

中国红十字会是国际红十字运动的成员，具有国际性的特点。区别于一般国内外社会慈善机构团体，它拥有与国际红十字组织和各国红十字会直接交流、交往的平台和渠道，遵照《日内瓦公约》和附加议定书赋予的职责，在世界范围内开展人道主义工作。

中国红十字会是党和政府在人道救助领域的助手，依照中国的法律法规，在中国共产党领导下，发挥自身的优势和特点，在保护人的生命和健康，维护人的尊严，开展国际人道交流、合作、援助，推动构建人类命运共同体的进程中发挥着重要的不可替代的作用。

第一节　国际人道交流合作的发展成就

中国红十字会与红十字国际委员会、红十字会与红新月会国际联合会和各国红会保持着密切的交流与合作，积极开展国际援助活动，国际地位不断地提高。根据中国的外交方针和政策，在国际组织和双边交往中发挥了积极的作用，得到了国际上的广泛认可。

一、在国际红十字运动中发挥积极作用

中华人民共和国成立后，特别是改革开放以后，中国红十字会不断密切与红十字国际委员会、红十字会与红新月会国际联合会及各国红会的人道合作，主要体现在 3 个方面。

（一）恢复中国红十字会在红十字会与红新月会国际联合会的合法席位

1919 年 7 月，中华民国加入（国际）红十字会协会后，协会理事会的席位为国民党代表。1949 年中华人民共和国成立后，中国红十字会改组，为尽早恢复中华人民共和国红十字会的合法席位，中国政府积极支持中国红十字会开展一系列人民外交活动。

1950 年 4 月 28 日，国务院总理周恩来分别致电红十字国际委员会秘书长杜旭莎和红十字会协会秘书长鲁西，宣告中华人民共和国是中国唯一合法政府，否认国民党当局所谓“代表”在国际组织的地位，并告之中国红十字会正在改组，改组后，即出席国际红十字组织的各个会议。照会得到了苏联、波兰等国家支持，形成了国际舆论。经过多国的积极努力和斗争，新中国红十字会被邀请参加红十字会协会第 21 届理事会。

1950 年 9 月，中国红十字会电告红十字会协会，中国红十字会已经完成改组，并决定参加红十字会协会第 21 届理事会，要求恢复中华人民共和国红十字会的合法席位。10 月，中国红十字会会长李德全率中国红十字会代表团赴摩纳哥蒙特卡洛城参加第 21 届理事会，会上，中国当选为协会执行委员会委员。

1952 年 7 月 13 日，政务院总理兼外交部长周恩来代表中华人民共和国发表声明，宣布中国政府承认 1949 年修订的“日内瓦四公约”，这为中国红十字会恢复国际合法席位奠定了法理基础。

1952 年 7 月底，第 18 届红十字国际大会在加拿大召开，中国派出中国政府和中国红十字会代表团参加大会，这是中国政府代表团首次出席红十字国际大会，也是中国红十字会改组后第一次参加红十字国际大会。经过艰苦的斗争，大会承认中华人民共和国红十字会是中国唯一合法的红十字会，恢复了中国红十字会在国际组织中的合法席位，这也是新中国成立后，在国际组织中恢复的第一个合法席位。

（二）充分利用国际红十字运动舞台开展人道工作

中国红十字会作为国际红十字运动的成员，认真履行义务和职责，作为政府在人道领域的助手，在国际红十字舞台上发挥了特殊作用。

1950年，中国红十字会在国际上发表声明，抗议美军滥炸朝鲜、侵犯中国领空的行径。1952年，李德全会长呼吁世界68个国家红十字会采取实际行动，制止美国侵略朝鲜并使用毒气的罪行。中国红十字会代表团在抗美援朝期间的各种国际会议上强烈谴责美国在朝鲜违反《日内瓦公约》的行为，反对美国在朝鲜的细菌战争。李德全会长亲自率调查团赴朝鲜，调查美国在朝鲜开展细菌战的事实，呼吁全世界爱好和平的人民团结起来，伸张正义，制止细菌战争，在世界上引起了强烈的反响。中国红十字会先后组织7个国际医疗服务大队、666名医务人员奔赴朝鲜战场为伤兵和战俘服务。

朝鲜停战协议签署后，中国红十字会参加国际红十字联合小组，协助战俘遣返工作，承担起负责对战俘实行管理和人道主义待遇问题的监督，并一直对最后自愿留在中国的2名美国士兵安置和照料。

1956年10月，中国红十字会派员，协助政府处理我驻沪空军击落美国海军巡逻机后，3名飞行员尸体转交美方事宜。

20世纪60年代初，中国红十字会协助开展中国贸易代表团从巴西回国的工作。1964年初，中国贸易代表团一行9人，应邀抵达巴西访问。几天后，巴西发生军事政变，巴西当局以虚构的“间谍活动”“颠覆活动”罪名非法逮捕中国贸易代表团成员。在这段时间里，中国红十字会与红十字国际委员会保持着密切联系，红十字国际委员会代表通过探视，先后解决了巴西监狱对我方关押人员进行的严重违背《日内瓦公约》的问题。

随着事态的发展，此事件已经成为一个引发广泛关注的案件。鉴于中国政府坚决的态度和不断地工作，中国红十字会和红十字国际委员会的配合，1965年4月17日，巴西当局宣布释放被监禁了1年零15天的9人，代表团成员回到了祖国。

1966年，中国48名渔民因渔船在东京湾失事而被美国海军军舰救获，中国红十字会就渔民返回事宜，通过红十字国际委员会与美国红十字会沟通接洽，完成相关工作。

1999年5月9日，中国红十字会就以美国为首的北约用导弹袭击中国驻南联盟大使馆事件发表声明，严厉谴责这种公然违背国际人道法的野蛮行径。

2012 年 2 月，在红十字国际委员会的斡旋下，中国红十字会积极配合多方协调救助，使被“苏丹人民解放运动（北方局）”武装劫持的 29 名中水电集团公司员工安全获释。

（三）积极竞选红十字国际组织领导职务，在国际事务中发挥更大作用

自恢复在国际上的合法席位以来，中国红十字会出席了诸多重要国际会议，认真履行职责，参与重要决策。中国红十字会领导还多次担任红十字会与红新月会国际联合会副主席、领导委员会委员等职务。1950 年 10 月，在红十字会协会第 21 届理事会上，中国红十字会当选为红十字会协会执行委员会委员。1985 年 10 月，在红十字会与红新月会协会第 4 届大会上，中国红十字会以高票当选红十字会与红新月会协会执行委员会成员。1989 年 10 月，在红十字会与红新月会协会第 7 届大会上，中国红十字会常务副会长谭云鹤当选为红十字会与红新月会协会副主席。1993 年 10 月，在第 9 届红十字会与红新月会国际联合会大会上，中国红十字会当选为执行理事会成员。2001 年 11 月，在第 13 届红十字会与红新月会国际联合会大会上，中国红十字会高票当选新一届领导委员会成员。2005 年 11 月，在第 15 届红十字会与红新月会国际联合会大会上，中国红十字会常务副会长江亦曼当选国际联合会领导委员会成员。2013 年 11 月，在第 19 届红十字会与红新月会国际联合会大会上，中国红十字会常务副会长赵白鸽当选国际联合会副主席。2017 年 11 月，在第 21 届红十字会与红新月会国际联合会大会上，中国红十字会会长陈竺当选联合会副主席。中国红十字会在国际红十字运动中的话语权不断扩大，在世界红十字运动的发展中发挥了更积极的作用。

二、与红十字国际组织的合作交流

中华人民共和国成立以来，党和政府十分重视红十字会对外交往工作。党和国家领导人多次接见到访的红十字国际组织领导人。毛泽东、周恩来等党和国家领导人都曾分别会见国际红十字会和各国红十字会领导人。随着中国红十字事业的发展壮大和中国红十字会在国际事务中发挥的作用日益显著，红十字国际组织与中国红十字会交往不断增强。

2000 年 2 月，红十字会与红新月会国际联合会东亚地区代表处在北京成立。2005 年 7 月，红十字国际委员会东亚地区代表处在北京成立。两个红十字国际组织在北京相续建立办事处后，中国红十字会与红十字国际组织的交流日趋频繁，合作不断深入。

（一）与红十字国际委员会的交流合作

1. 高层交往

2011 年 8 月 26 日，红十字国际委员会主席克伦贝格尔参加中国南丁格尔奖章颁奖典礼，国家主席胡锦涛与其会见。2013 年 5 月 13 日，红十字国际委员会主席彼得·毛雷尔参加“发展与人道”中非部长级研讨班并进行工作访问期间，国家主席习近平与其会见。2013 年 8 月 24 日，彼得·毛雷尔参加中国南丁格尔奖章颁奖典礼，国家主席习近平与其会见。2014 年 8 月 28 日，彼得·毛雷尔来华参加纪念国际人道主义行动 150 周年研讨会，全国人大常委会副委员长、中国红十字会会长华建敏与其进行工作会谈。2015 年 9 月 3 日，彼得·毛雷尔应邀出席中国人民抗日战争暨世界反法西斯战争胜利 70 周年大阅兵活动，国家主席习近平接见并与其合影留念。2017 年 1 月 18 日，彼得·毛雷尔参加习近平主席在日内瓦联合国总部的演讲活动。2017 年 5 月，彼得·毛雷尔应邀来华出席“一带一路”国际合作高峰论坛，论坛期间，国家副主席李源潮与其会见。2018 年 5 月，彼得·毛雷尔访华，国家副主席王岐山与其会见。2019 年 9 月 2 日，中国红十字会第十一次全国会员代表大会在北京召开，彼得·毛雷尔向中国红十字会发表视频致辞。2024 年 9 月 5 日，红十字国际委员会主席斯波利亚里茨访问中国，国家主席习近平与其会见，指出“人道主义是能够凝聚不同文明的最大共识”。此外，自全国人大常委会副委员长陈竺 2015 年担任中国红十字会会长以来，陈竺会长在彼得·毛雷尔、斯波利亚里茨来华期间都曾与其会面，并在出席国际会议期间与其进行工作会晤。

红十字国际委员会还多次派员参加中国红十字会举办的重要会议、活动并进行工作交流。2014 年 10 月，红十字国际委员会副主席克里斯蒂娜·贝利率国际委员会代表团以观察员身份参加在北京举办的第 9 届红十字会与红新月会国际联合会亚太地区大会。

2. 项目合作

多年来，红十字国际委员会与中国红十字会主要在以下 4 个方面开展合作：

（1）传播和宣传国际人道法

自 2005 年起，红十字国际委员会与中国红十字会合作开展国际人道法的传播和宣传工作。通过举办模拟法庭、辩论比赛、翻译国际人道法宣传手册、出版人道法出版物、举办讲座以及开展创新型小项目等方式，促进国际人道法在中国传播。引进探索国际人道法项目，运用角色扮演、头脑风暴等新颖的教学方法，使青少年理解尊重生命与尊严的必要性，学会以人道视角来观察和认识世界。

1991 年以来，中国红十字会总会与红十字国际委员会及中国人民解放军联合，先后在西安、南京、广州、上海、北京举办武装冲突法（国际战争法）讲习班，培训陆军、海军、空军军官。

2007 年，中国成立国际人道法国家委员会（部际联席机制），由政府部门、军队及相关组织组成，就人道法条约在国内传播与实施等问题向国家提供咨询服务。国际人道法国家委员会主席由中国红十字会会长担任，成员有全国人大常委会法工委、外交部、国防部、军队、教育部、司法部、国家文物局等单位，秘书处设在中国红十字会总会。

（2）假肢康复项目

自 2003 年起，红十字国际委员会为云南省红十字会假肢康复中心提供支持，服务云南边境地区因地雷而受害的截肢患者和其他肢残弱势群体，免费为其提供假肢安装和理疗康复。

（3）博爱家园项目

自 2014 年起，红十字国际委员会与中国红十字会合作开展云南“博爱家园”项目试点，共同帮助云南省肢残患者家庭和其他易受损人群发展生计。目前该项目地区已拓展到新疆、吉林、贵州、湖北、陕西等地。

（4）重建家庭联系

重建家庭联系是指红十字国际委员会及各国红会寻找因冲突和灾害与家人离散的人员下落、交换家书、帮助其与家人团聚并设法澄清失踪者命运。多年来，中国红十字会保留这一传统业务，主要工作是通过海峡两岸的红十字会为两岸寻人提供渠道。

（5）其他

2020年，新冠疫情发生后，红十字国际委员会向中国国家和人民表示慰问，对中国红十字会付出的巨大努力表示赞赏，并表示将给予支持。为支持中国红十字会开展抗疫工作，红十字国际委员会向中国红十字会捐赠50万瑞士法郎。为响应国际红十字运动两个国际组织针对新冠疫情发布的联合国际呼吁，中国红十字会也向红十字国际委员会捐款50万美元。

红十字国际委员会的资金主要来自《日内瓦公约》缔约国、跨国组织（如欧盟）、各国红会，以及公众和私人的志愿捐助。红十字国际委员会每年都会发出资金呼吁，如果一线需求增加，还会提出追加资金。历年来，响应红十字国际委员会捐款呼吁分为中国政府捐款和中国红十字会捐款两部分。中国是《日内瓦公约》缔约国，多年来积极履行义务向红十字国际委员会提供捐款支持其人道主义工作。

（二）与红十字会与红新月会国际联合会的交流合作

1. 高层交往

红十字会与红新月会国际联合会与中国红十字会一直保持良好合作关系，其高层领导多次来华，受到国家领导人接见。

2010年，红十字会与红新月会国际联合会主席近卫忠辉访华，全国人大常委会副委员长、中国红十字会会长华建敏与其会见。2014年，红十字会与红新月会国际联合会副主席罗卡来北京出席由中国红十字会承办的第9届红十字会与红新月会国际联合会亚太地区会议。2015年，近卫忠辉主席再次访华，全国人大常委会副委员长、中国红十字会会长陈竺与其会见。2015年12月，国家副主席、中国红十字会名誉会长李源潮向第32届红十字与红新月国际大会视频致辞。2016年9月，红十字会与红新月会国际联合会秘书长阿西访华，全国人大常委会副委员长、中国红十字会会长陈竺与其会见。2017年，红十字会与红新月会国际联合会秘书长阿西应邀来华出席“一带一路”国际合作高峰论坛。其间，国家副主席、中国红十字会名誉会长李源潮与其会见。2017年5月，红十字会与红新月会国际联合会秘书长阿西出席在北京举办的“博爱单车”项目启动仪式。

2. 项目合作

（1）灾害管理

红十字会与红新月会国际联合会对中国自然灾害给予了大量援助。红十字会与红新月会国际联合会曾在重大灾害发生后，派人员到中国实地考察，通过联合会向世界各国红十字会发出呼吁，协助中国培训专业救援队人员，为中国红十字会建立各种专业化应急救援队伍开展有效救援提供了有力的帮助。例如汶川地震期间，协调供水、救援等领域的国际灾害响应小组支援中国抗震救灾工作，并支持中国红十字会建设地区级备灾仓库。红十字会与红新月会国际联合会还为中国红十字会救援体系建设提供支持，包括为救援队培训提供技术指导及硬件设备等，先后对中国红十字会 4 支供水救援队、1 支大众卫生救援队的建设发展提供了支持。

（2）博爱家园项目

自 2013 年起，红十字会与红新月会国际联合会累计出资 2 100 万元人民币支持中国红十字会在湖北、四川、甘肃、青海和新疆等地开展“博爱家园”项目，改善社区防灾减灾基础设施，提高当地卫生医疗条件，对贫困人口发展生计进行帮扶。2018 年，红十字会与红新月会国际联合会提供 8 万瑞士法郎，支持中国红十字会定点扶贫县英山县开展生计项目。

（3）国际应急救护认证

自 2018 年年底开始，中国红十字会、红十字会与红新月会国际联合会、全球急救资源中心合作开展国际急救认证工作。2019 年 9 月，中国红十字会 32 个省级红十字会及香港、澳门特区红十字会完成认证，中国红十字会成为全球首个通过认证的国家红会，使全国红十字应急救护培训水平和质量符合国际化标准。此外，中国红十字会人员还加入红十字会与红新月会国际联合会应急救护核心师资工作组及国际认证项目代表工作组，参与红十字会与红新月会国际联合会的应急救护相关工作。

（4）能力建设与人力资源发展项目

红十字会与红新月会国际联合会每年支持中国红十字会出席各类国际会议、研讨会、培训班，为中国红十字会学习国际先进经验、掌握运动动态提供平台。红十字会与红新月会国际联合会为中国红十字会人员提供在境外工作学习的机会，支持中国红十字会人力资源建设，中国红十字会曾派人赴日内瓦总部、非洲地区代表处、亚太地区代表处等进行短期学习。红十字会与红新月会国际联合会还为中国红十字会组织的新任分会领导赴国际组织的学习访问提供师资和组织协助。

（5）人道教育与青年发展项目

2014 年起，中国红十字会与红十字会与红新月会国际联合会联合开展“青春善言行”人道教育项目，培养青年人建立人道、尊重、包容、非歧视、非暴力的人道主义价值观和人际交往技巧及态度，从自身做起改善言行并作为倡导者推动家庭、社区乃至全社会形成良好风气。中国红十字会与红十字会与红新月会国际联合会每年举办“一带一路”青春善言行培训班，同 8 个国家及地区的青少年进行交流合作，增进友谊，共同推动非暴力与和平的文化，此外，在红十字会与红新月会国际联合会支持下，中国红十字会积极推动青少年参与红十字工作，每年同红十字会与红新月会国际联合会合办全国青少年骨干训练营，培养并发掘青少年领袖。派出青少年代表参与世界人道主义峰会、亚洲部长级减灾会议、红十字运动法定会议等重要国际会议，参与人道事务讨论。

此外，红十字会与红新月会国际联合会支持中国红十字会创办红十字国际学院，并成为红十字国际学院联合共建人，红十字会与红新月会国际联合会主席罗卡出席学院成立仪式并担任学院名誉院长，时任东亚地区代表处主任彭玉美担任学院专家咨询委员会委员。

（三）新时期的交流与合作

在新的历史时期，中国红十字会与红十字国际委员会、红十字会与红新月会国际联合会等红十字国际组织的合作更加密切，在国际红十字运动中所发挥的作用日益凸显。

第一，积极参与制定国际红十字运动规则，提供“中国方案”和“中国经验”，为国际红十字运动事务贡献中国力量。

自会长陈竺担任红十字会与红新月会国际联合会副主席以来，中国红十字会积极参与联合会事务及相关规则制定，就红十字会与红新月会国际联合会“2030战略”、国际红十字运动内部合作、国家红会发展等红十字运动关注的议题发出中国声音，提出中方的建议，提高中国红十字会国际话语权和影响力。中国红十字会还通过举办东吴国际人道论坛、中国-东盟红十字博爱论坛、中非红十字合作论坛等活动，深化与亚太、非洲等发展中国家红会间的友好交流合作。特别是在抗击新冠疫情国际合作中，中国红十字会积极宣介抗疫经验，主动为国家红会间开展抗疫国际合作搭建平台。

作为红十字会与红新月会国际联合会成员国红会，中国红十字会依据章程和红十字会与红新月会国际联合会大会决议缴纳会费，目前中国红十字会向红十字会与红新月会国际联合会缴纳会费的数额已占国际联合会会费比例的7%。此外，中国红十字会还每年向红十字会与红新月会国际联合会不定额捐款，支持其开展国际红会发展项目。

第二，更加积极地参与国际红十字运动事务，不断提升中国红十字会的国际影响力。

作为政府在人道领域的助手和开展民间外交的重要渠道，中国红十字会在政府相关部门的支持下，广泛筹集社会资金，积极响应红十字会与红新月会国际联合会的呼吁，力所能及地开展对外人道主义援助，树立负责任大国红会形象。近些年，中国红十字会先后派救援队参与了尼泊尔地震、日本地震海啸、厄瓜多尔地震、古巴地震、斯里兰卡水灾等自然灾害的救援工作。为落实习近平总书记关于援非医疗队重要指示精神并受国家卫健委委托，中国红十字会自2018年12月起连续4年向布基纳法索派出4支中国红十字援外医疗队。另外，中国红十字会还积极参与习近平主席在第73届世界卫生大会视频会议开幕式上宣布成立的“30个中非对口医院合作机制”，确定由中国科学技术大学附属第一医院（安徽省立医院）和布基纳法索唐加多戈医院开展对口合作，为唐加多戈医院建设心脏外科中心。中国红十字会还积极争取政府的资金支持，帮助澜湄区域国家红会开展社区综合发展项目，受到当地民众的欢迎和好评。

三、与各国红十字会的双边交往与合作

中国红十字会积极主动地发展与各国红十字会的友好交往，开展多种形式的双边交流与合作，是民间外交工作的重要渠道和窗口。

（一）中华人民共和国成立初期红十字会的交流

20 世纪 50 年代至 60 年代，中国红十字会是开展人民外交的一个重要渠道。

抗战结束后，有几万普通日本人留在中国。新中国成立后，中国政府十分重视，责成中国红十字会积极与日方民间团体接触。1950 年 10 月，中国红十字会会长李德全率团参加在摩纳哥举行的红十字会协会第 21 届理事会，会议期间，日本红十字会会长岛津忠承请求李德全会长协助调查在华日本人的情况。

周恩来总理十分重视红十字会代表团汇报的情况，指示做出解决方案。1951 年 3 月，红十字国际委员会主席吕格来北京访问，提到了在华日侨回国问题。1952 年 5 月，日本参议员高良富应邀访华。访问结束前，他向中国有关方面请求解决在华日本人回国问题。

1952 年夏天，在加拿大多伦多召开的第 18 届红十字国际大会上，一致通过了促进第二次世界大战离散家属团聚的决议。12 月 1 日，日本红十字会致电中国红十字会，告知日本红十字会、日中友好协会和日本和平联络委员会 3 个团体作为代表与中方就归侨问题洽谈，希望中国红十字会给予帮助。

1952 年 7 月，周恩来总理两次召开会议，专门研究日侨归国问题，指示有关部门做出具体计划，责成廖承志协调中国红十字会、外交部、公安部等部门组成中央日侨事务委员会。根据《政务院关于处理日侨若干问题的规定》，与日本红十字会等 3 个民间团体洽谈。中国政府决定组成以中国红十字会会长李德全为团长、廖承志为首席代表的中国红十字会谈判代表团和日本红十字会等 3 个民间团体洽谈。1953 年 1 月，日本代表团抵达北京，到中国红十字会进行第一次会谈。

经过反复的协商，双方达成一致，发表了联合公报。3 月 3—16 日，第一批日侨分别从天津、上海、秦皇岛出境返日本。截至 10 月份，先后有 7 批 26 026 人回到日本，计划宣告完成。在北京接待日本代表团和

帮助在华日侨回日本的活动，是中华人民共和国成立以后一次重要的民间外交活动，也是中国红十字会利用其红十字会双边渠道，为中日恢复邦交正常化打开了一扇窗。

日本红十字会和日本友好团体为感谢中国政府和中国红十字会帮助日侨归国，提出邀请中国红十字会代表团访问日本。1954 年 8 月，经过中日民间团体友好人士的艰苦努力，日本政府同意了日本红十字会邀请中国红十字会代表团访日的请求。1954 年 10 月 30 日，以中国红十字会会长李德全为团长，红十字会顾问廖承志为副团长的中国红十字会代表团一行 10 人，对日本进行了为期 13 天的访问。这是中华人民共和国成立后派往日本的第一个代表团。在抵达日本东京机场时，受到了日本社会各界的热烈欢迎。在日本，代表团与日本红十字会和有关团体对遣返日本战犯、在日华侨与在华家属通信问题、中国被掠在日劳工回国，以及在华日本遗孤回日等问题进行了多次的会谈和磋商。多年后，王震在接见日本红十字会代表团时表示，中日两国邦交正常化之前，两国红十字会组织利用各自的特殊地位，解决了许多实际问题。中日两国红十字会在历史上的这段功绩，两国政府和人民是不会忘记的。

（二）新时期红十字双边交流与合作

进入 21 世纪，中国红十字会开展的双边交流与合作在传统基础上又有了新发展。

1. 姿态更主动

中国红十字会邀请世界上多国红十字会代表团来中国参观访问，并组团访问其他国家红十字会，特别是红十字会高层的互访，交换了对国际事务的看法，促进了双方的理解和信任，交流了工作经验。结合中国的实际，将一些国外红十字会很好的做法，运用于中国的红十字工作中。

中国红十字会积极与一些国家红十字会建立和发展长期友好的合作关系，作为双边合作，瑞典、芬兰、日本等国家红十字会为中国的训练中心的建立集资捐款，帮助中国红十字会建立了第一个全国范围内的培训场所。中国红十字会还与国外红十字会开展了很多不同领域的合作项目，比如与瑞士红十字会在西藏的卫生项目，与澳大利亚红十字会的艾滋病同伴教育项目，与加拿大红十字会的白内障、基础卫生保健项目，与挪威红十字会的能力建设项目，与荷兰红十字会的改水改厕项目，等等。这些项目大多是在中国的不发达地区和贫困地区，配合了国家的脱贫攻坚工程。通过与国外红十字会项目合作，加强了中国红十字会特别是基层红十字会的能力建设，改善了项目所在地人口的基本生活条件，为当地提供了物质资源和人力资源。

2. 领域更宽广

改革开放以来，中国坚持走中国特色社会主义道路，实力越来越强，在国际事务中发挥了越来越大的作用，这为中国红十字会走出国门，参加自然灾害国际援助工作，提供了坚实的基础。

2004 年 12 月 26 日，印度洋板块与亚欧板块的交界处发生 9.3 级地震，并引发海啸，造成约 29.2 万人死亡，是 200 多年来世界上死伤最惨重的海啸灾难。12 月 30 日，中国红十字会总会向全国发出为印度洋地震、海啸灾区募捐的紧急呼吁。

在此次大规模募捐活动中，中国红十字会共筹集款物 4.43 亿元人民币，并对 11 个遭受海啸灾害影响的国家提供紧急救助和灾后重建援助。中国红十字会向受灾国派出了工作调查组，了解受灾情况，并与当地红十字会商讨救灾工作。2005 年 4 月，国家主席胡锦涛和印度尼西亚总统苏西洛在雅加达共同出席中国红十字会为印度尼西亚海啸灾民修建友谊村的签字仪式。2007 年年底，中国红十字会在南亚地区共援建友谊村 9 个，永久性安置房 1 487 套，医院、学校等项目全部完成并交付使用。这是中国红十字会首次大规模地为境外遭受灾害影响的国家发起募捐和实施援建项目。

3. 方式更多元

中国红十字会的双边交往，从与各国红十字会的双边互访，到走出国门对受灾国家进行援助，特别是近年来，中国红十字会派出了紧急救援队去受灾国家的救助，使中国红十字会的双边交往有了较大的飞跃。

2013 年 11 月 8 日，菲律宾“海燕”台风灾害发生后，中国红十字会迅速行动，成立援菲领导小组，第一时间向菲律宾红十字会提供了 10 万美元的人道主义援助，紧急调运 2 000 顶帐篷、2 000 床被子等救灾物资。中国红十字会还于11月20日、11月22日、12月21日，先后派出3批中国红十字国际救援队赴菲展开人道主义救援。

通过此次救援活动，中国红十字会双边工作实现了历史性的突破。在灾区，中国红十字国际救援队弘扬“人道、博爱、奉献”的红十字精神，发挥技能专业、功能多样的优势，不怕危险、不怕困难、不顾疲劳，坚持将救援力量直接配置到最基层、最底层、最需要的人群，在救援中发挥了重要作用。中国红十字国际救援队创造了多个“第一”：第一个承担遇难者遗体搜寻任务，第一个展开疫情排查和健康干预，第一个开展社区巡回医疗，第一个启动灾后重建支持。

2015年4月25日，尼泊尔发生8.1级强烈地震，造成重大人员伤亡和财产损失。中国红十字会向尼泊尔红十字会发出慰问电，决定在紧急救援阶段向尼泊尔地震灾区提供500万元人民币和50万元港币的人道援助（其中包括2 000顶帐篷），并调集中国红十字医疗救援队赴尼泊尔地震灾区提供医疗支持。4月28日、4月30日，中国红十字会分两批派出20名队员赴尼泊尔地震灾区开展救援工作。中国红十字国际救援队是最早在震中附近建营开展工作的救援队之一，主要开展了5个方面的工作。一是派出专业人员协助尼泊尔红十字会规划建设灾民安置点；二是配合尼泊尔方面推进中国援助的帐篷的分发和搭建工作；三是为尼泊尔红十字会地方分会培训大批志愿者，统一规范帐篷搭建标准，加快安置点建设进度；四是按照世界卫生组织及尼泊尔卫生部要求，遵循国际标准完成相关注册，并在营地开设急诊、骨科、儿科、妇科、呼吸科、感染科等6个科室，为2 000多名患者提供诊疗服务；五是提供巡诊服务并开展公共卫生宣教工作。5月16日，中国红十字国际救援队圆满完成任务回国。

在尼泊尔地震灾害救援行动中，中国红十字会服从国家整体救灾部署，充分发挥了民间外交作用，中国红十字国际救援队的人道救援服务，受到了尼泊尔政府和民间的普遍赞誉。这次救援行动，强化了中国红十字会与其他救援各方机构的关系，初步形成了参与国际救援的多部门合作机制；强化了中国红十字会与国际参与救援各方的联系，遵循国际规则实现了规范、统一、有序救援，展示了负责任大国中国红十字会的担当。

2016 年 4 月 16 日，厄瓜多尔发生里氏 7.8 级地震，造成重大人员伤亡和财产损失。受政府委派，中国红十字会派出红十字国际救援队赴厄瓜多尔地震灾区开展救援。此次中国红十字国际救援队主要任务是协助开展中国政府援助物资、设备的分发、安装和人员培训工作。救援队在厄瓜多尔灾区工作 14 天，经过不懈努力，克服信息不畅、语言不通、气候不适应等因素，努力做好中国政府援助物资的发放跟踪和设备安装指导。救援队在中国驻厄使馆经商处的协助下与厄瓜多尔政府相关部门和军方配合，协助建设安置点 12 个，执行发放并搭建帐篷 1 447 顶、折叠床 2 894 张，培训 312 名军方士兵和地方志愿者，在马纳维省重灾区建设大型示范安置点 1 个。14 天里，救援队足迹覆盖埃斯梅拉达斯、马纳维两省的大部分重灾区，累计行驶里程超过 6 000 千米，圆满完成帐篷分发、搭建及培训等援助“最后一公里”工作任务，将中国形象和中国声音送达灾区一线。

2016 年 5 月 31 日至 6 月 10 日，根据对外人道主义紧急援助部际工作机制领导小组关于斯里兰卡洪涝灾害救援工作会议精神，中国红十字会派出由 8 名队员组成的国际救援队赶赴斯里兰卡开展救援，完成中国援助帐篷的搭建任务。

2017 年 5 月，斯里兰卡遭受 14 年来最严重洪灾，斯里兰卡政府发出呼吁，寻求帮助。中国红十字会再次根据对外人道主义紧急援助部际工作机制领导小组部署，选派由 8 名人员组成的中国红十字国际救援队赴斯里兰卡洪灾灾区。救援队在斯里兰卡工作 10 天，开展了中国政府援助物资的分发、帐篷搭建和人员培训等相关工作，圆满完成任务，取得很好效果。

2017 年 9 月，古巴受“厄玛”飓风影响，全境大部分地区遭遇大风、暴雨及海水倒灌，给当地群众生命财产安全造成严重影响。中国政府紧急启动了对外人道主义紧急援助机制，决定向古巴提供人道主义援助，并委托中国红十字会于 2017 年 9 月 20—30 日派出由 9 名队员组成的国际救援队赴古巴飓风灾区开展为期 10 天的救援工作，主要协助古巴完成中国政府首批援助物资的发放、搭建和开展相关培训等工作。

中国红十字会参与国际救援任务，充分发挥了红十字会作为国际上最大的人道组织的优势，向受灾国家和地区民众传递了来自中国人民的友好情谊，也向国际社会传达了中国政府不附加政治条件向受灾国家提供援助和支持的大国形象与作风。

2020年新冠疫情席卷全球后，中国红十字会力所能及地开展了一系列抗疫国际合作。

一是积极宣介中国抗疫做法。加强与红十字国际委员会、红十字会与红新月会国际联合会及各国红会沟通联系，通报中国疫情防控情况和做法，介绍抗疫工作经验和实际成效。为支持中国红十字会开展抗疫工作，国际委员会向中国红十字会捐赠50万瑞士法郎。红十字会与红新月会国际联合会主席罗卡向国家主席习近平发出慰问信，并致函陈竺会长，向奋战在抗击疫情一线的中国红十字会工作人员及志愿者致敬。红十字会与红新月会国际联合会秘书长、卫生部门负责人等高级官员对中国红十字会的抗疫工作予以了高度评价。国际联合会动员国际资源，向中国红十字会捐赠价值约1 621万元人民币的款物用于疫情防控工作。

二是高效做好国际民间捐赠款物接收。总会开通海外捐赠热线，建立绿色通道，制定接受国际捐赠指南等制度，规范境外捐赠接收工作。中国红十字系统共接收来自80多个国家价值5.1亿多元人民币的款物，全部根据捐方意愿用于抗疫一线。

三是向境外派出志愿医疗专家团队。应意大利、伊朗、伊拉克红会请求，分别由上海、广东、四川红十字会和有关单位组成志愿医疗专家团队，为受援方遏制疫情提供帮助。配合使领馆做好中资机构工作人员、华人华侨抗疫防护工作。

四是应受援国请求及时提供紧急物资援助。中国红十字基金会设立“抗疫国际人道援助基金”，共募集款物逾2亿元，已向巴基斯坦、美国、日本、法国、埃塞俄比亚等54个国家援助78批次人道物资和资金，向叙利亚、黎巴嫩、埃塞俄比亚、柬埔寨、泰国、格鲁吉亚、印度尼西亚和尼泊尔等12个国家援助160万剂新冠疫苗，为全球抗疫贡献了中国力量。

第二节　推动构建人类命运共同体

积极参与构建人类命运共同体，是中国红十字会的重要责任，也是中国特色红十字事业的独特魅力所在。

一、服务“一带一路”建设

共建“一带一路”倡议，从理念到现实，从倡议到共识，得到国际社会广泛关注和各有关国家积极响应，政策协调不断加强，互联互通水平大幅提升，经贸与产业合作稳步推进，民间往来更加密切，为各国人民带来了实实在在的福祉。服务“一带一路”建设是中国红十字会的自觉行动，也是中国特色红十字事业的重要内容。

中国红十字会作为政府在人道领域的助手，早在2016年，就根据国家“十三五”规划纲要、红十字会与红新月会国际联合会2020年战略，在中国红十字事业“十三五”发展规划中，提出“红十字与‘一带一路’同行”，旨在和“一带一路”共建国家红会携手，共同将“一带一路”打造成为传承人道精神、汇聚志愿服务、整合公益资源、深化国际交往、推进民心相通的人道之路、博爱之路。

中国红十字会指导中国红十字基金会成立“丝路博爱基金”，与巴基斯坦、阿富汗、蒙古等国家红会合作，成功开展了“中巴急救走廊”、阿富汗和蒙古先心病儿童救助等项目，支持越南、老挝、塔吉克斯坦等15个“一带一路”共建国家红会开展扎根基层、面向百姓、改善民生的社区发展项目，受到当地民众的欢迎；还开展了“一带一路·光明行”和“博爱单车”全球志愿服务行动，举办了“一带一路”沿线国家红十字青年国际交流营、中国-东盟红十字博爱论坛、红十字与“一带一路”同行分享暨研讨会等活动。

“十三五”期间，中国红十字会还紧紧围绕国家“一带一路”建设的总体要求，联合红十字国际组织和巴基斯坦、叙利亚、伊拉克等26个共建国家红会，加强区域性应急和备灾协作，共建“一带一路”红十字急救走廊，加强与各国红十字会在应对气候变化、人口老龄化等方面的互利合作，支持发展中国家开展非紧急阶段人道发展项目，积极开展防灾减灾、社区发展、卫生健康等人道救助和服务项目。红十字人道外交成为“一带一路”民心相通的重要力量。

根据“十四五”规划，中国红十字会进一步加强与国际红十字组织和国家红会交流合作，参与国际红十字运动规则制定，扩大在国际红十字运动中的话语权和影响力，努力践行人类命运共同体理念。加强人道援外宣传，发出中国声音，讲好中国故事。继续实施红十字与“一带一路”同行计划，使红十字人道外交成为民心相通的重要力量。健全对外人道援助机制，提升对外援助能力和水平。发挥地方红十字会地缘及资源优势，加强与周边国家红会在防灾减灾、大病救助等方面的合作。发挥国际人道法国家委员会作用，推进国际人道法的研究和传播工作。

二、积极维护世界和平

中华人民共和国成立以来，中国红十字会充分发挥组织优势，在国际人道主义事务中既及时发声，又敢于担当，以实际行动积极倡导和平、维护和平。

一是积极开展朝鲜战争的战地救护和人道救助；二是协助日侨回国，接回日本的华工遗骨，促进中日友好；三是在国际人道事务中发声，表达主张，谴责违反国际人道法的行径，呼吁维护和平正义；四是协助解决武装冲突遗留的问题和政府不便直接处理，但从人道出发亟须解决的问题；五是协助政府处理其他涉外事宜。

进入新的历史阶段，中国红十字会将继续倡导和平、维护和平。第一是在国际红十字运动重要场合宣传和平主张、倡导和平、呼吁和平；第二是坚决反对和驳斥破坏和平的行径；第三是以实际行动维护和平、促进和平。

三、积极参与构建人类命运共同体

中国红十字会是国内历史最悠久的人道组织，自 1904 年成立以来，在重大灾害救援、保护生命健康、促进人类和平进步等方面发挥了重要作用。中国红十字会作为国际红十字运动的重要成员，积极参与构建人类命运共同体，既有独特的优势，也是职责所在。

2017 年 1 月 17 日，习近平主席在瑞士达沃斯国际会议中心发表题为《共担时代责任　共促全球发展》的主旨演讲，引用了红十字运动创始人亨利·杜南的名言："真正的敌人不是我们的邻国，而是饥饿、贫穷、无知、迷信和偏见。"习近平强调，"我们既要有分析问题的智慧，更要有采取行动的勇气"。

2017 年 1 月 18 日，习近平主席在日内瓦联合国总部发表题为《共同构建人类命运共同体》的主旨演讲，再次援引亨利·杜南 1862 年在《索尔费里诺回忆录》中的追问："能否成立人道主义组织？能否制定人道主义公约？"习近平说，"杜南之问"很快有了答案，"次年，红十字国际委员会应运而生。经过 150 多年发展，红十字成为一种精神、一面旗帜。面对频发的人道主义危机，我们应该弘扬人道、博爱、奉献的精神，为身陷困境的无辜百姓送去关爱，送去希望；应该秉承中立、公正、独立的基本原则，避免人道主义问题政治化，坚持人道主义援助非军事化"。

习近平主席的重要论述，深刻阐明了红十字会和红十字运动在参与构建人类命运共同体中，完全可以发挥独特的重要作用。

中国红十字会积极参与国际人道事务，展现了负责任大国红十字会形象。进入新时代，中国红十字会将紧紧围绕"四个全面"战略布局，将中华民族孝慈仁爱传统与国际红十字运动原则相结合、将红十字精神传播与培育社会主义核心价值观相结合，为保护人的生命与健康、促进社会和平进步和国际人道主义事业发展做出新贡献。

第十一章
新时代中国特色红十字事业发展

第一节　面临的挑战与机遇

进入新时代，中国特色红十字事业发展面临着新形势新任务，既是挑战，也是机遇。展望未来，要从实际情况出发，立足新发展阶段，贯彻新发展理念，构建新发展格局，推动中国特色红十字事业高质量发展。

一、中国社会主要矛盾转化带来的挑战与机遇

中国特色社会主义进入新时代，进入了全面建设社会主义现代化国家新发展阶段，迎来了实现中华民族伟大复兴的光明前景。但是中国仍然处于并将长期处于社会主义初级阶段，仍然是世界上最大的发展中国家。中国发展不平衡、不充分的问题仍然突出，城乡区域发展和收入差距较大，民生保障存在短板，促进全体人民共同富裕是一项长期的任务。中国社会主要矛盾已转化为人民日益增长的美好生活需要和不平衡不充分的发展之间的矛盾。社会主要矛盾的转化，使红十字会的工作环境、任务、对象等发生了深刻变化，面临的新情况、新问题、新考验前所未有，对红十字会的实力、能力、活力提出了新的更高要求，也对人道救助和服务工作质效提出新的更高要求。比如，人民群众对生命保护的要求越来越高，不仅要保护生命，而且要保护其健康，保障其尊严。人道服务范围不断拓展，需要红十字会为社会各界参与红十字事业提供平台。还有社会各界对红十字工作的高效运转、公开透明要求也更高

等。在这种背景下，人道服务的需求和方式也势必会发生转变，红十字工作只有与时代发展同步，充分把握社会主要矛盾的转化带来的新契机，切实担负起新时代赋予的职责使命，才能更好地服务党和国家工作大局，谱写中国特色红十字事业发展新篇章。

二、人口老龄化带来的挑战与机遇

第七次全国人口普查结果显示，近年来中国已进入了超低生育率阶段；中国 60 岁及以上人口占总人口比重为 18.70%，其中，65 岁及以上人口占 13.50%，将很快进入中度老龄化社会。按照联合国 1956 年确立的标准，一国或地区 65 岁以上老人超过总人口的 7%即进入老龄化社会，1982 年又将标准调整为 60 岁以上老人占总人口的 10%。无论是按新标准还是老标准，中国在 2000 年前后就已经进入了老龄化社会。人口老龄化带来社会养老负担加重、人力资本改善放缓、居民收入分化等一系列问题，从而影响中国经济社会发展。习近平总书记指出，“让老年人老有所养、老有所依、老有所乐、老有所安，关系社会和谐稳定。我们要在全社会大力提倡尊敬老人、关爱老人、赡养老人，大力发展老龄事业，让所有老年人都能有一个幸福美满的晚年”。这充分体现了以习近平同志为核心的党中央对全国老年人的关怀和爱护。红十字会作为从事人道主义工作的社会救助团体，作为党和政府在人道领域的助手和联系群众的桥梁纽带，必须积极适应老龄化社会带来的人道需求新变化，充分发挥自身独特优势，积极对失能和困难老人进行人道救助，让他们感受到党、政府和社会的温暖；大力开展养老服务技能培训，形成具有专业医护水准的志愿服务队；积极探索公益性质与市场机制相结合的养老服务模式，不断提升养老服务品质，增强老年人的获得感、幸福感、安全感。

三、第三次分配带来的挑战与机遇

《中共中央关于制定国民经济和社会发展第十四个五年规划和二〇三五年远景目标的建议》提出，要完善共建共治共享的社会治理制度，扎实推动共同富裕；要发挥第三次分配作用，发展慈善事业，改善收入和财富分配格局。第三次分配不仅仅具有收入调节的功能，其意义在于社会各方力量自愿以民间捐赠、志愿行动等方式合法、合规地进行济困扶弱的公益慈善活动，传递爱心，这是社会主义精神文明建设的重要方式，也是实现人民群众共同富裕的重要途径。对于红十字会而言，第三次分配作用的凸显，会进一步激发社会各界参与公益慈善事业积极性，各类公益慈善主体会日益增多，竞争将更加激烈，合作将更加重要；相对而言，包括红十字会在内的许多公益慈善组织还存在明显的短板，比如资金募集、项目实施、品牌维护、信息公开等专业能力不足，公益慈善组织的专业人才还非常缺乏，同时，缺乏透明度、效率低下、管理混乱也是公益慈善组织常常受到诟病的原因。红十字会要更好地融入第三次分配的国家战略之中，全面提高人道资源动员能力，打造专业化的筹资人才队伍，提高线上线下筹资能力，拓展创新人道资源动员方式，不断开展具有社会效益和广泛影响的人道资源动员活动（项目），基本形成社会化、信息化、专业化、制度化的资源动员新机制，提升红十字人道救助实力和人道服务能力，使更多爱心企业特别是高收入人群通过红十字会这个爱心平台实现捐赠意愿，调动更多个人捐赠的积极性，提高个人捐赠比例，改善最易受损害群体境况，为壮大三次分配、缩小社会发展差距、促进共同富裕做出更大贡献。

四、气候变化带来的挑战与机遇

联合国政府间气候变化专门委员会发布《气候变化 2021：自然科学基础》的报告称，人类活动导致大气、海洋、陆地变暖的事实“无可辩驳”。受此影响，极端天气事件不断增加，未来几十年全球所有地区都将面临气候变化加剧的考验。报告指出，1970 年以来的 50 年是过去 2 000年以来最暖的 50 年。2011—2020 年全球地表温度比工业革命时期上升了 1.09 摄氏度，其中约 1.07 摄氏度的增温是人类活动造成的。全球变暖对整个气候系统的影响是过去几个世纪甚至几千年来前所未有的。20 世纪 70 年代以来热浪、强降水、干旱和台风等极端天气事件频发且将继续。在整个 21 世纪，全球沿海地区的海平面将持续上升，导致低洼地区更频繁、更严重的沿海洪水和海岸侵蚀。报告还预测，在未来几十年里，暖季将变得更长，冷季将更短，同时极端高温等将变得更加频繁，给农业和人体健康带来更大挑战。从高温热浪到暴雨洪水，近年来全球多地频频遭遇罕见极端天气，造成重大损失。加强气候适应、应对气象灾害成为人类社会需要共同应对的重要课题。这对中国政府和红十字会强化备灾救灾工作，构建高效快捷的灾害救援机制，有效开展灾害救援提出了更高的要求。

五、新一轮科技革命兴起带来的挑战与机遇

新一轮科技革命和产业革命正在孕育成长，世界进入以信息产业为主导的数字经济发展时期，云计算、大数据、物联网、人工智能等快速发展，核心技术竞争更加激烈，科技对经济发展的作用更加凸显。面对这种新趋势新要求，红十字会必须认真学习领会习近平总书记关于群团工作重要论述和红十字事业重要指示精神，全面贯彻落实“十四五”规划关于加强数字社会、数字政府建设，提升公共服务、社会治理等数字化智能化水平的相关要求，抓住网络中国、数字中国建设的历史机遇，着力推进全国红十字系统信息化工作统筹，着力推进信息化技术与红十字工作深度融合，着力推进全国红十字系统数据资源共享共用，借助信息技术，运用大数据、互联网等信息科技手段与工作深度融合，实现工作的高效化、标准化、智能化，提升红十字会信息化工作整体水平和管理能力，着力打造“数字红会”，推动全国红十字系统各项工作高效运转、公开透明，提升公信力，为中国特色红十字事业高质量发展提供有力支撑。

六、世界进入动荡变革期带来的挑战与机遇

习近平总书记多次强调，当今世界正经历百年未有之大变局。和平、发展、合作、共赢的时代潮流不可阻挡，中国日益走近世界舞台中央，对外开放的大门越开越大，国际影响力进一步提高，人类命运共同体的理念深入人心。与此同时，国际环境日趋复杂，全球发展失衡，南北差距、贫富差距还在扩大，领土纠纷、移民困局等问题此起彼伏，人类面临严峻挑战，传统安全和非传统安全威胁层出不穷。新冠疫情使世界百年未有之大变局加速变化，保护主义、单边主义上升，世界经济低迷，国际经济、科技、文化、安全、政治等格局都在发生深刻调整，世界进入动荡变革期。随着中国国际地位的不断提升，世界对中国在国际红十字运动事务中发挥更大作用有了更高期望，国际社会对中国红十字会履行人道主义责任和义务充满更多期待。

第二节　发展方向、目标和任务

一、发展方向

明确中国特色红十字事业发展方向可以从三个维度入手：中国红十字会坚持什么样的发展道路，中国红十字会承担什么样的职责使命，中国红十字会要具备什么样的组织功能。

从发展道路看，中国红十字会坚定不移走中国特色社会主义群团发展道路。这是由中国红十字会的性质和功能决定的。习近平总书记指出，我国红十字事业是中国特色社会主义事业的重要组成部分，中国红十字会是党和政府在人道领域联系群众的桥梁和纽带。《中共中央关于加强和改进党的群团工作的意见》指出，中国特色社会主义群团发展道路，是中国特色社会主义道路的重要组成部分，其基本特征是各群团自觉接受党的领导、团结服务所联系群众、依法依章程开展工作相统一。中国红十字会第十一次全国会员代表大会批准第十届理事会所做的工作报告，报告提出坚定不移走中国特色红十字事业发展道路，必须始终坚持党对红十字事业的领导，必须始终坚持以人民为中心的工作导向，必须始终坚持围绕中心、服务大局，必须始终坚持与时俱进、改革创新，必须始终坚持依法治会、从严治会，必须始终坚持培育和践行社会主义核心价值观，必须始终坚持践行人类命运共同体思想。

从职责使命来看，中国红十字会要“努力为国奉献、为民造福”。党的十八大以来，以习近平同志为核心的党中央对红十字事业高度重视。习近平总书记对红十字事业做出一系列重要指示。他要求，中国红十字会适应新形势新任务，紧紧围绕党和国家中心任务，增强责任意识，推进改革创新，加强自身建设，开展人道救助，真心关爱群众，努力为国奉献、为民造福。他要求，红十字会要高效运转，增强透明度，主动接受监督，让每一份爱心善意都及时得到落实。他要求，同红十字国际委员会加强合作，积极参与国际人道援助，为更多弱势群体提供帮助，在力所能及范围内履行国际责任和义务，为国际人道主义事业做出更大贡献。他要求，结合培育和践行社会主义核心价值观，在全社会弘扬人道、博爱、奉献精神，弘扬正能量，引领新风尚。这些重要指示批示是习近平新时代中国特色社会主义思想的重要组成部分，是发展中国特色红十字事业的根本遵循和行动指南，必须准确把握其精神实质和实践要求，落实到中国特色红十字事业发展全过程各方面。

从组织功能来看，中国红十字会要切实增强政治性、先进性、群众性。习近平总书记在中央党的群团工作会议上指出，要切实保持和增强党的群团工作的政治性。政治性是群团组织的灵魂，是第一位的。群团组织要始终把自己置于党的领导之下，在思想上政治上行动上始终同党中央保持高度一致，自觉维护党中央权威，坚决贯彻党的意志和主张，严守政治纪律和政治规矩，经得住各种风浪考验，承担起引导群众听党话、跟党走的政治任务，把自己联系的群众最广泛最紧密地团结在党的周围。他指出，要切实保持和增强群团组织的先进性。我们的工会、共青团、妇联等群团组织是党直接领导的群众组织，承担着组织动员广大人民群众为完成党的中心任务而共同奋斗的重大责任，必须把保持和增强先进性作为重要着力点。要牢牢把握为实现中华民族伟大复兴中国梦而奋斗的时代主题，紧紧围绕党和国家工作大局，组织动员广大人民群众走在时代前列，在改革发展稳定第一线建功立业。他指出，要切实保持和增强群团组织的群众性。群众性是群团组织的根本特点。群团组织开展工作和活动要以群众为中心，让群众当主角，而不能让群众当配角、当观众。要更多关注、关心、关爱普通群众，进万家门、访万家情、结万家亲，经常同群众进行面对面、手拉手、心贴心的零距离接触，增进对群众的真挚感情。《中国红十字会总会改革方案》提出，带动各级红十字会建设理想信念坚定、联系群众紧密、作风扎实过硬、组织体系健全、运行机制科学、更加公开透明、更具公信力的红十字组织，成为促进社会和谐进步的重要力量和精神文明建设的生力军，成为开展民间外交、促进民心相通的重要渠道。

二、发展目标

《中共中央关于制定国民经济和社会发展第十四个五年规划和二〇三五年远景目标的建议》提出，“全面推进健康中国建设”“健全分层分类的社会救助体系”“健全志愿服务体系，广泛开展志愿服务关爱行动”“发挥群团组织和社会组织在社会治理中的作用，畅通和规范市场主体、新社会阶层、社会工作者和志愿者等参与社会治理的途径”“加强数字社会、数字政府建设，提升公共服务、社会治理等数字化智能化水平”“完善国家应急管理体系，加强应急物资保障体系建设”“深化公共卫生、数字经济、绿色发展、科技教育合作，促进人文交流”“发挥工会、共青团、妇联等人民团体作用，把各自联系的群众紧紧凝聚在党的周围”。国家从战略层面做出的这些部署，与红十字事业发展密切相关，今后五年乃至十五年，中国特色红十字事业发展将更加聚焦这些目标。

红十字会与红新月会国际联合会“2030 战略”提出的目标：人们预测危机、应对危机并迅速从危机中恢复过来；人们过着安全、健康、有尊严的生活，并且获得发展机会；人们动员起来建设包容与和平的社区。为应对气候与环境危机，未来十年将响应并减少各种危机和灾害给所有人，特别是给最弱势群体带来的易受损性和不利影响，使他们都能获得发展；为应对健康与福祉方面的差距扩大，未来十年，将着重保护所有人群均能安全、公平地获得卫生、供水及卫生设施服务。为此要推进如下转变：支持国家红会发展成为本地强大有效的行动者，激励和动员红十字志愿服务，确保信任和责任，开展有影响力的人道行动，实施数字化转型，建立面向未来的筹资机制。这些目标既是红十字会与红新月会国际联合会未来十年的发展目标，也为各国红会开展人道主义工作提供了参考和借鉴。

根据《中共中央关于制定国民经济和社会发展第十四个五年规划和二〇三五年远景目标的建议》，中国红十字会提出，“十四五”期间，要把中国红十字会建设成为组织体系健全、运行机制科学，专业能力突出，更具凝聚力、影响力和公信力的红十字组织。主要目标如下：一是应急救援能力和水平显著提升。以提质增效、扩大覆盖为导向，进一步提升救灾救援、物资保障和信息化调度指挥能力，实现应急指挥调度和灾害管理信息化系统在省级红十字会及灾害多发地市级红十字会全覆盖，省级红十字会至少建立一个二级标准的物资储备库，地市级和灾害多发的县级红十字会至少建立一支救援队伍。二是应急救护能力显著增强。到2025年，取得应急救护培训证书人员较2020年末增加1 500万人，全国取得应急救护培训证书人数占总人口比例不少于2%，接受救护员培训的中小学教职人员师生比例不少于1∶50，应急救护培训示范基地增加300个，应急救护服务阵地巩固扩大，应急救护师资、救护员队伍不断壮大，学校、机场、车站等公共场所现场应急救护能力显著增强。三是人道救助实力不断提升。聚焦关爱生命与健康，扩大救助规模，募集款物总额价值人民币300亿元以上。地市级以上红十字会至少成立一支无偿献血志愿捐献队伍或志愿服务队伍，造血干细胞捐献者资料库库容力争达到400万人份。人体器官捐献工作体系进一步完善，人体器官捐献志愿登记人数超过650万人。四是组织体系更加健全。依法推进理顺管理体制，实现县级红十字会基本理顺。县级以上红十字会依法设立监事会。大力加强乡镇、街道、社区、学校、医院、企事业单位等红十字会基层组织建设，推进基层组织、阵地、工作有效覆盖，红十字基层组织达到15万个，会员达到2 000万人，注册志愿者达到200万人。五是在国际人道领域的地位和作用更加彰显。对外交流合作不断深化，影响力和话语权不断扩大。围绕服务国家外交大局，推动构建人类命运共同体，有效发挥民间外交渠道重要作用。

三、发展任务

为实现上述发展目标，中国红十字会提出了10个方面的任务。

一是加强应急救援能力建设，服务国家应急工作大局。助力国家应急工作，着力打造"红十字救在身边——应急救援"品牌。加强应急救援体系建设，积极参与自然灾害、事故灾难、公共卫生事件等突发事件应急救援工作。制定完善实施事故灾难救援应急预案、自然灾害救援应急预案、突发公共卫生事件应急预案；培育壮大应急救援队伍，加强救援装备配备，大力开展应急救援专业培训与实战演练；加强救灾物资储备库规范化管理，推动物资管理标准化建设，加强与物流企业合作，实现高效运转；加强应急救援信息化建设，推广应用中国红十字会应急指挥调度和灾害管理系统，提升应急救援专业化、信息化、规范化水平。

二是助力健康中国建设，提升群众自救互救能力。紧紧围绕健康中国建设，打造"红十字救在身边——应急救护"品牌。以普及应急救护知识和技能为基础，以应急救护师资和救护员队伍为骨干，以易发伤害行业、领域和公共场所为重点，以应急救护服务阵地建设为依托，全面实施“红十字救在身边”行动，充分发挥群众性应急救护培训主体作用，有效提升公众应急救护知识技能普及程度，不断发展壮大红十字救护员队伍，力争实现意外伤害和突发事件现场都有红十字救护员施救的目标，为保护生命健康作出应有贡献。助力应对人口老龄化国家战略，开展养老服务培训和志愿服务活动，探索开展参与养老服务工作的有效形式。

三是实施人道救助工程，助力保障改善民生。聚焦关爱生命健康，大力开展造血干细胞捐献、无偿献血、人体器官与遗体捐献宣传动员工作，大力弘扬捐献光荣的社会风尚，感召激励更多的人加入“奉献爱心、挽救生命”的事业中。培育“红十字救在身边——爱心相髓”品牌，扩大有效库容量，努力建设世界一流骨髓库。加强无偿献血志愿捐献队伍建设，做好参与推动无偿献血工作。培育“红十字救在身边——生命接力”品牌，推动人体器官和遗体捐献法规制度建设，提高工作法治化、专业化、规范化水平。继续实施以救助重大疾病和罕见病患儿为主要内容的“红十字天使计划”。持续组织开展“红十字博爱送万家”活动。

四是汇聚人道力量，提升人道资源动员能力。聚焦主责主业，凝聚人道力量，汇聚社会爱心，推动形成多元化、多渠道、可持续的筹资工作格局。强化筹资意识，创新筹资方式，拓宽筹资领域，围绕“红十字救在身边”“博爱家园”等策划和培育一批有影响力的筹资品牌项目和活动。提升互联网筹资水平，积极发展固定捐赠人，优化专项基金布局结构，探索建立稳定增长的筹资机制。提升项目执行力，及时向捐赠人反馈项目执行进展，规范公开捐赠款物接收和使用情况。推进项目开放式社会化协作，充分发挥红十字基金会筹资主渠道作用。创新用人机制，强化激励约束，建设专业化筹资工作队伍。争取党委政府支持和资助，为红十字会依法履职提供必要保障。设计更多既便于政府购买又满足群众需求的人道服务项目，承接政府转移的公共服务事项。

五是健全组织体系，打造群众身边的红十字会。持续推进县级红十字会依法理顺管理体制。县级以上红十字会依法依章程召开会员代表大会并按期换届，依法设立监事会。强化干部培训，加强干部队伍建设。加强乡镇、街道、社区、学校、医院、企事业单位等红十字会基层组织建设，按专业分领域建立志愿服务队，发展壮大会员、志愿者队伍，加强会员、志愿者培训，强化激励、管理、服务等工作，充分发挥会员、志愿者在红十字工作中的主体作用。强化阵地服务功能，建好用好“博爱家园”“红十字服务站”“红十字救护站”“生命健康安全体验馆”等基层阵地，打造联系群众、服务群众的重要平台。融入城乡社区治理，服务社区群众，助力乡村振兴，推进组织、阵地、工作有效覆盖，打造群众身边的红十字会。

加强与港澳台交流合作，实施好与港澳红十字会的框架合作协议，推进互学互鉴、合作发展。扩大同台湾红十字组织的人道领域交流合作，为促进祖国统一大业贡献力量。

六是加强红十字宣传工作，弘扬社会主义核心价值观。建立全系统、全方位的宣传格局。落实党中央决策部署，围绕党和国家工作大局开展主题宣传活动。推动红十字会业务工作与宣传工作同步谋划、互促互动、协调共进。聚焦红十字会主责主业、重点工作、特色亮点、创新探索，利用各级各类媒体，精心策划宣传红十字事业发展成就，宣传先进典型和感人故事。加强宣传内容建设和宣传方式创新，拓展社会化、开放式宣传渠道，打造上下联动的全国红十字品牌宣传项目，在践行社会主义核心价值观中传播人道文化、弘扬红十字精神。发挥文化传播教育基地作用，加强宣传专职队伍与志愿者队伍建设，做好系统宣传力量的统筹，推动构建“大宣传”工作格局。加强网络舆情应对处置工作，切实防范舆情风险，维护红十字声誉。发挥红十字国际学院作用，加强人才培养、学术研究和国际交流。推进红十字青少年工作进校园，传播红十字运动知识，传播健康行为与生活方式。

七是积极参与国际人道事务，促进民心相通。加强与国际红十字组织和国家红会交流合作，参与国际红十字运动规则制定，扩大在国际红十字运动中的话语权和影响力，努力践行人类命运共同体理念。加强人道援外宣传，发出中国声音，讲好中国故事。继续实施红十字与“一带一路”同行计划，使红十字人道外交成为民心相通的重要力量。健全对外人道援助机制，提升对外援助能力和水平。发挥地方红十字会地缘及资源优势，加强与周边国家红会在防灾减灾、大病救助等方面的合作。发挥国际人道法国家委员会作用，推进国际人道法的研究和传播工作。

八是贯彻习近平法治思想，坚持依法治会。深入贯彻落实习近平法治思想，把依法治会作为战略性、全局性、基础性工作大力推进，增强法治意识和法治观念，运用法治思维和法治方式深化改革创新，推动红十字事业沿着法治化轨道高质量发展。加强《中华人民共和国红十字会法》及《中华人民共和国红十字标志使用办法》等法律法规的宣传教育，增强社会知晓度。推动贯彻实施红十字会法，推动修订地方红十字会条例或红十字会法实施办法；推动完善制定与红十字会法相配套的政策制度规定；推动将红十字会法执行情况纳入人大、政协执法检查和调研。严格执行相关法律法规和规章制度，依法接受监督。

九是加强数字化建设，推动高效运转、公开透明。深入推进信息化建设。运用互联网、大数据等信息技术，打造红十字会数字运营平台。运用信息化手段，发挥官网、“两微一端”等网络平台作用，推广使用应急指挥、灾害管理、财务管理和志愿服务信息管理等系统，着力打造“网上红十字会”，实现线上线下有效衔接、高效互动。利用大数据分析指导工作，提升红十字会信息化工作整体水平和管理能力，着力打造“数字红会”“智慧红会”，推动红十字事业数字化转型。推动全国红十字系统各项工作高效运转、公开透明，有效提升公信力。健全信息公开制度，规范信息发布工作。打造红十字系统“博爱中国”平台，开展红十字公开透明指数评价工作。

十是加强党的建设，提供坚强政治保证。全面加强全国红十字系统党的建设，认真落实全面从严治党主体责任和监督责任，以党的政治建设为统领，全面加强党的思想、组织、作风、纪律建设，把制度建设贯穿始终，提高党的建设质量。用习近平新时代中国特色社会主义思想武装头脑、指导实践、推动工作，立足“两个大局”，胸怀“国之大者”，切实增强“四个意识”、坚定“四个自信”、做到“两个维护”，始终坚定正确的政治方向，坚决贯彻落实党的理论路线方针政策和党中央决策部署。把加强党的全面领导落到实处，推进地市级和有条件的县级红十字会根据有关规定设立党组。推动健全党委和政府对红十字工作领导的制度机制，争取将红十字会党的建设纳入当地党建工作格局、纳入党委和政府重要议事日程，强化红十字事业发展的政治保证。

附录：中国红十字事业发展规划纲要（2025—2029 年）

2024 年 10 月 9 日，中国红十字会第十二次全国会员代表大会在北京开幕。中共中央总书记、国家主席、中央军委主席习近平致信大会，向全国广大红十字工作者、会员、志愿者致以诚挚问候，并对做好红十字工作提出希望。

2024 年 10 月 10 日，中国红十字会第十二次全国会员代表大会在北京闭幕。大会审议通过了中国红十字会第十一届理事会工作报告、第十一届监事会工作报告、《中国红十字会章程（修正案）》和《中国红十字事业发展规划纲要（2025—2029 年）》。

《中国红十字事业发展规划纲要（2025—2029 年）》，根据《中共中央关于进一步全面深化改革　推进中国式现代化的决定》《中华人民共和国红十字会法》《国务院关于促进红十字事业发展的意见》，适应中国式现代化对于红十字事业高质量发展的新形势、新任务、新要求编制，主要阐明未来 5 年我国红十字事业发展的指导思想、发展目标和主要任务，是全国红十字系统共同的行动纲领。

一、规划背景

中国红十字会第十一次全国会员代表大会以来，在以习近平同志为核心的党中央的坚强领导下，全国红十字系统深入学习贯彻习近平总书记关于红十字事业重要指示批示精神，紧紧围绕党和国家中心任务，推动新时代、新征程红十字事业持续健康发展，第十一次全国会员代表大会规划的目标任务如期完成，一些领域取得新突破、新进展。

红十字应急救援体系进一步完善，在国家应急救援体系中发挥了重要作用。将全国划分为东部、南部、西南、西北、北部、中部等6个红十字应急救援协作区，建成赈济、医疗、供水、大众卫生、搜救、水上救生、心理救援、救护转运等8类专业救援队伍1 000余支，发展队员10万余名，设立物资储备库1100余个，基本形成统一指挥、区域联动、协同配合的新时代红十字应急救援新格局。深入实施“关爱生命、救在身边”行动，全国红十字应急救护取证培训新增1 526万余人次，救护队伍、设施、阵地覆盖面不断扩大，现场施救能力显著增强。积极融入国家脱贫攻坚、乡村振兴战略，“博爱家园”项目落地6 000余个，成为服务“三农”、惠及民生的重要平台。持续推进“红十字天使计划”“红十字博爱送万家”等人道救助行动，直接受益人数超过3 290万人次。造血干细胞捐献者资料库入库达345万人份，累计实现捐献1.8万多例。推动修订《人体器官捐献和移植条例》，公民逝世后志愿捐献人体器官的工作体系基本形成，志愿捐献登记人数超过690万，累计实现捐献5.5万多例，17万多个。出台资金捐赠、物资捐赠、捐赠信息公开三个指南，推出红十字系统公开透明指数，开发上线“博爱通”捐赠系统，建成“博爱中国”信息公开平台，“数字红会”建设取得重大突破，高效运转、公开透明程度不断提升。广泛动员人道力量，共募集社会捐赠款物837亿余元，有力支撑了新冠疫情防控、自然灾害救援、医疗救助等人道事业发展。坚持依法治会，推进改革创新，县级红十字会管理体制理顺率达86.4%，新增基层组织10万余个、注册志愿者144万余人。加强理事会、监事会建设，治理体系不断完善，治理能力有效提升。践行人类命运共同体理念，广泛凝聚人道共识，深化人道外交、民间外交，共向3个国家派出抗疫专家组，为56个国家提供抗疫物资和疫苗援助，为54个国家提供紧急人道援助，创设全球首个红十字国际学院，中国红十字会荣获红十字会与红新月会国际联合会最高荣誉“亨利·戴维逊奖”，我国在国际红十字运动中的影响力不断增强。

在肯定成绩的同时，应清醒认识到红十字事业高质量发展面临的问题和挑战，主要是人道救助、人道服务不充分，尚不能满足人民群众日益增长的人道需求；红十字工作发展不平衡，基层基础薄弱问题比较突出，组织发展、队伍建设、治理能力有待进一步提升；法治红会、数字红会、理论研究、人才发展、品牌建设等要素支撑需要进一步夯实，工作中仍有不少短板弱项，需要进一步加大改革攻坚力度；人道传播、人道资源动员、人道交流协作应摆上更加突出位置，人道领域联系群众的桥梁纽带、民间外交主渠道作用有待进一步彰显；红十字品牌和声誉管理隐患仍然较多，防控风险需久久为功，公信力建设任重道远。这些问题需要引起高度重视，采取有力有效措施认真加以解决。

今后5年是进一步全面深化改革、推进中国式现代化的关键时期。红十字是一种精神，更是一面旗帜，红十字事业是中国特色社会主义事业的重要组成部分。在全面建设中国式现代化的新征程中，发展红十字事业，是坚持以人民为中心，保护人的生命和健康，维护人的尊严，让现代化建设成果更多、更公平惠及全体人民的必然要求；是培育践行社会主义核心价值观，传承中华优秀传统文化，建设全球文明倡议践行机制，推动物质文明和精神文明相协调的现代化的必然要求；是构建初次分配、再次分配、第三次分配协调配套制度体系，发展社会公益事业，推动共同富裕的必然要求；是健全完善共建共治共享的社会治理体系，加强社会工作，推进志愿服务体系建设，充分发挥人道领域联系群众桥梁纽带作用的必然要求；是深化港澳台人道交流协作，铸牢中华民族共同体意识，维护祖国统一大业的必然要求；是完善高水平对外开放体制机制，加强全球人道问题治理，全面提升负责任大国红十字会影响力，践行人类命运共同体的必然要求。

随着中国式现代化建设的全面推进，未来5年，我国红十字事业面临难得的历史机遇，也面对诸多可以预见和难以预见的风险挑战，必须始终心怀国之大者，准确把握发展大势，主动适应国情世情的变化，进一步增强历史主动，强化使命担当，更加奋发有为地把中国特色红十字事业推向前进。

二、总体要求

（一）指导思想

以习近平新时代中国特色社会主义思想为指导，深入学习贯彻习近平总书记关于群团工作和红十字事业重要指示批示精神，紧紧围绕党和国家的中心任务，紧扣中国式现代化的主题，坚持依法履职、依法治会、改革创新、求真务实，全面推进中国特色红十字事业高质量发展，进一步提升人道救助、人道服务质效，提升联系服务群众能力，提升参与全球人道问题治理能力，提升高效运转、公开透明水平，努力为国奉献、为民造福，谱写中国式现代化建设的红十字篇章。

（二）基本原则

坚持党的全面领导。把加强党对红十字事业的领导作为最高政治原则和根本政治规矩，深刻领悟“两个确立”的决定性意义，增强“四个意识”，坚定“四个自信”，践行“两个维护”，在思想上政治上行动上同以习近平同志为核心的党中央保持高度一致。保持和增强政治性、先进性、群众性，充分发挥党和政府在人道领域助手和联系群众桥梁纽带作用，把所联系的群众最广泛最紧密地团结在党的周围。

坚持以人民为中心。牢固树立“人民至上，生命至上”理念，把保护人的生命健康，改善最易受损群体的生存和发展境况作为根本出发点和落脚点，广泛动员人道力量，汇聚人道资源，全力实施人道救助、人道服务，真心关爱群众，不断增强人民群众的获得感、幸福感、安全感。

坚持围绕中心、服务大局。充分认识红十字事业是中国特色社会主义事业的重要组成部分，心怀国之大者，自觉在大局下思考、在大局下行动，充分发挥红十字组织的独特优势，精准发力、持续用力，积极融入中国特色应急体系、健康中国、乡村振兴、大国外交、军民融合等国家战略，努力为国奉献、为民造福。

坚持培育和践行社会主义核心价值观。深刻理解“红十字是一种精神，更是一面旗帜”的理论内涵和实践要求，把培育和践行社会主义核心价值观融入红十字工作各方面，大力弘扬“人道、博爱、奉献”精神，传播正能量，引领新风尚，讲好红十字故事，传播红十字声音，为推动物质文明和精神文明相协调的现代化贡献力量。

坚持依法治会。深入贯彻习近平法治思想，牢固树立法治理念，严格遵守宪法、红十字会法和红十字会章程，认真履行法定职责，加强法律宣传贯彻，营造良好的法治环境。健全制度体系，加强理事会、监事会建设，完善约束机制，强化制度执行，加强监督检查，自觉运用法治思维、法治方式开展工作，努力建设“法治红会”。

坚持全面深化改革。完整、准确、全面贯彻新发展理念，紧跟时代步伐，顺应实践发展，突出问题导向，着力推进理论创新、实践创新和制度创新以及其他各方面创新，发展新质生产力，提高新质战斗力，推进“数字红会”建设，进一步提高人道救助、人道服务效能，持续加强公信力建设，推进高效运转、公开透明，夯实高质量发展要素支撑，不断增强中国特色红十字事业的生机与活力。

坚持推动构建人类命运共同体。深入践行“人道主义是能够凝聚不同文明的最大共识”的理念和要求，巩固和发展同国际红十字组织和其他国家红会伙伴关系，积极参与全球人权治理，共同致力于和平进步事业。服从服务国家外交大局，发挥人道外交、民间外交作用，持续推进红十字与“一带一路”同行，为推动构建人类命运共同体贡献独特力量。

（三）发展目标

未来5年，中国红十字事业发展的总体目标是：进一步提高依法履职能力，使人道救助和人道服务质效不断提升；大力推进红十字文化传播，开展生命教育、人道教育，使人道资源动员能力显著增强，红十字事业社会参与度不断提升；全面深化改革，加强组织建设，完善治理体系，推进高效运转、公开透明，使依法治会水平明显提高、社会公信力持续改善，人道领域联系群众桥梁纽带作用、人道外交和民间外交作用更加彰显。

应急救援体系更加完善。“统一指挥、区域联动、协同高效”的红十字应急救援区域协作机制进一步健全。新增红十字会与红新月会国际联合会认证救援队1支，国家级救援队5支，区域级救援队30支，红十字救援队伍党的建设全面加强，正规化、专业化程度不断提高。新增四级以上标准物资储备库100个，发展航空人道物流和航空医疗救援，备灾救灾工作更加有序高效。

应急救护效能显著增强。持续开展“关爱生命、救在身边”行动，应急救护取证培训新增1 600万人次，每万人口累计取证人数不低于300人。应急救护师资、救护志愿服务队伍不断壮大，救护设施、阵地进一步完善，群众性应急救护培训主体作用得到充分发挥，现场施救能力显著增强。

人道救助和人道服务受益面稳步提高。以大病救助、健康干预、人道关怀为主要内容的“红十字天使计划”深入实施；“红十字博爱送万家”活动直接受益对象新增 500 万户 2 000 万人；新增博爱卫生站 300 所、博爱校医室 250 所，博爱服务设施网络进一步完善；新增红十字“博爱家园”助力乡村振兴项目 1 600 个，有序推进城市“博爱家园”建设，积极发展红十字助老服务、非急救医疗照护转运服务，全力打造“群众身边的红十字会”。

文化传播和人道资源动员取得新成效。理论研究、文化传播、生命教育、人道教育取得积极进展，社会认同度、参与度不断提升。聚焦主责主业，加大募捐筹资力度，全国红十字系统募集款物总额 400 亿元。加大“三献”动员力度，新增造血干细胞捐献者入库数据 85 万人份；新增人体器官捐献志愿登记 150 万人；积极参与无偿献血动员，“高尚利他、志愿捐献”风尚日益浓厚。

人道交流合作不断深入。参与国际红十字运动和全球人道问题治理富有成效，与红十字国际委员会、红十字会与红新月会国际联合会、国家红会伙伴关系进一步巩固，国际影响力、话语权不断增强。积极融入国家外交战略，参与高质量共建“一带一路”，人道外交、民间外交作用进一步彰显。港澳红十字事业与内地协同发展机制进一步完善，两岸人道交流协作打开新局面。

治理体系和治理能力进一步优化。县级红十字会管理体制基本理顺。县级以上红十字会依法设立监事会。持续推进基层组织、阵地、服务有效覆盖，新增红十字会基层组织 2 万个、注册志愿者 50 万人。红十字事业发展的法治环境、政策环境、舆论环境进一步优化，“数字红会”建设持续推进，公开透明程度不断提升，防范化解重大风险体制机制不断健全，组织建设、会员管理、志愿服务和人才保障机制更趋完善。

2025—2029 年中国红十字事业发展主要指标详见表 1。

表 1　2025—2029 年中国红十字事业发展主要指标

序号	主要项目和指标		至 2029 年增加值
1	红十字应急救援队（支）	国际联合会认证	1
		国家级	5
		区域级	30
2	注册红十字救援队伍党组织覆盖率（百分比）		[100]
3	红十字应急救援训练（培训）基地（个）		10
4	级以上标准物资储备库（个）		100
5	培训应急救护师资（万人）		10
6	应急救护培训取证人数（万人）		1 600
7	红十字应急救护一体机及 AED 配备（万台）		3
8	“红十字博爱送万家”直接受益户数（万户）		500
9	红十字博爱家园（个）		1 600
10	基层博爱服务设施（所）		550
11	红十字助老志愿服务受益人数（万人）		8
12	儿童大病救助（万人）		5
13	造血干细胞捐献者资料库入库数据（万人份）		85
14	人体器官捐献志愿登记人数（万人）		150
15	红十字基层组织（万个）		2
16	注册红十字志愿者（万人）		50
17	募集社会捐赠款物价值（亿元）		400

注：1. [ ] 为累计数；2. 基层博爱服务设施包括博爱卫生院（站）、博爱校医室、景区红十字救护站等。

三、主要任务

（一）着力完善应急救援体系，提升备灾救灾水平

坚持党建引领，大力加强新时代红十字救援队伍建设，注册救援队党组织覆盖率达到 100%。完善各级红十字救援队建设标准体系，开展红十字救援队分级测评、述职考核试点，修订中国红十字救援力量编成

体系、预案体系、培训演练体系，新增一批区域和国家级救援队。强化科技赋能，推动装备升级、技术更新，持续实施“红十字和社会应急力量能力提升项目”，塑造红十字应急救援新质战斗力。

进一步强化红十字应急救援区域协作，持续推进救援力量区域布局优化、结构调整，补齐短板，夯实基础，做强做优区域主战队伍，提升全灾种、全要素应急响应能力。完善区域一体化教育训练、灾情会商、指挥调度机制，增强跨区域战略协同，提升应急反应效能。深化与应急管理、卫生健康、民政等部门协调配合，强化应急救援军地联动，加强与国家和社会应急力量协同，有序参与国内外重特大灾害救援。

以区域协作机制为框架，进一步优化红十字备灾仓储布局，推进救灾物资储备向灾害多发地区特别是基层红十字会下沉，提高应急资源利用率和救灾预置能力。推进帐篷、赈济家庭箱（包）等物资标准更新，增加折叠安置板房、采暖和防暑设备等物资储备，丰富救灾物资种类。发展航空人道物流、航空医疗救援，建设救灾物资采购网络平台，加强基层赈济救援队伍建设，强化应急值守和信息报送，进一步提高备灾救灾水平。

红十字应急救援协作区建设详见表 2。

表 2　红十字应急救援协作区建设

项目	内容
完善区域协作机制	1. 根据区域灾害发生规律和应急力量配置，编制协作区应急工作预案，形成中国红十字会“1+6”（总会+6 个协作区）应急预案体系。 2. 依托中国红十字会应急指挥调度系统，完善指挥编成，加强桌面推演和实战演练，提升协作区指挥调度、快速响应、协同救援能力。 3. 依托中国红十字会应急指挥调度系统，建立协作区救灾物资储备和救援队伍台账，实现数据实时、全口径录入。 4. 结合区域实际和救援需求，建设国家级重点应急队伍。发展赈济、医疗、供水、大众卫生、搜救、水上救生、心理救援、救护转运、大本营、通信等全类型应急救援队伍，实现救援力量要素齐全。 5. 加强应急能力建设。每个协作区至少建立一个应急救援培训基地，每年至少组织开展一次协作区综合救援培训演练。

续表

项目	内容
加强区域应急力量配置	1. 东部协作区：建设赈济、供水、大众卫生、通信救援队和大本营，建强医疗、心理救援国家级救援队。 2. 南部协作区：建设医疗、大众卫生、救护转运、通信救援队和大本营，建强水上救生国家级救援队。 3. 西南协作区：建设心理救援、救护转运、通信救援队，建强供水、大众卫生国家级救援队和大本营。 4. 西北协作区：建设供水、大众卫生、搜救、水上救生、心理救援、通信救援队和大本营，建强赈济救援国家级救援队。 5. 北部协作区：建设供水、大众卫生、水上救生、心理救援、通信救援队和大本营，建强搜救救援国家级救援队。 6. 中部协作区：建设赈济、大众卫生、搜救、水上救生救援队和大本营，建强医疗救援（航空）、救护转运、通信国家级救援队。
优化协作区应急物资储备	1. 编制协作区物资储备库布局规划。 2. 分区域、分灾种优化救灾物资储备。 3. 建立协作区内紧急救援物资共享机制。 4. 推进救灾物资储备向灾害多发地区下沉，省级红十字会救灾物资储备下沉率不低于40%。

（二）扎实推进应急救护工作，营造“关爱生命、救在身边”良好风尚

树立大卫生、大健康理念，联合卫生健康、教育、交通等部门持续开展“关爱生命、救在身边”行动，推动应急救护工作融入健康中国建设与新时代爱国卫生运动，不断提升公众急救意识和素养。

充分发挥群众性应急救护培训主体作用，完善应急救护培训课程体系，加强救护师资队伍建设，发展救护培训基地和线上培训，持续推动救护培训进社区、进农村、进校园、进企业、进机关、进家庭，增强救护知识和技能的易得性，提高培训质量。持续推进交通运输、教育、安全生产、公安、消防救援等行业应急救护培训普及行动。抓好持证救护员继续教育。推行红十字应急救援队全员培训取证，增强现场救护能力。

以易发伤害行业、领域和公共场所为重点，大力推进应急救护阵地建设，发展“互联网+应急救护”，推动社区红十字服务站、景区红十字救护站、博爱校医室、公共场所红十字应急救护一体机、自动体外除颤

器（AED）等救护设施体系进一步完善。组织应急救护志愿者参与重大节假日志愿服务，持续推进应急救护覆盖重大体育赛事、重大活动、节假日交通出行等重要时间节点。坚持救护培训取证与志愿服务注册相结合，大力发展救护志愿者。积极开展非急救医疗照护转运服务试点，推动成立中国红十字南丁格尔志愿者协会，弘扬南丁格尔精神，大力发展现场救护、老年照护等救护志愿服务。

持续开展“世界急救日”等主题宣传活动，巩固和拓展“全国红十字应急救护大赛”“寻找最美救护员”“红气球挑战赛”等品牌活动，加大对优秀救护员、救护师资、救护模范单位宣传褒扬力度，营造“关爱生命、救在身边”的新时代文明风尚。

（三）深入实施人道救助行动，助力保障和改善民生

应对气候变化、人口老龄化、城市化等带来的人道需求，深入实施“红十字天使计划”，持续开展“红十字博爱送万家”活动，助力加强普惠性、基础性、兜底性民生建设。

以“防灾减灾、基层治理、社区发展、人道传播”为重点，持续推进城乡“博爱家园”建设，打造“群众身边的红十字会”。推动符合条件的“博爱家园”项目统筹纳入乡村建设项目库，加强项目绩效评估，拓宽筹资渠道，有效提升项目覆盖率，巩固脱贫攻坚成果，助力乡村振兴建设。联合国际红十字组织开展“韧性社区”国际认证。

着眼于改善基层基础医疗卫生条件，持续援建“博爱卫生站（院）”“博爱校医室”等博爱服务设施，支持开展乡村医生、儿科医生、基层医师培训，不断扩大人道救助、人道服务受益面。发挥红十字医疗卫生机构作用，深入实施“红十字博爱送健康”活动，打造红十字医疗卫生服务联合体。积极开展艾滋病防治宣传教育和感染者人道关爱。鼓励兴办医疗、康复、养老等与红十字宗旨相符的社会公益事业。

（四）大力开展“三献”动员，切实保护生命健康

依法参与无偿献血宣传动员、表彰奖励，着力提升无偿献血知识普及率和志愿捐献积极性。以红十字会员、青年、志愿者为骨干，发展无偿献血志愿服务队伍，培育红十字“血脉相连”品牌，形成全社会广泛支持、参与无偿献血的良好氛围。

依法开展造血干细胞捐献宣传动员、志愿者招募、数据入库、检索配型、捐献服务等工作，建强建优“中国造血干细胞捐献者资料库”，打造红十字“爱心相髓”品牌。完善宣传、招募、服务、褒扬工作体系，推动地市级捐献服务工作站全覆盖。加强与血站、备案采集（移植）医院、相关实验室等机构的合作。做好特殊血液出入境工作。推动造血干细胞捐献与无偿献血融合发展。

贯彻落实《人体器官捐献和移植条例》，依法履行遗体和人体器官捐献宣传动员、意愿登记、捐献见证、缅怀纪念、人道关怀等职责，加强人体器官捐献组织网络、协调员队伍的建设和管理。推动有条件的县级以上城市建设捐献者缅怀纪念场所。创新捐献动员模式，完善捐献工作体系，加强人道服务、人道关爱，培育红十字“生命接力”品牌，弘扬“高尚利他、志愿捐献”精神。

（五）加强组织体系建设，夯实红十字事业发展基础

持续推进县级红十字会理顺管理体制。积极推动各级红十字会监事会建设。按照“五有”要求（有热心红十字事业的带头人；有稳定的会员和志愿者队伍；有规范的管理制度；有稳固的服务平台；有红十字特色活动），在乡镇、街道、城乡社区和学校、医院等企事业单位积极发展红十字会基层组织。加强会员服务管理，规范注册登记和会费收缴。加强铁路等行业红十字会建设，积极发展团体会员。完善红十字会员作用有效发挥机制。

按专业、分领域发展红十字志愿者和红十字志愿服务组织。举办全国红十字志愿服务项目大赛等品牌活动，增强人道公益事业社会参与度。加强和改进红十字青少年工作，健全完善学校红十字工作机制。组织开展青少年活动月，广泛开展“探索人道法”“青春善言行”等人道教育项目。完善全国红十字青年网络。

贯彻“一国两制”方针，支持香港、澳门特别行政区红十字会依法履职尽责。强化规则衔接、机制对接，进一步密切在灾害管理、资源动员、社区发展、志愿服务、红十字青少年、能力建设等方面的协作，支持粤港澳大湾区人道事业发展，更好地促进港澳与内地融合发展。加强与台湾红十字组织的联系，定期举办“海峡两岸红十字博爱论坛”“两

岸红十字组织人道之旅”等品牌活动，搭建好两岸人道交流平台，助力绘就两岸同胞最大同心圆，为推进祖国统一大业贡献力量。

（六）加强人道传播和资源动员，营造共同发展红十字事业的良好氛围

深刻领会“红十字是一种精神，更是一面旗帜”“人道主义是能够凝聚不同文明的最大共识”的理论内涵和实践要求，坚持弘扬社会主义核心价值观与传播红十字精神相结合，深入挖掘、广泛传播红十字文化所蕴含的价值理念、人文精神、道德追求，结合时代要求创新发展，巩固红十字大宣传、大传播工作格局。

坚持以党的创新理论为指导，深入开展中国特色红十字事业理论研究和价值诠释，充分发挥理论对实践的指导作用。加强理论研究队伍和学科建设，办好红十字国际学院，完善共建共享人道教育体系。深入实施生命教育，引导社会公众正确认识生命、敬畏生命、保护生命。

积极争取新闻宣传部门的重视和支持，加大对红十字事业的宣传力度。加强“一报一刊”（《中国红十字报》、《博爱》杂志）和自媒体、新媒体建设，优化红十字文化创意产出和供给，增强传播力影响力引导力。精心策划开展五八博爱周等主题宣传活动，加强红十字文化传播教育基地建设。实施红十字品牌塑造和保护工程。落实意识形态工作责任，加强网络宣传员队伍建设，提高舆情应对和引导能力。

坚持人道传播与人道资源动员相结合，充分发挥红十字会在推动第三次分配、发展社会公益事业中的重要作用，强化筹资意识，创新筹资方式，拓宽筹资渠道，推动形成多元化、多渠道、可持续的筹资工作格局。

聚焦主责主业，持续打造“5·8人道公益日”“伙伴+”“筹资工作坊”等品牌项目，发展“互联网众筹”，发挥红十字基金会筹资主渠道作用，加强筹资队伍建设，着力提升全系统全行业筹资水平。

积极争取党委、政府重视和支持，为红十字会依法履职提供必要经费保障。发挥彩票公益金引导作用，资助开展符合红十字宗旨的公益项目，不断壮大人道救助、人道服务实力。

加强捐赠人维护，巩固发展捐赠人伙伴关系。大力推广“博爱通”

捐赠系统，实现捐赠款物接收、使用、公示等全流程信息化。及时聘请独立第三方机构对捐赠款物的收入和使用情况进行审计，强化项目执行，确保每一份爱心善意都得到落实。

红十字生命教育项目详见表3。

表3 红十字生命教育项目

项目	内容
“救在身边+生命教育”	1. 开展“救在身边·校园守护”行动，推动红十字应急救护进校园，加强师生应急救护培训，提高校园应急救护能力。 2. 开展“救在身边·救护伴行”行动，推动交通场站、体育场馆等公共场所配置急救箱（包）、AED等急救设备，加强对交通、体育行业从业人员应急救护培训，组织应急救护志愿者参与重大节假日交通出行和马拉松等大型赛事救护服务。 3. 开展“救在身边·景区守护”行动，推进旅游景区工作人员、旅行社导游应急救护培训，发挥景区红十字救护站作用，为游客提供应急救护服务。
“防灾减灾+生命教育”	1. 利用5月8日“红十字博爱周”、5月12日“国家防灾减灾日”、11月9日“消防宣传日”和“国际减灾日”等时间节点，集中开展防灾减灾宣传教育。 2. 举办防灾减灾优秀课程征集和评选活动，开展技能培训，提升公众安全知识普及率。 3. 开展“救在身边·预防溺水”行动，加强红十字水域安全宣传教育。
“爱心相髓+生命教育”	1. 广泛开展无偿献血和造血干细胞捐献公益宣传，营造保护生命、志愿捐献风尚。 2. 加强捐献志愿者骨干培训，开展生命教育主题志愿服务活动。 3. 总结、选编典型捐献案例，定期在各级各类刊物、网站等报道推送，宣传捐献者感人事迹。
“生命接力+生命教育”	1. 推动人体器官捐献原创海报、摄影、文创和短视频作品创作，举办生命接力运动会、公益传播大赛，宣传人体器官捐献知识。 2. 联合医学院校、移植医院、器官获取组织、爱心企业等各方力量，推动人体器官捐献宣传进医院、进高校、进企业、进机关、进社区，倡导大爱奉献理念，培育健康向上的生命价值观。 3. 举办人体器官捐献缅怀纪念活动，推动捐献者缅怀纪念场所建设，打造生命教育基地。
“养老服务+生命教育”	1. 面向老年人、护理从业者开展应急救护培训，传播健康生活理念。 2. 引导和动员社会力量，发挥南丁格尔志愿服务组织作用，将生命教育融入红十字助老志愿服务。

续表

项目	内容
“人道救助+生命教育”	1. 将生命教育融入医疗救助、健康干预、人道关爱内容，传播关爱生命、保护生命理念。 2. 发挥红十字医疗卫生机构作用，联合军地医疗卫生机构开展义诊巡诊、医疗帮扶、科普宣传等系列博爱送健康活动。

（七）广泛开展人道外交、民间外交，推动构建人类命运共同体

积极参与国际红十字运动重要法定会议议题和议程设置，参与运动规则制定，持续深化与国际红十字组织交流合作，发展国家红会伙伴关系。办好东吴国际人道论坛，搭建国际人道交流协作平台。履行中国国际人道法国家委员会秘书处职责，加强国际人道法的研究和传播，培育传播骨干和志愿者，推动人道法知识普及进社区、进校园，不断拓展传播范围。

积极参加国际联合会“紧急响应单元”（ERU）认证，加强国际人道物流和供应链合作，参与减灾领域合作平台建设，通过多边渠道参与国际紧急救援。支持地方红十字会利用地理、资源、专业等优势开展人道交流合作。培养、选拔青年骨干参与国际红十字青年运动。加强国际化人才培养，选派优秀人员到国际红十字组织工作。加强红十字外宣工作，讲好中国故事，传播好中国声音。

服从服务国家外交战略，健全对外人道援助工作机制，履行负责任大国红十字会责任，尽力而为、量力而行向遭受重大自然灾害和其他人道灾难的国家提供紧急人道援助。助力高质量“一带一路”建设，深化红十字与“一带一路”同行项目，继续推进“一带一路”人道救助行动、海外“博爱家园”“免费午餐”等小而美项目，探索跨国（境）医学捐献服务合作。积极推进中非对口医院合作机制项目，做好援非医疗队派遣和管理工作。继续做好国家委托的援外培训项目，深化与发展中国家人道交流、民心相通。

（八）坚持依法治会、改革创新，着力推进治理能力、治理水平现代化

坚持以党的政治建设为统领，加强党的创新理论武装，建立健全以

学铸魂、以学增智、以学正风、以学促干长效机制，全面提高红十字系统党的建设质量。持续推动各级党委、政府加强对红十字工作的领导，将各级红十字会党的建设纳入当地党建工作总体布局、纳入党委政府重要议事日程。大力推进地市级和有条件的县级以上红十字会设立党组，加强党的全面领导。

全面贯彻落实习近平法治思想，加强红十字会法等法律法规的宣传教育，推动修订出台地方条例或实施办法。积极争取将红十字会法执行情况纳入人大、政协执法检查或调研。完善重大决策、规范性文件合法性审查机制，推动地市级和省级红十字会建立健全法律顾问制度。落实各级政府支持和资助红十字会依法参与应对突发事件的法定职责。加强红十字冠名和标志管理，依法保护红十字标志和声誉。

完善内部控制机制，严格执行捐赠管理、预算管理、收支管理、资产管理、采购管理等各项制度，确保各项业务工作规范有序、精准高效。健全综合监督体系，发挥监事会监督作用，着力形成监督合力。

大力加强“数字红会”建设，打造应急指挥系统、“博爱通”捐赠系统、应急救护系统、造血干细胞捐献服务系统、人体器官捐献服务系统、“博爱家园”项目管理系统等业务应用矩阵，建优建强“博爱中国”信息公开平台、“博爱在线”内部治理平台。强化全国红十字会一盘棋理念，实现一网通办、一网管理、一网公开。建设红十字大数据中心，加强数智化开发运用。强化信息网络安全。深化全国红十字系统“红透”指数（透明度指数）评价，综合运用评价成果，适时推出“红新”指数（评价创新能力）、“红强”指数（评价治理能力）评价，进一步推进高效运转、公开透明。

实施人才强会战略。坚持新时代好干部标准，以正确用人导向引领干事创业。推动专业化人员配备，分层次开展干部培训，多渠道培养锻炼干部。加强党风廉政建设，持之以恒正风肃纪，严格贯彻执行中央八项规定及其实施细则精神，坚持纠“四风”、树新风，巩固深化党纪学习教育成果，打造高素质专业化红十字干部队伍。

“数字红会”建设项目详见表4。

表 4　“数字红会”建设项目

项目	内容
业务应用矩阵	1. 应急指挥调度系统：优化报灾、赈济、物资仓储、救援队管理模块，强化应急管理的全域性和时效性。完善区域一体化灾情会商、指挥调度功能。 2. 博爱通捐赠系统：持续推进系统优化升级和应用推广，实现全国红十字系统捐赠业务一网通办、一网统计、一网公开。申请成为民政部认定的互联网公开募捐平台。建设红十字系统物资采购平台。 3. “救在身边 · 应急救护”系统：开发数据采集功能，分批次对接各省级红十字会应急救护工作数据，打造全国应急救护数据中心。 4. 博爱家园项目管理系统：持续优化完善系统功能，开发信息采集、数据分析模块，实现项目申报、评审、监管、验收全周期全要素信息管理。 5. 造血干细胞捐献管理系统：持续推进系统升级改造，保障平台运维；加强网络安全和专业知识培训。 6. 人体器官捐献管理系统：整合官网、微网站、人体器官捐献志愿登记、案例报告管理系统；开发遗体和角膜捐献管理模块。
数字化治理	1. 集成应急救援、应急救护、人道救助、“三献”系统等平台数据，推动省级红十字会与总会业务系统数据共享，建设红十字大数据中心。 2. 升级推广“博爱在线”管理系统，推动内部治理数字化转型。
公开透明	1. 持续优化“红透指数”评价指标和内容，增加冠名红十字医疗卫生机构评价单元。推动有条件的省份将县级红十字会纳入评价范围。适时推出“红新”指数、“红强”指数评价。 2. 持续优化“博爱中国”平台网站、数字大屏、小程序等终端，集成红十字系统业务数据，及时更新组织信息、第三方捐赠审计报告，发布“博爱榜单”，打造一网公开平台。
网络和数据安全	压紧压实信息安全责任制，持续开展等保测评和整改工作，开展数据分级分类，加强数据信息保护，确保网络和数据安全。

四、组织实施

（一）加强组织领导

总会加强对地方落实规划纲要的综合指导，加强与相关部门的沟通协调，研究解决规划纲要实施过程中的重大问题。省级红十字会建立健全保障规划落实工作机制，根据本地区实际，细化分解任务，明确职责分工，分阶段分步骤做好组织实施。强化总会与地方分会之间的协调联动，形成落实规划的整体合力，以“钉钉子”精神将规划提出的目标、任务、政策、举措落到实处。

（二）加强综合统筹

积极争取各级党委和政府的重视支持，发挥理事单位、会员单位、合作单位作用，将红十字事业的发展融入国家国民经济和社会发展规划。注重加强与国家和地方规划的衔接。总会结合国家“十五五”规划，对本规划纲要进行调整和修订。

（三）加强督促检查

建立健全规划纲要实施监督检查制度，强化上级对下级红十字会的督促检查，及时掌握有关数据和信息，跟踪规划纲要实施进度和效果。加强调查研究，协调推动解决工作中的困难和问题，及时总结推广经验。

后　记

编写《中国特色红十字事业概论》，最初是根据中国红十字会原会长彭珮云同志的提议确立的选题，也是红十字国际学院教材编写规划中最早确立的重要选题，是“红十字交叉学科基础研究丛书”中最基础、最核心、最重要的一本书。从 2019 年 12 月 9 日学院召开第一次教材编写座谈会启动该书编写工作起，至今历时五年有余，数易其稿，殊为不易。

2019 年 12 月，由红十字国际学院院长王汝鹏牵头，成立了《中国特色红十字事业概论》（以下简称“中特概论”）编写组，成员包括张孚传、曹芦松、张立明、洪俊岭、张春中、秦红梅、涂文涛、郭进萍、李欣栩等。2020 年 7 月，编写组完成了第一稿，由张孚传进行了统稿。同年 11 月 7 日，王汝鹏主持召开学院教材编写（译）委员会第一次会议，对该书稿进行了评审，提出了从章节结构到具体内容等多方面的修改意见。

彭珮云同志对编写“中特概论”非常关心和重视，亲自出席 2020 年 12 月 20 日在北京召开的“中特概论”编写座谈会，对第一稿书稿的修改提出了重要的指导意见。江亦曼、尹德明、孙硕鹏、王汝鹏、姚立新、贝晓超、刘选国、洪俊岭、马强、张立明、张孚传等参加会议讨论，进一步确定了编写的指导思想、结构大纲和重点内容。六个月后，编写组按照会议意见修改完成了第二稿。

2021 年 6 月 16 日，王汝鹏主持召开学院教材编写（译）委员会第二次会议，对书稿再次进行了评审，提出了进一步修改完善的意见建议。

2021 年 10 月 16 日，彭珮云同志莅临苏州大学，应邀出席红十字国际学院专家咨询委员会第二次会议，再次对书稿的修改完善提出指导意见，建议在此前编写成果的基础上更加突出实践经验的萃取。为此，编写组邀请了一批长期在红十字工作一线担任过领导职务的同志参与编写工作，包括孙硕鹏、吴苾雯、马强、洪俊岭、张立明、刘琳娜、韩陆、李然、刘选国、吕进福、任浩、龚怡怡、刘德锋等，并由刘选国接手统稿工作。

2021 年 11 月 24 日，王汝鹏主持召开学院教材编写（译）委员会第三次会议，刘选国、郑庚、郭阳、池子华、师曾志、葛道顺、牛晓波、张剑辉、袁灿兴、文姚丽等参加会议，对第三稿书稿进行审读与讨论。会后，各章节撰稿人依照会议提出的修改意见再做进一步修改。

2022 年 3 月，为使“中特概论”编写内容与当前红十字工作最新发展相衔接，学院邀请总会机关各部（室）的相关同志对书稿的相关章节进行审读，刘德锋、陶艺军、张宗文、吴新利、陈书攻、李庆华、蔡文男、侯峰忠、邱宁、郝东升、白世雄、于丽颖、曹招根、王璐璐等对相关章节内容进行了审核和修改。

承担书稿第三稿编写和审核的人员是：第一、二章撰稿孙硕鹏，审核刘德峰；第三章撰稿吴苾雯，审核吕进福；第四章撰稿刘琳娜、张立明，第五章撰稿韩陆、李然，第四、五章审核陶艺军、张宗文、吴新利、陈书攻；第六章撰稿马强、洪俊岭，审核李庆华、蔡文男、侯峰忠；第七章撰稿刘选国，审核邱宁；第八章撰稿吕进福，审核郝东升、白世雄；第九章撰稿龚怡怡，审核张虎、王璐璐；第十章撰稿任浩，审核于丽颖；第十一章撰稿刘德峰，审核曹招根。全书核校徐诗凌，最后统稿刘选国，最后文字审校吕进福。

2022 年 6 月 22 日，学院教材编写（译）委员会第四次会议决定，将“中特概论”以《中国特色红十字事业讲义》的形式内部刊印，供学院人道事务高级研修班等培训课程试用，以进一步征求意见。

2025 年 5 月，在广泛征求意见的基础上，结合中国红十字会第十二次全国会员代表大会精神，由刘选国对书稿再做修改和补充，将大会讨论通过的《中国红十字事业发展规划纲要（2025—2029 年）》作为本书的附录，以帮助读者学习了解未来五年中国红十字事业发展的指导思想、主要原则和发展目标。

中国红十字会总会领导高度重视“中特概论”的编写工作，从组织指导、人员调配等方面给予大力支持。特别是原会长彭珮云同志先后两次出席会议研究推动本书编撰工作，还亲自动笔修改大纲，审读全书并修改部分章节文字内容；时任会长陈竺为“红十字交叉学科基础研究丛书”出版撰写序言；王可常务副会长多次对本书的撰写提出指导意见；孙硕鹏副会长撰写了本书的第一章和第二章。

编写一本既具有一定理论体系又能切合当前红十字工作实际的培训教材，是我们追求的目标，但由于编写人员基本都是实务工作者，编写教材的水平有限，书中还有很多欠缺和不足，文风体例也不够一致，欢迎读者继续提出意见和建议，以便再版时进一步修改完善。

最后，衷心感谢本书所有参与者的辛勤付出，感谢苏州大学出版社给予的大力支持。

编　者

2025 年 8 月